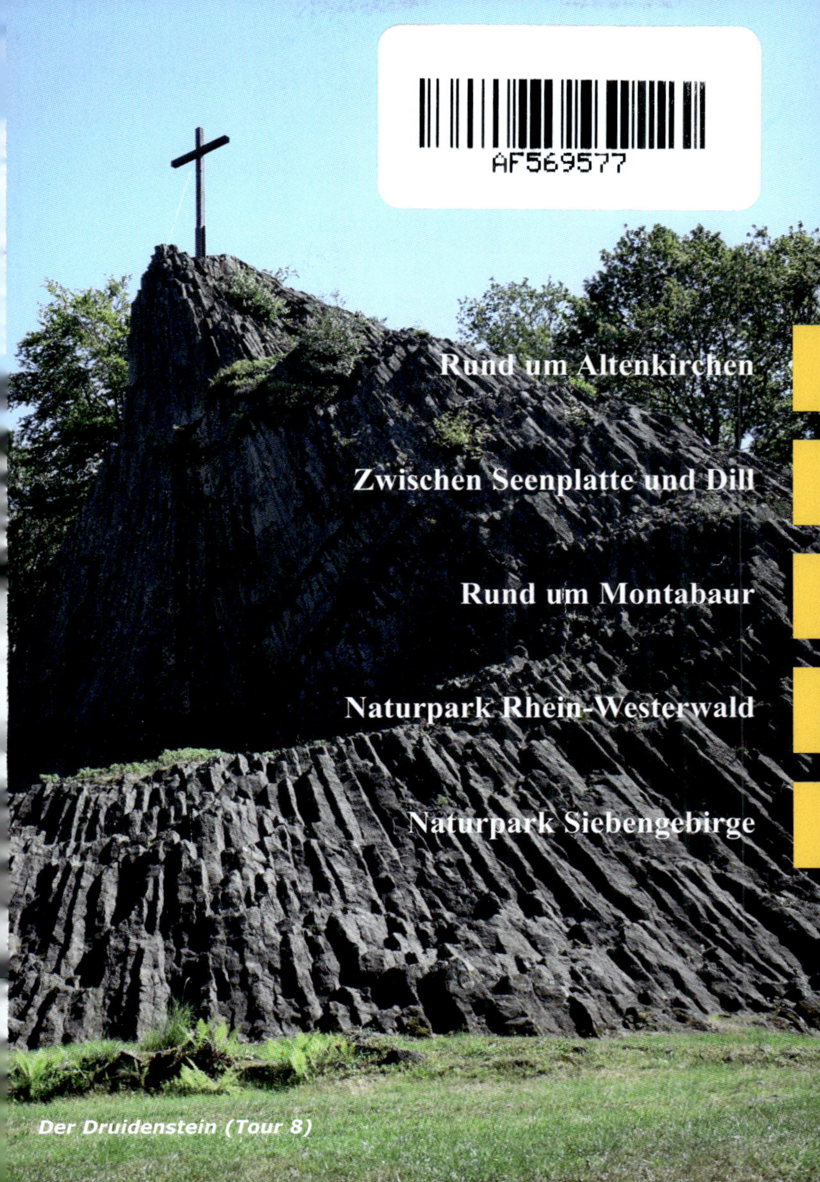

Der Druidenstein (Tour 8)

Westerwald mit Siebengebirge

Dieses OutdoorHandbuch wurde konzipiert und redaktionell erstellt vom:

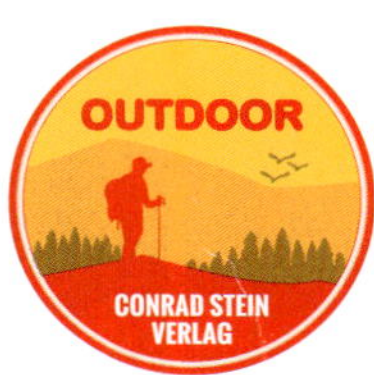

Conrad Stein Verlag GmbH
Kiefernstr. 6, 59514 Welver
☏ 023 84/96 39 12
info@conrad-stein-verlag.de
www.conrad-stein-verlag.de
www.facebook.com/outdoorverlag
www.instagram.com/outdoorverlag

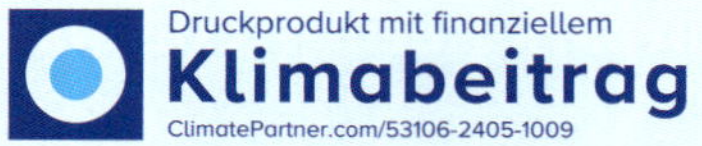

Als Outdoor-Verlag sind uns der Schutz und die Erhaltung der Natur seit jeher ein besonderes Anliegen. Auch in Sachen Klimaschutz haben wir eine Vorreiterrolle inne: Wir sind der einzige Buchverlag in Deutschland, der bereits seit 2008 seine Bücher konsequent klimaneutral in Deutschland produzieren und transportieren lässt. Dabei wird nicht nur klimaneutral, sondern auch nachhaltig, d. h. so umweltschonend wie möglich produziert, z. B. durch die Auswahl von umweltfreundlichen Materialien. Die bei der Produktion der Bücher entstandenen CO_2-Emissionen werden durch die Unterstützung von zertifizierten Klimaschutzprojekten ausgeglichen. Jedes Buch wird daher mit dem Logo „klimaneutral" und einer Climate-Partner-Zertifikatsnummer versehen. Mithilfe dieser Nummer können Sie unter www.climatepartner.com Informationen zu der eingesparten CO_2-Menge und dem Projekt finden, das mit der Abgabe gefördert wird.

Das Engagement des Conrad Stein Verlags wurde im Rahmen des Projekts „Klimaneutraler Buchverlag" mit dem Westenergie Klimaschutzpreis 2022 ausgezeichnet.

OutdoorHandbuch Band 488

ISBN 978-3-86686-756-7 1. Auflage 2024

Text und Fotos: Ingrid Retterath
Karten: Dieter Großelohmann
Lektorat: Ricarda Kuschma
Layout: Ulrich Clasen

Gesamtherstellung: AZ Druck und Datentechnik GmbH, Kempten

Dieses OutdoorHandbuch hat 160 Seiten mit 57 farbigen Abbildungen sowie 29 farbigen Karten im Maßstab 1:50.000, 26 farbigen Höhenprofilen und einer farbigen, ausklappbaren Übersichtskarte.

Alle Informationen, schriftlich und zeichnerisch, wurden nach bestem Wissen zusammengestellt und überprüft. Sie waren korrekt zum Zeitpunkt der Recherche. Eine Garantie für den Inhalt, z. B. die immerwährende Richtigkeit von Preisen, Adressen, Telefonnummern und Internetadressen, Zeit- und sonstigen Angaben, kann naturgemäß von Verlag und Autorin – auch im Sinne der Produkthaftung – nicht übernommen werden.

Autorin und Verlag freuen sich über Ihr Feedback. Schreiben Sie Ihre Tipps und Verbesserungen an info@conrad-stein-verlag.de oder nutzen Sie unsere Social-Media-Kanäle. Bitte nennen Sie dabei Titel, Auflage und Seitennummer.

Dieses Buch ist im Buchhandel und in Ausrüstungsläden erhältlich und kann im Internet oder direkt beim Verlag bestellt werden.

Titelfoto: Der Ketzerstein (Tour 9)

Inhalt

☺ Eine **Übersichtskarte** des Weges, **Autorenprofil** sowie eine Liste aller verwendeten **Symbole** in diesem Buch finden Sie auf den vorderen und hinteren Umschlagseiten bzw. -klappen.

Westerwald mit Siebengebirge

Über aussichtsreiche Höhen und durch idyllische Täler

Eingerahmt von den Flüssen Sieg, Heller, Dill, Lahn und Rhein liegt ein wahres Wanderparadies: Der Westerwald mit seiner abwechslungsreichen Landschaft und Geschichte.

Das Wichtigste gleich vorweg: Der Westerwald ist eine großartige Wanderregion mit ganz normalem Mittelgebirgsklima. Auf den Höhen des Westerwaldes pfeift der Wind nicht kälter als sonst wo in ungeschützten Lagen! Das kann ich Ihnen nach zahlreichen Ausflügen und Kurzurlauben im Westerwald versichern.

Ja, ich gebe zu, mit einer gewissen Skepsis zu den ersten Westerwaldtouren aufgebrochen zu sein. Was hatte ich vom Klima, von der Landschaft und von den Einheimischen zu erwarten? Da war immer diese Liedzeile im Hinterkopf: „Über deine Höhen weht der Wind so kalt", ich hörte von Borkenkäferschäden und sturen Einwohnerinnen und Einwohnern.

Meine Vorbehalte waren nach wenigen Wanderstunden vollkommen verflogen. Der Westerwald ist ein fantastisches Wanderrevier für jeden Geschmack und alle Ansprüche, mit abwechslungsreicher Natur und zahlreichen kulturellen Schätzen. Die Wanderwege sind gut markiert und gepflegt. An den meisten Aussichtspunkten sind Rastbänke, Picknicktische und Schutzhütten. Die Küche ist abwechslungsreich und schmackhaft.

Werden die Westerwälderinnen und Westerwälder als **Basaltköppe** bezeichnet, trifft dies sogar zu. Aber im positivsten Sinne: Sie sind gradlinig und direkt, haben einen fast schon englischen Humor. Fragt man unterwegs nach dem Weg oder einem Einkehrtipp, kann man ihrem Rat vertrauen, denn sie reden nicht über Dinge, die sie nicht verstehen.

Beispiele für Westerwälder Humor gefällig? Dann hören Sie sich 'mal das Lied „Das schönste Mädchen im Westerwald" an. Auch das „neue" Westerwaldlied des Anfang 2024 gestorbenen Liedermachers Ulrik Remy „Ich bin aus'm Westerwald" verrät einiges über die Menschen aus dem Westerwald. Sie selbst bezeichnen sich übrigens als Wäller.

„Hui, Wäller?" – „Allemol!"

Im Herbst 1913 schrieb der Vorsitzende des Bonner Westerwaldvereins einen Wettbewerb aus, bei dem er einen Erkennungsruf für alle Westerwaldwanderinnen und -wanderer ausschrieb. Der Ruf sollte aus einer Frage und einer Antwort bestehen. Der Preis für den besten Vorschlag, zwölf Flaschen bester Moselwein, ging an den Bauerndichter Adolf Weiss aus Mademühlen. Das war seine launige Begründung:

„Hui, Wäller?" – „Allemol!" so tönt der Ruf,
den in meiner Sehnsucht nach Wein ich schuf.
Das Hui hat mich der Sturmwind gelehrt,
wenn wild über unsre Heiden er fährt.
Und Wäller, wir ja allzumal sind,
wir trotzen dem Regen, dem Schnee und dem Wind.

Ihm zu Ehren hat der Westerwaldverein seinen Hauptweg II Adolf-Weiss-Weg genannt.

Der Westerwald liegt im Rheinischen Schiefergebirge, südwestlich des Dreiländerecks von Nordrhein-Westfalen, Hessen und Rheinland-Pfalz. Die Flusstäler von **Sieg**, **Heller**, **Dill**, **Lahn** und **Rhein** bilden die Grenzen, wobei die Täler selbst nicht mehr zum Westerwald gezählt werden.

Obwohl das **Siebengebirge** innerhalb dieser Grenzen liegt, gilt es nicht als Teil des Westerwaldes, es gehört zum Naturraum Unterer Mittelrhein. Es ist aber ein solch schönes Wandergebiet, dass es mit ins Buch durfte.

Von seinem höchsten Punkt am Dreiländereck zum Rhein hin abfallend wird der Westerwald naturräumlich in drei Regionen aufgeteilt: in den **Hohen Westerwald**, den Oberwesterwald und den Niederwesterwald. Auf der Hochfläche des Hohen Westerwaldes liegt die Fuchskaute. Sie ist mit 657,3 m der höchste Punkt im gesamten Westerwald.

Südwestlich schließt sich der **Oberwesterwald** an, die Kuppenlandschaft mit der schönen Westerwälder Seenplatte. Westlich der heutigen Bundesstraße 8 schließt sich der **Niederwesterwald** an. Hier haben die Wied und zahlreiche Bäche tiefe Täler in die steilen Hänge des Rheintals gegraben und machen diese Region besonders attraktiv zum Wandern. Ich habe deshalb die Altenkirchener Hochfläche aus dieser Region herausgenommen. Es bildet mit der Kroppacher Schweiz eine Unterregion mit eigener Griffmarke.

Bei der Auswahl der Wanderungen habe ich darauf geachtet, Ihnen die enorme Vielfalt an Landschaften zu zeigen, die im Westerwald anzutreffen sind. Alle Touren enthalten Hinweise darauf, ob die Strecke auch für Hunde, Kinder und Buggys geeignet ist.

Ich wünsche Ihnen gute Erholung, blasenfreies Laufen und viele nette Begegnungen.

Ingrid Retterath

Danke ...

... sage ich an dieser Stelle allen, die mich beim Erstellen dieses Buches unterstützt haben. Das gilt ganz besonders für meine Töchter Aurelia, Nele und Cari, meine Freunde Freddy Thobe, Stephan Fürst und Herbert Wiens und meine Hundedamen Bathida und Bella, die mich bei einigen Touren begleitet haben.

Herzlichen Dank sage ich den Damen und Herren der örtlichen Touristeninformationen für ihre Beratung und Unterstützung.

Ferner schätze ich mich glücklich, seit vielen Jahren ein zuverlässiges Vorablese-Duo an meiner Seite zu haben. Deshalb geht mein ganz spezieller Dank an meine Mutter Gerda Retterath und meine Freundin Silke Sohler.

Bitte ...

... schreiben Sie mir, wenn Ihnen Fehler, Änderungen und Lücken auffallen. Informationen in Reiseführern sind unweigerlich **Veränderungen** unterworfen: Die Wegführung wird verändert, ein Restaurant ändert seine Öffnungszeiten, eine Busverbindung wird eingestellt, ein vormals angenehmer Waldweg wird zur Schnellstraße ...

Allen Zuschriften von Lesern werde ich nachgehen und sie bei der Folgeauflage berücksichtigen. In der Zwischenzeit werden Ihre Tipps in den Updates zum Buch auf der Verlagshomepage zu finden sein. Vielleicht wünschen Sie sich für die Folgeauflage eine Tour, die (noch) nicht enthalten ist. Und natürlich können Sie auch einfach schreiben, wo es Ihnen besonders gut gefallen hat:

westerwald@retterath.net

☺ Zusätzlich zu den 29 Touren im Buch gibt es die Bonustour „Seewies oder Wiesensee?", die Sie kostenlos als PDF von Verlagswebsite www.conrad-stein-verlag.de herunterladen können.

Reise-Infos

Anreise

Der Westerwald liegt verkehrsgünstig und ist sowohl mit der Bahn als auch mit dem Auto und Motorrad schnell und unkompliziert zu erreichen.

Die A3 führt im Westen durch den Niederwesterwald, im Osten ist es nie weit bis zur A45. Dazwischen liegt nicht nur viel Natur, sondern auch ein gut ausgebautes Netz an Bundes-, Land- und Kreisstraßen.

Der zentrale IC/ICE-Bahnhof für den Westerwald ist Montabaur. Einen Rahmen mit DB-Bahnhöfen um den Westerwald bilden die Flusstäler von Sieg, Dill, Lahn und Rhein mit ihren jeweiligen Bahnstrecken. Und viele Orte zwischen Au/Sieg und Limburg sind mit der Oberwesterwaldbahn gut zu erreichen, z. B. Altenkirchen, Marienstatt, Hachenburg, Bad Marienberg, Enspel, Westerburg und Hadamar.

- ♦ Reiseauskunft der DB, ☏ 030/297-0, 💻 www.bahn.de
- ♦ Auskünfte zu in Bahnen und Bahnhöfen verlorenen Dingen erhalten Sie beim DB-Fundservice unter ☏ 030/586 02 09 09.

Der Fernbusanbieter Flixbus (💻 www.flixbus.de) fährt den ICE-Bahnhof Montabaur aus allen großen deutschen Städten an.

Unterkünfte und Standorte

Für Übernachtungsmöglichkeiten ist im Westerwald gut gesorgt. Familiäre Pensionen, gemütliche Landhotels, familienfreundliche Jugendherbergen und gut ausgestattete Campingplätze – hier ist für jeden Geschmack etwas dabei. Besonders rund um die Seen im Zentrum und Osten des Westerwaldes ist man gut auf Touristinnen und Touristen eingestellt. An fast jedem See gibt es Hotels und Campingplätze. Als zentrale Startpunkte für die Tagestouren bieten sich im Norden Altenkirchen, im Westen Waldbreitbach, im Süden Montabaur und im Osten Westerburg an. Die Regionalagentur Westerwald Touristik-Service GbR informiert über das gesamte Wanderland Westerwald und über jedes andere touristische Thema rund um die Region:

- ♦ Regionalagentur Westerwald Touristik-Service GbR, Kirchstraße 48a, 56410 Montabaur, ☏ 026 02/300 10, 💻 www.westerwald.info, ✉ mail@westerwald.info

Für das Siebengebirge wenden Sie sich am besten an den Naturpark Siebengebirge:

- Naturpark Siebengebirge, Mühlenstraße 51, 53721 Siegburg, ☏ 022 41/13 23 36, 💻 www.naturpark7gebirge.de, ✉ info@naturpark-siebengebirge.de

In diesen Touristenbüros hilft man Ihnen gerne bei der Quartiersuche:

- Tourist-Information **Hachenburger Westerwald**, Alter Markt 4-6, 57627 Hachenburg, ☏ 026 62/99 97 60, 💻 www.hachenburger-westerwald.de, ✉ info@hachenburger-westerwald.de, 🚪 Mo bis Fr 9:00 bis 16:00
- Tourist-Information **WällerLand am Wiesensee**, Winner Ufer 9, 56459 Stahlhofen am Wiesensee, ☏ 026 63/29 14 94, 💻 waellerland.com, ✉ post@waellerland.com, 🚪 Nov bis März Mi, Do, Fr, So 11:00 bis 16:00, April bis Okt, Mo bis Fr, So 11:00 bis 16:00, Sa 13:00 bis 16:00. Sie hat sogar einen Spitznamen: „TiWi".
- Touristikverband **Wiedtal** e. V., Neuwieder Straße 61, 56588 Waldbreitbach, ☏ 026 38/40 17, 💻 www.wiedtal.de, ✉ info@wiedtal.de, 🚪 Mo bis Fr 9:00 bis 12:00, 14:00 bis 17:00, Sa 9:00 bis 12:00, So, Fei 10:00 bis 14:00
- Tourist-Information **Neuwied**, Marktstraße 59, 56564 Neuwied, ☏ 026 31/802 55 55, 💻 www.neuwied.de, ✉ tourist-information@neuwied.de, 🚪 Mo bis Fr 9:00 bis 12:30, 13:30 bis 17:00, Sa 10:00 bis 14:00
- Tourist-Information **Südlicher Westerwald**, Großer Markt 12, 56410 Montabaur, ☏ 026 02/950 27 80, 💻 www.suedlicher-westerwald.de, ✉ tourismus@montabaur.de, 🚪 Mai bis Okt Mo bis Fr 9:00 bis 16:00, Sa 9:00 bis 14:00

Verkehrsmittel

Leider gibt es für die kleineren Dörfer und abgelegeneren Wanderparkplätze nicht immer eine ÖPNV-Anbindung. Die größeren Orte sind gut mit Bus und Bahn vernetzt.

Der Verkehrsverbund Rhein-Mosel (VRM) liefert Fahrplan- und Tarifauskünfte für den größten Teil des Westerwaldes, nämlich für die Kreise Altenkirchen, Neuwied, Rhein-Lahn-Kreis, Westerwaldkreis und die Stadt Koblenz:

- ☏ 018 05/98 69 86, 💻 www.vrminfo.de

Ganz im Osten hilft die Fahrplanauskunft des Rhein-Main-Verkehrsverbundes (RMV) weiter:

- ☏ 018 01/768 46 36, 💻 www.rmv.de

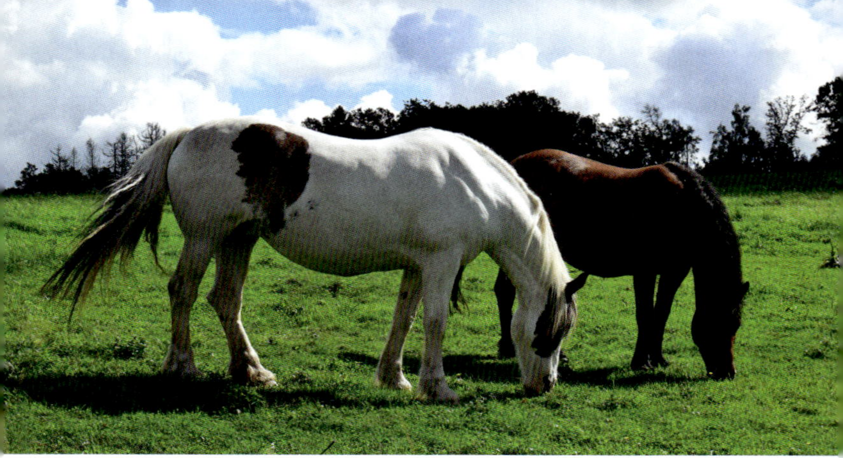

Sonniges Grasen

Klima und Reisezeit

Der Westerwald ist durch seine Lage in der Westwindzone und das damit einhergehende maritime Klima geprägt. Daraus resultieren gute Niederschlagswerte, die durch die Stauwirkung des Gebirges im Westen deutlich höher liegen als im Osten. Das heißt nicht, dass es den ganzen Tag regnet, es kann auch ein nächtlicher Schauer oder eine Viertelstunde Nieselregen sein. Selbst in den trockensten Monaten fällt genug Regen, um die Bäche, Flüsse und Seen ausreichend zu versorgen.

Im Westerwald lässt es sich das ganze Jahr über prima wandern. Das Frühjahr mit seinen Knospen und Blüten ist ganz bezaubernd. Die Sommer werden nicht sehr heiß und es gibt bei den meisten Wanderungen genügend Schatten. Im Herbst wird das Wetter stabiler und das Laub leuchtet im warmen Sonnenlicht kunterbunt. Meine Lieblingswanderzeit im Westerwald ist aber der Winter: Der Niederschlag kommt oft als Schnee vom Himmel, sobald die Sonne wieder scheint, glitzert die schneebedeckte Landschaft wunderschön.

Kartenempfehlungen

Leider sind die bewährten Freizeitkarten des Landesvermessungsamtes Rheinland-Pfalz kaum noch im Handel erhältlich. Sie sind zum Teil schon ziemlich in die Jahre gekommen, geben aber Sicherheit für den Fall, dass Ihr Smartphone keinen

Empfang oder keine Akkuladung hat. Am wahrscheinlichsten werden Sie in geografischen Fachbuchhandlungen und im Landschaftsmuseum Westerwald (✉ info@landschaftsmuseum-ww.de) Erfolg haben. Vielleicht können Sie noch eine der folgenden Karten im Maßstab 1:25.000 ergattern:

- ▷ Nördlicher Westerwald, Blatt 1 – Altenkirchen, Hamm (Sieg) mit Westerwaldsteig (2008)
- ▷ Nördlicher Westerwald, Blatt 2 – Betzdorf, Daaden, Gebhardshain, Herdorf mit Druidensteig (2013)
- ▷ Nördlicher Westerwald, Blatt 3 – Betzdorf, Wissen, Kirchen (Sieg) mit Natursteig Sieg (2014)
- ▷ Ferienland Westerwald, Blatt 1 – Hachenburg, Selters (Westerwald) mit Westerwälder Seenplatte und Kroppacher Schweiz (2014)
- ▷ Ferienland Westerwald, Blatt 2 – Bad Marienberg, Rennerod, Westerburg (2008)
- ▷ Naturpark Rhein-Westerwald, Blatt 1 (West) – Bad Hönningen, Linz, Unkel (2011)
- ▷ Naturpark Rhein-Westerwald, Blatt 2 (Nord) – Asbach, Flammersfeld, Puderbach (2011)
- ▷ Naturpark Rhein-Westerwald, Blatt 3 (Süd) – Dierdorf, Neuwied, Rengsdorf (2011)

Der Verlag NaturNavi schließt die entstehenden Lücken nach und nach mit aktuellen topografischen Karten im Maßstab 1:25.000:

- ▷ Blatt 39-559 – Rheinwandern 4 Neuwied (2021)
- ▷ Blatt 41-558 – Rheinwandern 3 Koblenz (2021)
- ▷ Blatt 43-558 – Limburg, Elz, Diez, Hadamar, Hünfelden (2021)

ProjektNord bietet für den Westerwald verschiedene aktuelle topografische Wanderkarten mit Wanderwegen im Maßstab 1:25.000 an:

- ▷ Nördlicher Westerwald – Leuscheid
- ▷ Nördlicher Westerwald – Siebengebirge
- ▷ Nördlicher Westerwald – Wied
- ▷ Hoher Westerwalde
- ▷ Oberwesterwald – Elbbach
- ▷ Oberwesterwald – Westerburg – Waldbrunn
- ▷ Rhein-Westerwald – Breisiger Ländchen
- ▷ Westerwald – Bad Marienberg – Hachenburg

Zu den WällerTouren gibt es eine Leporello-Wanderkarte:

- ▷ PublicPress Wäller Touren Westerwald, 1:25.000 (2015, aktuell leider vergriffen)

Wenn Sie mit kleineren Maßstäben klarkommen:

- ▷ GeoMap Wander- und Freizeitkarte Westerwald, 1:50.000, ISBN 978-3-95965-027-4
- ▷ KOMPASS Wanderkarten-Set 847 Westerwald, Siegen, Naturpark Lahn-Dill-Bergland, 1:50.000
- ▷ Verlag Rheingau-Taunus-Kartographie 405: Rund um Limburg, 1:40.000, deckt das Gebiet östlich und südlich von Montabaur ab

☺ Die Kartenempfehlungen wurden von der Geobuchhandlung Kiel überprüft. ☏ 04 31/942 49

Die GPS-Tracks zu den beschriebenen Wegen können Sie von der Internetseite des Verlags (💻 www.conrad-stein-verlag.de) herunterladen.

📖 **GPS** · Grundlagen · Tourenplanung · Navigation von Michael Hennemann, Conrad Stein Verlag, Basiswissen für draußen, ISBN 978-3-86686-769-7, € 12,90

Wanderinfrastruktur

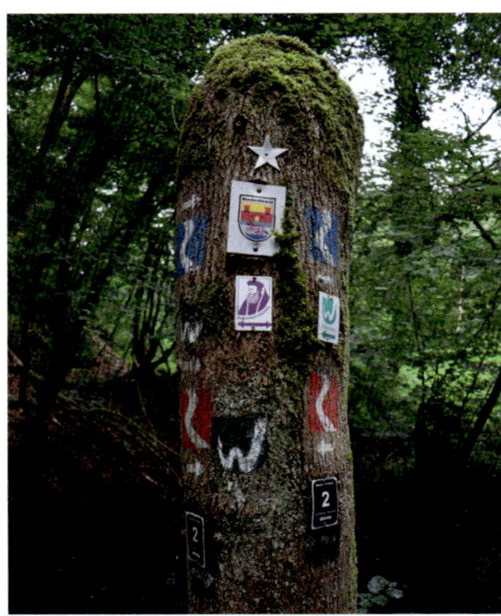

Viele Wege führen durchs Wiedtal

Der Westerwald ist eher ein leichtes Wandergebiet, an einigen Stellen aber mit durchaus anspruchsvollen oder kniffeligen Passagen. Die Touren führen über gut zu laufende Pfade, Wald- und Feldwege. Vereinzelt sind einige Schritte auf einer Straße erforderlich.

Meine Kriterien für die Einstufung der einzelnen Wanderungen entnehmen Sie bitte der vorderen Umschlagklappe. Aber – wie so oft im Leben – ist dies nur eine Richtschnur und Sie werden manch eine Wanderung als leichter oder schwieriger wahrnehmen. Es ist ja auch immer von der Tagesform, dem

Wetter und der Wandererfahrung abhängig. Wer ansonsten in den Alpen oder auf den Britischen Insel wandert, wird alle Touren einfach nennen, manche Leserinnen und Leser aus dem flachen Land könnte mich schon bei einem Spaziergang auf der letzten Steigung eines Kleinen Wällers verfluchen.

Der Westerwald ist durchzogen von zahlreichen **Fernwanderwegen**, jeder einzelne ist einen eigenen Wanderurlaub wert. Besonders zu empfehlen sind der WesterwaldSteig (235 km), der Wiedweg (109 km) und der Druidensteig (83 km).

Die Hauptwanderwege (HWW) des Westerwaldvereins bilden regelrecht ein Netz. Die römischen Zahlen gehören zu Wegen, die von Westen nach Osten führen, die arabischen Zahlen sind den Nord-Süd-Wegen vorbehalten.

💻 www.westerwaldverein.de

Einige für dieses Buch ausgewählten Touren verlaufen ein paar Kilometer auf diesen Fernwanderwegen. Vielleicht machen sie Lust auf mehr …

☺ Immer, wenn einer meiner Wege auf einem der perfekt markierten Fernwanderweg verläuft, gebe ich dies in der Wegbeschreibung an. Aus Platzgründen verwende ich dann Abkürzungen, z. B. W für den WesterwaldSteig.

Die **WesterwaldSteig-Erlebnisschleifen** verlaufen stets ein Stück auf dem WesterwaldSteig, dann auf örtlichen Wanderwegen zurück zum Startpunkt. Sie sind nicht einheitlich markiert.

Auch die **Rheinsteig-Rundtouren** machen aus Abschnitten des Rheinsteigs schöne Rundtouren. Sie sind mit einem weißen R auf rotem Grund markiert.

Empfehlenswert sind die **WällerTouren**, elf zertifizierte Touren zwischen 9 und 22 km, die durch abwechslungsreiche Landschaft führen und sehr gut markiert sind: ein grünes W auf weiß-hellgrünem Grund mit dem Text „WällerTour".

Die zehn **Kleinen Wäller** sind Spazierwege und kurze Wanderungen zwischen 2,3 und 7,6 km Länge, die alles haben, was einen guten Wanderweg ausmacht.

Im Niederwesterwald finden Sie auch **Traumpfade** und **Traumpfädchen**, wie Sie sie vielleicht aus der Eifel oder von der Mosel kennen,

💻 www.traumpfade.info.

Einige sehr schöne **Rothaarsteigspuren** liegen im östlichen Westerwald,

💻 www.rothaarsteig.de.

Hinzu kommen bewährte örtliche Wanderwege, liebevoll gestaltete Erlebnispfade, historische Pilgerwege … Sie sehen: Der Westerwald ist ein fantastisches Wandergebiet mit großartiger Wanderinfrastruktur.

Im **Siebengebirge** stehen an allen wichtigen Kreuzungen Wegsteine, auf die alle Rundwege und Nahziele eingraviert sind. ☝ Bitte beachten Sie, dass im Naturpark Siebengebirge das Wandern nur auf ausdrücklich gekennzeichneten Wegen mit dem roten Dreieck erlaubt ist. Diese Wege dürfen nicht verlassen werden, bitte vermeiden Sie Abkürzungen. Davon gibt es leider noch zu viele, sie schaden dem Naturschutzgedanken und wachsen hoffentlich bald zu.

☺ Für den Westerwald gibt es einen Wanderpass, und zwar digital: Mit der kostenlosen Wander-App SummitLynx können Sie Punkte für den Wanderpass Westerwald sammeln. Indem Sie auf dem WesterwaldSteig, dem Wiedweg, den WällerTouren und den Kleinen Wällern bestimmte Wegpunkte erreichen, werden diese in der App erfasst. Sind alle Punkte einer Tour abgehakt, wird eine bestimmte Punktzahl gutgeschrieben. Sie können damit die Medaillen Wäller Bronze, Wäller Silber oder gar Wäller Gold erreichen und erhalten eine Urkunde per Mail. Nähere Infos (und Belohnungen für die Wäller Medaillen) gibt es bei ✉ mail@westerwald.info.

Wandern mit Hund

Den **Westerwald** kann meine Hundedame Bella uneingeschränkt empfehlen. Natürlich gibt es das eine oder andere Naturschutzgebiet und Ortschaften, in denen Hunde an der Leine geführt werden müssen. Insgesamt bieten die herrlich schattigen Wälder mit ihren vielen Bächen ein gutes Wanderrevier für Hunde und deren Menschen.

☝ Im gesamten Siebengebirge müssen Hunde aus Naturschutzgründen an der Leine geführt werden, das war Bella manchmal etwas lästig, denn es gab dort sehr viele nette Hundebegegnungen.

Wenn Sie noch ein Exemplar ergattern können, schauen Sie in das Heftchen **„Wäller Pfoten Pfade** – Wandern mit Hund im südlichen Westerwald". Darin empfehlen die Wanderhunde Dayo, Suri und Raban elf Rundwanderungen und eine Streckenwanderung, die sie zusammen mit Ihrer Fahrerin und Schreiberin Martina

Züngel-Hein für die Tourist-Information der Verbandsgemeindeverwaltung Montabaur genau beschnüffelt haben.

Wandern mit Kind

Der Westerwald ist ideal, um Kinder ans Wandern heranzuführen. Vielerorts gibt es Lehrpfade, Entdeckerpfade und Zwergenwege, die extra auf wandernde Familien zugeschnitten sind. Auch die Kleinen Wäller sind herrlich kurz für den Einstieg. Viele andere Touren lassen sich nach einem kurzen Blick auf die Karte halbieren.

Was für laufende Kinder besonders spannend ist, nämlich die schmalen Pfade, führt leider oft dazu, dass der Weg nicht kinderwagentauglich ist. Selbst wenn ich einen Weg als „buggytauglich" bezeichne, meine ich damit keins dieser auf Regenschirmmaße zusammenklappbaren Klappergestelle mit Minirädchen, sondern robuste Jogger/Fahrradanhänger mit großen Rädern. Bei Babys empfehle ich eine Bauchtrage, die später zur Rückentrage wird.

Gut vorbereitete und ausgerüstete Kinder, die gerne wandern und mit rücksichtsvollen, gelassenen Erwachsenen unterwegs sind, werden die abwechslungsreiche Landschaft genießen.

☺ Wechselsachen sollten immer im Gepäck sein, die vielen Bäche sind einfach zu verlockend!

Updates

Der Conrad Stein Verlag veröffentlicht Updates zu diesem Buch, die direkt von der Autorin oder von den Leserinnen und Lesern dieses Buches stammen. Sie finden diese auf der Verlagshomepage 💻 www.conrad-stein-verlag.de. Der abgebildete QR-Code führt Sie direkt dorthin.

Rund um Altenkirchen

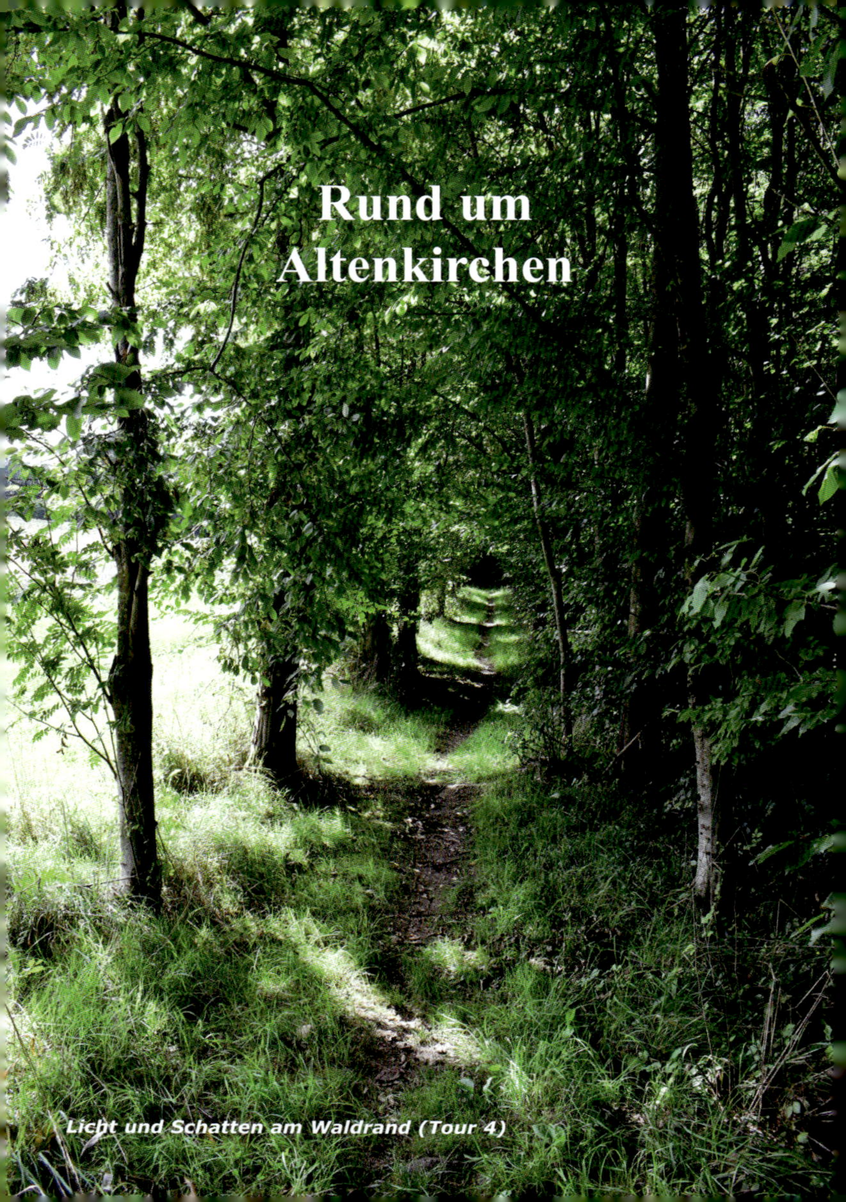

Licht und Schatten am Waldrand (Tour 4)

❶ Sagenweg Mehren

Tour für Fantasiebegabte

Auf dem WesterwaldSteig durchs Mehrbachtal und im schattigen Wald zurück zum malerischen Fachwerkdorf Mehren. Sogar die Kirche passt dazu: Über dem Chor wurde die Basilika in Fachwerkbauweise errichtet. Aber vorher können Sie die vielen Sagen und Legenden oder das ehemalige Verlies noch das Fürchten lehren. Denn gemütlich war ein Aufenthalt dort keinesfalls, darüber kann der niedliche Name Bulles'je nicht ganz hinwegtäuschen.

Start/Ziel: Freilichtbühne Mehren, GPS N 50°41.130' E 007°30.588'

4,5 km

1 Std. 30 Min.

66 m

209-277 m

gelbe und rote Schrift „Kleiner Wäller" auf weißem Grund mit rotem W und Umriss des Westerwaldes

Pfade und Waldwege, ein kurzes Stück Straße – eher schattig

Rucksackverpflegung

einige Sitzbänke in Mehren, außerdem bei km 1,7 und 2,1

Eine Runde, die auch ungeübte und jüngere Kinder schaffen können, wenn sie gut gelaunt durch (!) die Furt laufen dürfen. Taschenlampe für das Bulles'je mitnehmen!

Der Weg ist aufgrund von Stufen, Graswegen und Pfaden nicht buggytauglich.

Unterwegs gibt es viele Sauf- und Badestellen. Vorsicht auf der Mehrbachtalstraße!

Parken gegenüber der Freilichtbühne, in der Nähe des Pflegeheims und an der Kläranlage in Hirz-Maulsbach

Bushaltestelle „Mehren, Gemeindehaus", Bus 254 von/nach Weyerbusch, Mo bis Fr alle 2 Std.

Sie betreten das Gelände der **Freilichtbühne**, steigen die Zuschauertreppe hinab und gehen über die Bühne zum Dorfweiher. Die Bühne und der Weiher sind für Mehrener Verhältnisse sehr jung, sie wurden 1988 angelegt. Am Ufer des **Weihers** folgen Sie den Wegmarkierungen des WesterwaldSteigs nach rechts. An der Hundetütenstation bleiben Sie links auf dem Uferweg und können auf der Infotafel die Geschichte des redlichen Ritters von Mehren und seiner unverschämten Gäste lesen.

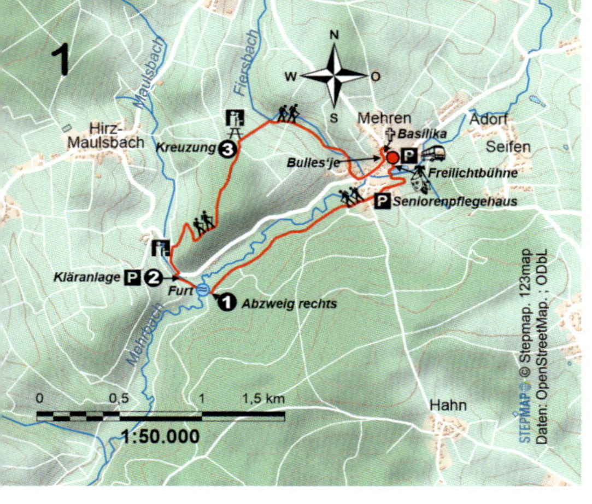

Nun kurz vorsichtig gehen! Die Brücke über den **Mehrbach** ist an manchen Tagen ziemlich rutschig. Dahinter laufen Sie auf dem Grasweg im weiten Bogen am Waldrand um eine Weide herum zu einer Straßenkurve. Folgen Sie der Straße geradeaus am **Seniorenpflegehaus** Sonnenschein vorbei. Dahinter gehen Sie geradeaus auf der Raiffeisenstraße weiter, passieren einen Parkplatz und folgen hinter der Hausnummer 9 dem Schotterweg nach rechts bergab in ein Waldstück. Sie laufen parallel zum Mehrbach und dann bergauf zu einer Rodungsfläche. An der Gabelung mit dem Hochsitz wandern Sie nach links bergauf. Eine Infotafel erzählt die Sage der **Römerquelle**. Historisch verbrieft ist, dass die Chatten zur Zeit der Römer bis in den Westerwald vordrangen. Ob sie tatsächlich drei römische Legionen vernichteten und eins der adlerförmigen Heerzeichen im Waldgebiet bei Mehren in einer heiligen Quelle versenkten, kann niemand mehr mit Gewissheit sagen.

In der nächsten Linkskurve laufen Sie geradeaus weiter, das ist nicht sehr gut zu erkennen, hier fehlten bei meiner Wanderung einige Markierungen. Sie erreichen einen Buchenwald und verlassen den WesterwaldSteig vor dem kleinen Bächlein nach rechts ❶. Es fließt auf den **Mehrbach** zu, den Sie auf der Fußgängerbrücke überqueren oder durchwaten.

Mosch, Mosch!

In den umliegenden Dörfern weiß man sich zu erzählen, dass im Mehrbachtal ein Poltergeist lebte, der nachts mit Knüppeln gegen die Bäume schlug, im Wasser herumplanschte und grausig „Mosch, Mosch" schrie. Sogar Menschen griff er an. Er wurde geschnappt, für unzurechnungsfähig erklärt und in eine Heilanstalt gebracht. Danach endete der Spuk. Er hatte in einer Höhle gelebt, darin wurde ein großer Klumpen Katzengold gefunden. Die Einheimischen beteuern, das Klopfen des Boller-Moschs sei in der Höhle immer noch zu hören.

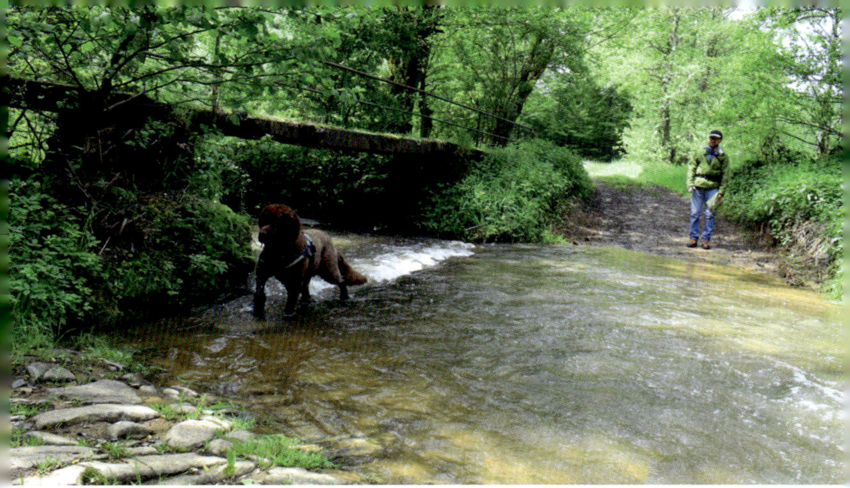

Furt durch den Mehrbach

Sie kommen zum Parkplatz an der **Kläranlage** von Hirz-Maulsbach ❷, wo die 8,3 km lange Rundwanderweg „Zwischen Hirz und Maulsbach" beginnt und endet. (☺ Er lässt sich gut mit dem Sagenweg zu einer Halbtagswanderung kombinieren.) Gehen Sie nach rechts auf der Brücke über den **Maulsbach** und folgen Sie der wenig befahrenen Mehrener Straße (K24) nach links, bis nach knapp 200 m rechts der Wegweiser des Sagenwegs hinauf in den hohen Buchenwald weist. Im Herbst knacken und knirschen die Bucheckern bei jedem Schritt unter den Sohlen. Nach links haben Sie eine feine Aussicht nach **Niedermaulsbach** und Sie lernen an einer Tafel weitere Sagen kennen. Sollten Sie als Frau in der Dämmerung allein unterwegs sein, hüten Sie sich vor Fabelwesen des Westerwaldes wie dem Hötzelstier und dem Tholm, die Ihnen die Zöpfe abbeißen bzw. das Blut aus den Adern saugen wollen!

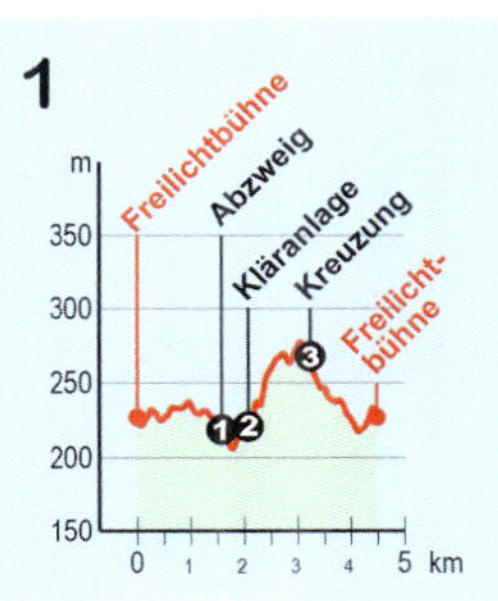

Sie wandern durch eine Linkskurve weiter bergauf, zum Teil wächst hier der Ilex fast 5 m hoch. An einer Einmündung von rechts laufen Sie geradeaus weiter, nun durch Mischwald mit Buchen, Birken, Fichten und bis zu 30 m hohen Föhren. An der Kreuzung ❸ folgen Sie geradeaus dem Teerweg und können weite Blicke über Äcker und Wiesen genießen. Das Dorf links ist

Maulsbach. Nach 30 m geht es nach rechts zu einer Aussichtsbank und dahinter auf dem Grasweg bergab zu einem Waldstück. Haselnusssträucher wachsen hier im Schutz der Buchen und Sie erfahren in der Sage von dem Ritter, der seine Tochter tötete, die seither rastlos als weiße Frau umherspukt.
Sie kommen zurück nach Mehren. Dort gehen Sie nach links zur Mehrbachtalstraße und laufen links auf dem Gehweg hinauf zum **Bulles'je**. Das 1547 erbaute ehemalige Gemeindegefängnis besteht aus zwei Hafträumen, die tagsüber zugänglich sind. Neben dem Bulles'je steigen Sie an der alten Schule entlang die Treppe hinauf zur romanischen **Basilika**, die im 12. Jh. aus heimischen Bruchsteinen erbaut wurde. Der Fachwerkaufbau über dem Chor entstand um 1744.

☺ Am Kirchenportal hängt ein QR-Code für ein Kurzvideo, das die Kirche vorstellt.

Das Haus auf dem **Kirchplatz** gegenüber heißt Kochs Wirtschaft, die ehemalige Gastwirtschaft mit Fremdenzimmern wurde um 1700 erbaut. Der Kirchstraße folgen Sie nach rechts, auf der linken Straßenseite sind weitere Fachwerkhäuser zu bewundern, sogar unter Reed. Am Ende der Straße treffen Sie an der Bushaltestelle wieder auf die Mehrbachtalstraße.

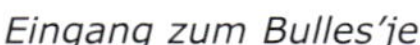
Eingang zum Bulles'je

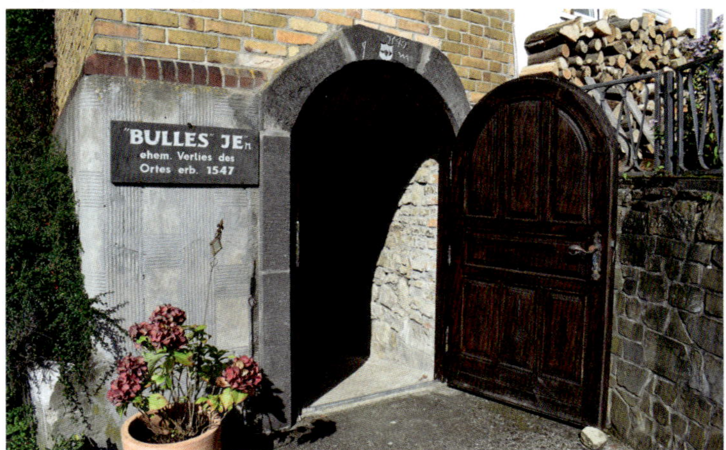

❷ Weg der Sinne

Tour für Sinnliche

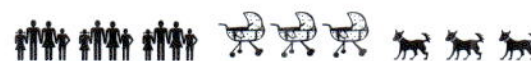

Eine kleine Kostprobe des Westerwaldes, noch dazu für alle Sinne. Zu jeder Jahreszeit können Sie hier an den Sinnesstationen hören, sehen, riechen, schmecken, fühlen und das Gleichgewicht halten. Besonders schön ist es im Herbst, wenn es noch warm genug für den Barfußpfad und den Bach ist, aber die Bäume schon bunt werden.

Start/Ziel: Dorftreff Werkhausen, GPS N 50°43.411' E 007°31.907'

2,3 km

30 Min. (Planen Sie – je nach Zusammensetzung der Wandergruppe – wegen der Sinnesstationen am Weg bis zu 4 Std. ein.)

43 m/43 m

264-310 m

gelbe und rote Schrift „Kleiner Wäller" auf weißem Grund mit rotem W und Umriss des Westerwaldes

Wirtschaftswege, Naturwege, Teerwege und Pfade – eher sonnig

Rucksackverpflegung

Sitzbänke an den Aussichtspunkten (km 0,5 und 0,8), Witterungsschutz auf dem großen, überdachten Sitzplatz am Dorftreff am Start/Ziel

Ideal auch für kleine Wanderanfängerinnen und Wanderanfänger, mit großem Spielplatz am Start/Ziel und vielen Stationen für alle Sinne. Wenn selbst die 2,3 km zu lang sind, kann am Zerrspiegel abgekürzt werden, dieser Weg kommt an weiteren Sinnesstationen vorbei (Hängematte, Obstbäume, Farbenspiel und Wichtelwald).

Mit dem Buggy könnte es Probleme auf dem Pfad kurz vor dem Ziel geben, das lässt sich umfahren.

Kaum befahrene Straßen und ein Bach. An sonnigen Sommertagen könnte es wegen des geringen Schattenanteils zu heiß für Ihren Hund sein.

Wanderparkplatz am Dorftreff

Bushaltestelle „Werkhausen Hauptstraße", Bus 254 von/nach Weyerbusch und Kircheib, Mo bis Fr etwa alle 2 Std.

Der örtliche Parcours „Weg der Sinne" mit seinen 22 Stationspunkten beginnt ebenfalls am Dorftreff. Er ist 2,2 km lang, verläuft im Uhrzeigersinn und kreuzt den Kleinen Wäller an zahlreichen Punkten.

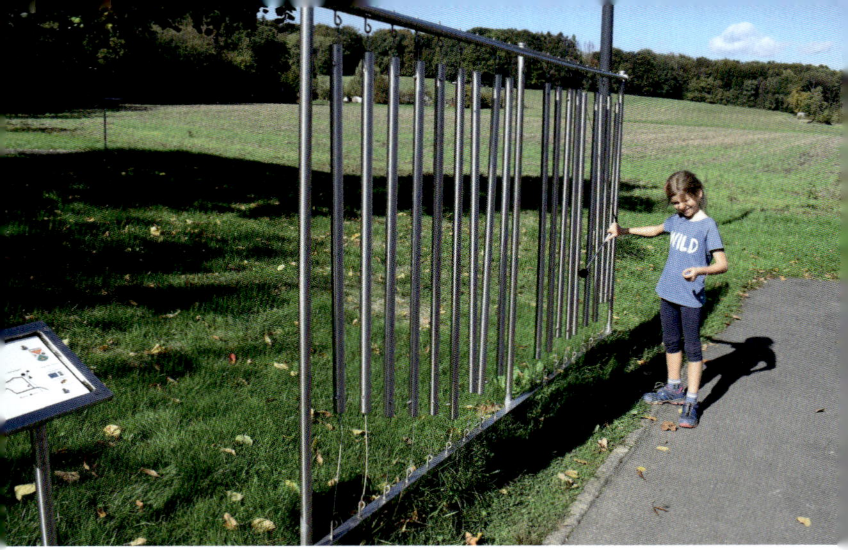

Klangzaun am „Weg der Sinne"

Wenn Sie mit Kindern unterwegs sind, sollten Sie darauf gefasst sein, ihnen vor der Wanderung erst einmal auf dem Spielplatz beim Toben zusehen zu müssen. Auch die Stationen des Sinnespfades neben dem Dorftreff wollen ausprobiert werden.

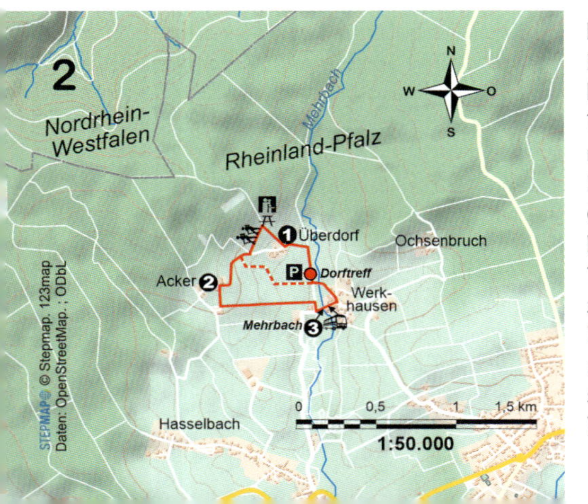

Wenn es dann losgehen kann, biegen Sie am Ende der Zufahrt nach links ab und laufen den Teerweg hinauf. Sie kommen dabei an einem Klangzaun vorbei. An der Gabelung mit den Fühlboxen folgen Sie dem Teerweg nach links bis zum Ortseingang von **Überdorf ❶**. Sie wandern nach rechts auf dem Wirtschaftsweg und über die Wiese zu einer **Holzbank**

auf einer Anhöhe. Hier haben Sie einen guten Blick auf die Hügellandschaft der Leuscheid. Das ist der Höhenzug an der Landesgrenze von Nordrhein-Westfalen und Rheinland-Pfalz, der gleichzeitig die Wasserscheide zwischen Sieg und Wied bildet.

Sie folgen dem Schotterweg nach links bergab zur Straße, folgen ihr nach rechts und entdecken die Stationen 8 (unterirdisches Telefon) und 9 (Zerrspiegel) des Parcours „Weg der Sinne". Hier lässt sich der Weg nach links abkürzen.

Sie kommen zu einer Sitzbank, die nicht nur eine tolle Aussicht bietet, sondern sogar ein Gästebuch hat. Gehen Sie weiter auf der Straße hinauf nach **Acker** ❷, dort links bis zum Bauernhof und dann wieder links auf einem Feldweg hinab bis zum Ortsrand von Werkhausen. Gehen Sie nach rechts bis zur Hauptstraße und folgen Sie dieser links nach **Werkhausen**. Sie wandern an der Mitfahrerbank vorbei, überqueren den Mehrbach ❸ und biegen hinter der Bushaltestelle links in die Fichtenstraße ein. An der Hausnummer 6A folgen Sie dem Schotterweg. Er führt zu einem Barfußpfad und einem Wasserspiel, ideal zum Abkühlen und Füßewaschen. Hier lag früher der Bleechplatz von Werkhausen, eine Tafel erläutert den typischen Ablauf der Waschtage, bevor es Haushaltswaschmaschinen gab.

Auf dem Barfußpfad

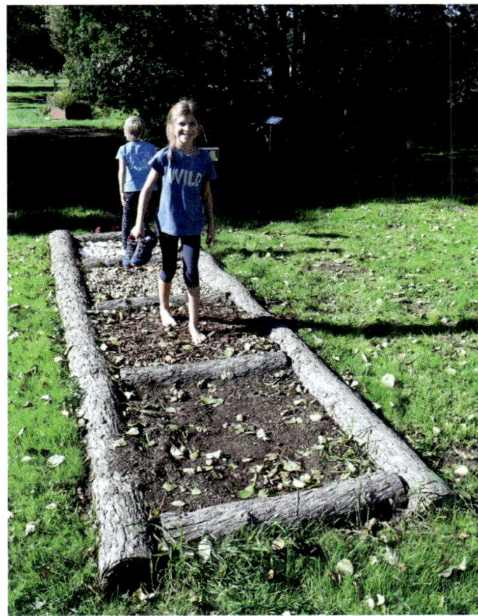

Der Mehrbach wird ein zweites Mal überquert, direkt dahinter lassen sich (je nach Jahreszeit) am Hochbeet, am Apfelbaum und an den Beerensträuchern Geschmacks- und Geruchssinn testen. Noch schnell den Wackelsteg ausprobieren und schon kommt der Dorftreff wieder in Sicht.

❸ Birnbacher Entdeckerweg

Tour für neugierige Familien

Einer der kürzesten Wege in diesem Buch kann zu einer Tagestour werden, wenn Sie wissbegierige Kinder dabeihaben oder selbst neugierig geblieben sind. Denn überall finden Sie Mitmachstationen, an denen einiges ausprobiert werden kann. Sehen, fühlen, tasten, riechen, hören und schmecken sind noch nicht alles – auch Gleichgewichtssinn und Fantasie werden getestet.

Start/Ziel: Bergstraße/Lerchenweg, 57612 Birnbach, GPS N 50°42.169' E 007°35.410'

2,3 km

30 Min. (Planen Sie wegen der Mitmachstationen für eine Wanderung mit Kindern bis zu 3 Std. ein.)

36 m/36 m

263-300 m

gelber Fuß auf schwarzem Grund

Pfade, Waldwege und Wirtschaftswege – eher schattig

Rucksackverpflegung, damit am Rastplatz mit einem zünftigen Picknick auch der Geschmackssinn angesprochen wird

ein rustikaler Rastplatz (km 1,1)

Auch für absolute Wanderanfängerinnen und Wanderanfänger ist diese Strecke machbar.

Der Weg ist nicht durchgängig buggytauglich. Ein robuster Buggy kann den Weg bis zu den Geistern meistern, muss dann aber über die Schlangengrube getragen werden.

Unterwegs gibt es einen Bach für den Hundedurst.

Bus 250 von/nach Uckerath/Altenkirchen, Mo-Fr stündlich zur Bushaltestelle „Birnbach Kindergarten“, Sa, So alle 2 Std. zur Bushaltestelle „Birnbach Kölner Straße“

Parkmöglichkeiten in den Straßen um den Startpunkt

An ungemütlichen Tagen gehört Wechselkleidung ins Gepäck, falls Sie an der einen Station feststellen, dass Ihr Gleichgewichtssinn nicht so gut ist, wie Sie dachten.

An der Kreuzung von Bergstraße und Lerchenweg beginnen Sie die Wanderung, indem Sie dem Feldweg, der die Verlängerung des Lerchenwegs bildet, durch die offenen Felder folgen. Auf halber Strecke zum Waldrand entdecken Sie die Station „**Augenblicke**", an der Sie Ihre Umgebung in vielen bunten Farben betrachten können. Bei genauem Hinschauen entdecken Sie links im Tal Fischteiche im Lözelbachtal.

Unmittelbar hinter dem Waldrand entdecken Sie die Station „**Windklänge**" ❶. Mit diesem ungewöhnlich konstruierten Klangspiel, das sogar eine Orgelpfeife mit Kurbel umfasst, können Sie sich als Waldmusikerinnen und Waldmusiker versuchen. Der Weg führt zu einem namenlosen Bächlein mit einer Balkenbrücke, auf der Sie Ihren Gleichgewichtssinn testen können.

Hinter der Brücke nehmen Sie an der Gabelung den rechten Weg. Hier stehen die Entdeckerstationen dicht an dicht: Auf dem Dendrophon können Sie selbst Musik machen. Mit dem Waldhörrohr können Sie die Geräusche des Waldes belauschen. Sie passieren eine Windwand und einen klopfenden Specht, dann erreichen Sie einen **Rastplatz** ❷. Hier können Sie sich stärken oder unmittelbar daneben zur Station „**Durchblick**" am Waldrand gehen. Von dort haben Sie einen Blick über die Hügellandschaft westlich von Altenkirchen.

Etwa 10 m hinter dem Rastplatz führt der Weg scharf rechts durch den Wald an einem Baumtelefon vorbei. Haben Sie die Muße, sich an der Station „**Stiller**

Durch die „Schlangengrube"

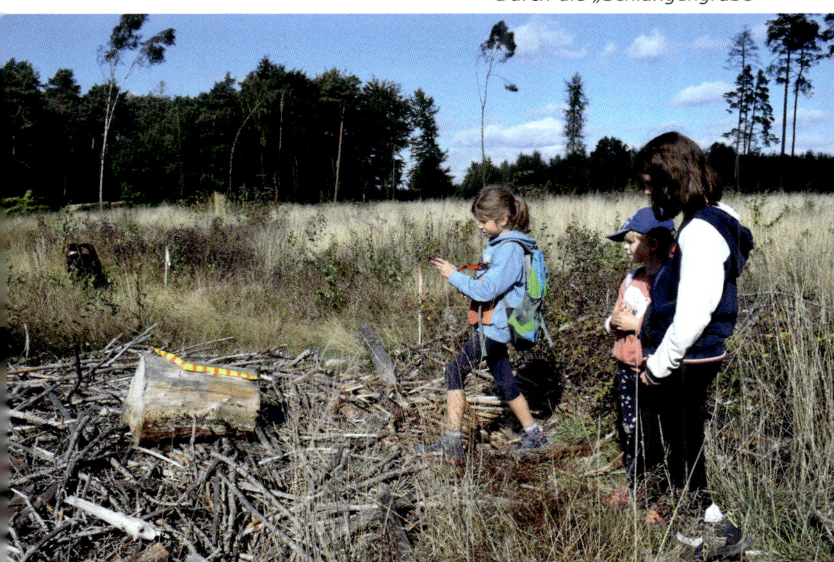

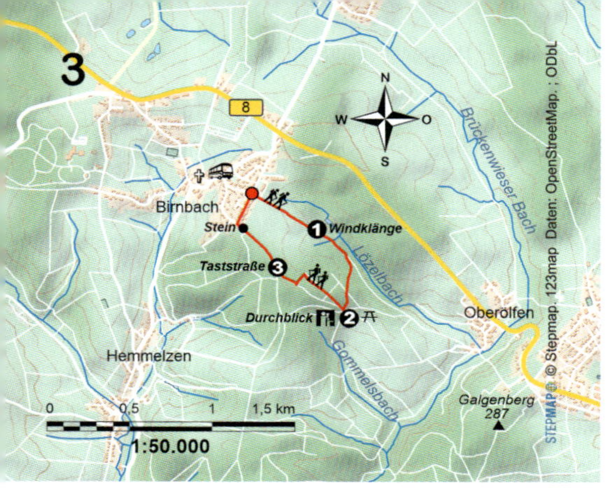

Wald" ganz langsam und leise durch den Wald zu bewegen? Sie kommen an eine Lichtung, hier folgen Sie dem Weg nach links zu zwei sich umarmenden Kiefern und einigen „**Flattergeistern**". Dort biegen Sie rechts ab und folgen einem kaum erkennbaren Pfad durch die „**Schlangengrube**". Das ist eine Fläche, die nach den Hitzesommern und dem Borkenkäferbefall abgeholzt wurde. Viele Äste und Zweige liegen noch am Boden, hier müssen Sie etwas kraxeln, kleineren Kindern/Hunden helfen und den Buggy tragen. Kaum sind Sie den Schlangen entkommen, wartet die nächste Herausforderung auf Sie: Ziehen Sie die Schuhe und Socken aus und lassen Sie sich mit geschlossenen Augen über den Barfußpfad namens „**Taststraße**" ❸ führen.

Sie laufen zunächst parallel zu einem Forstweg, an einem Querweg nach links und nach 5 m rechts, nun auf dem Forstweg, aus dem Wald hinaus und zurück nach Birnbach. Die letzte Station ist ein Stein neben einer Infotafel, der Ihnen ein Rätsel aufgibt. Dahinter biegen Sie rechts ab und folgen der Bergstraße zurück zum Startpunkt.

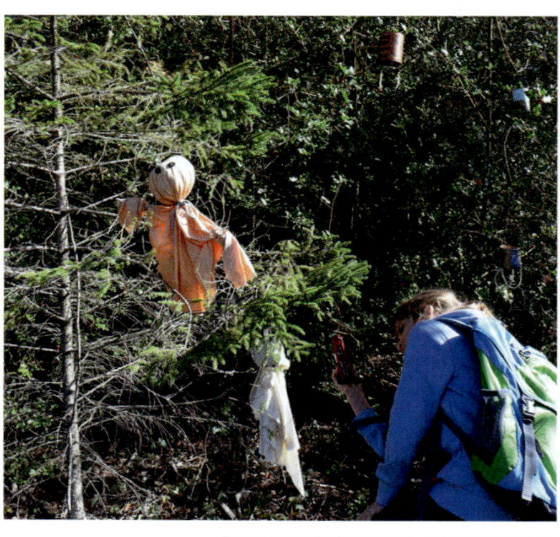

Zu Besuch bei den Waldgeistern

④ Panoramaweg Raiffeisenland

Tour für Panoramafans

Eine Wanderung für den Spätsommer, wenn die Grillen in den offenen Feldern zirpen, die reifen Brombeeren schwarz glänzen und in den Waldabschnitten zahlreiche Pilze sprießen. Herrscht dann noch offenes Wetter, ist diese Panoramatour ein echter Genuss.

- Start/Ziel: Fluterschen, Ecke Kaulenweg/Koblenzer Straße, GPS N 50°40.202' E 007°37.524'
- 6 km
- 2 Std.
- 98 m/98 m
- 228-324 m
- schwarzes Logo mit gelber Schrift „Panoramaweg Raiffeisenland" und Illustration mit Förderturm, Baum und stilisierten Hügeln
- Waldwege, Wirtschaftswege und Pfade – schattig und sonnig zu gleichen Teilen
- Rucksackverpflegung
- mehrere Sitzbänke, ein Rastplatz (km 0,4), Witterungsschutz in der Bushaltestelle „Fluterschen" (km 4) und in Schutzhütten (km 1,8, km 2,6 und km 3,2)
- eine Runde für Kinder, die sich an Fernblicken erfreuen können
- Der Weg ist auf den pfadigen Streckenabschnitten nicht buggytauglich.
- Auf der Tour müssen mehrere Straßen überquert werden.
- Parkplatz am Containerstandort am nördlichen Ortsrand von Fluterschen
- Bushaltestelle „Fluterschen", Bus 121, 122 von/nach Altenkirchen, Mo bis Fr alle 2 Std., Sa, So Anruf-Linien-Fahrten (☏ 026 81/95 17 91) Sa 6-mal, So 2-mal

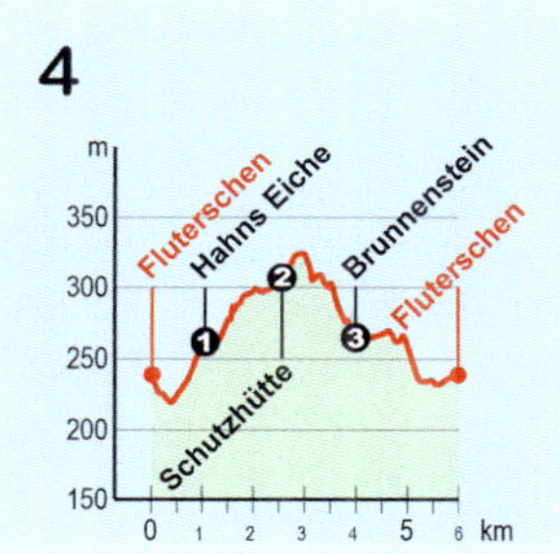

Am Ortsausgangsschild von Fluterschen, genau gegenüber vom Containerstandort an der L267, beginnt der Panoramaweg Raiffeisenland. Sie gehen auf dem Teerweg bergab. Nach 130 m biegen Sie links ab und laufen auf dem Grasweg bis zu einer Pferdekoppel. Dort geht es nach rechts und an der Sitzbank nach links zu einem **Rastplatz**

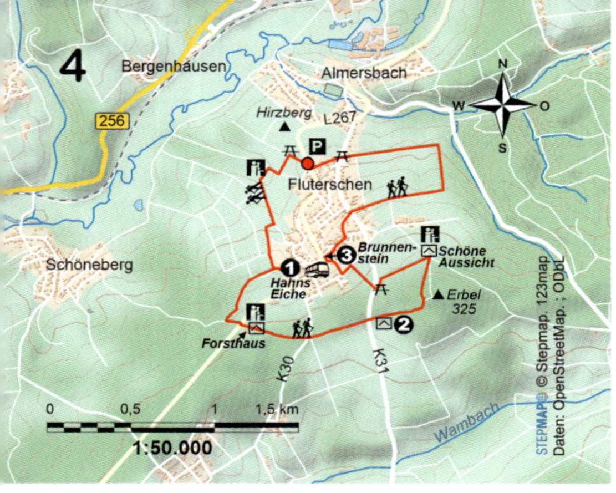

Spätsommeridyll

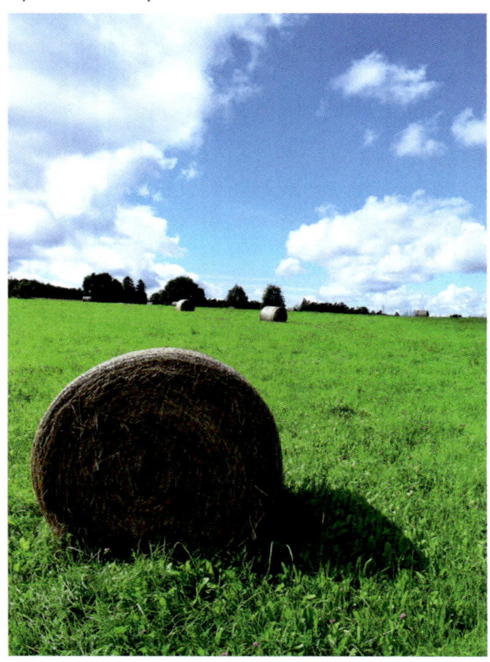

mit Holzskulpturen. Sie überqueren einen kleinen Bach und folgen dahinter dem Grasweg nach links bergauf. Wenn Sie sich umwenden, haben Sie einen Panoramablick bis zum Raiffeisenturm auf dem Beulskopf. Hinter einer Feldscheune kommen Sie zum Ortsrand von Fluterschen, dort biegen Sie rechts ab und laufen auf einem Grasweg an den Gärten und **Streuobstwiesen** leicht bergauf zu einem Teerweg, dem Sie geradeaus folgen. Hinter dem ersten Carport führt der Rundweg nach rechts weiter. Vorher sollten Sie aber einen 25 m langen Abstecher nach links zu **Hahns Eiche ❶** unternehmen. Der mächtige Baum hat einen Stammumfang von 6,2 Metern!

Der Pfad führt durch ein Wäldchen zu einem breiteren Wirtschaftsweg, hier gehen Sie geradeaus weiter. Der Panoramaweg wird auf einem schattigen Pfad durch den Buchenwald neben dem Wirtschaftsweg geführt. Folgen Sie dem Grasweg nach rechts zu einem Teerweg und diesem nach links zur L267 (RP 5311-038). Auf der anderen Straßenseite wandern Sie am Forsthaus Fluterschen vorbei zum Waldrand, wo eine Sitzbank und die **Forsthaus-Schutzhütte** eine Rast mit Aussicht ermöglichen.

Sie wandern durch einen einstigen Mischwald, von dem nur die Laubbäume die heißen Borkenkäfersommer überlebt haben. Überqueren Sie die K30 und laufen Sie auf dem Anliegerweg bis zur K31 (RP 5311-039). Nach hinten rechts haben Sie einen Blick bis zum Förderturm der Grube Georg an der A3. In der nächsten **Schutzhütte** ❷ hat eine Kitagruppe ein Naturkunstwerk für den Panoramaweg gestaltet. Sie wandern weiter geradeaus, zunächst am Waldrand, dann im Wald. Es geht stetig bergauf, denn der Weg führt auf den **Erbel** (325,6 m) zu. An der kleinen Lichtung folgen Sie dem leicht zu übersehenden Pfad zwischen zwei mächtigen Roteichen (ihre Blätter enden spitz) hindurch. Dieser Abschnitt ist im Spätsommer sehr pilzreich.

Der Weg führt wieder bergab an einer Baumelbank vorbei und über einen Steg durch Buschland mit Brombeerhecken und Springkraut. Weitere Stege und vier Stufen führen Sie zu einer **Rodungsfläche**. Nach dem Absterben und Fällen der Fichten-Monokultur hat sich die Natur sehr vielfältig entwickelt. Schmetterlinge, Wildbienen und andere Insekten schwirren und summen um junge Birken und Ginster herum, dazwischen wachsen Disteln, Ampfer, Gräser und Brombeeren.

Sie kommen zum RP 5311-040 und gehen nach links zur **Schutzhütte Schöne Aussicht** mit der Panoramasicht bis zum Siebengebirge. Eine Panoramatafel erläutert Dörfer und Landmarken, die von hier zu sehen sind.

Das Raiffeisenland

Friedrich Wilhelm Raiffeisen war 27 Jahre alt, als er 1845 Bürgermeister in Weyerbusch wurde. Er hatte ein offenes Ohr für die Sorgen seiner Mitbürgerinnen und Mitbürger. Das machte ihn innerhalb weniger Jahre zu einem der bedeutendsten deutschen Sozialreformer. Von ihm stammt die Aussage: „Der beste Kampf gegen die Armut ist eine gute Schulbildung." Und er schuf die passenden Rahmenbedingungen, indem er zugige, marode Schulen sanieren ließ. Die im Regen unpassierbaren Wege im nördlichen Westerwald ließ er durch eine Straße von Weyerbusch über Flammersfeld, Rengsdorf und Heddersdorf bis zum Rhein ersetzen. In einer Hungersnot gründete er einen Dorfbackverein und weitere Wohltätigkeitsvereine. All seine Aktivitäten liefen auf die Darlehnskassenvereine heraus: Jeder übernahm Verantwortung für die anderen, konnte Geld ansparen oder günstige Kredite aufnehmen, um Vieh, Saatgut und Handwerksgeräte zu kaufen.

Am Waldrand können Sie weiter das Panorama genießen, bis Sie auf eine halbrunde Leitplanke treffen. Dort folgen Sie dem Pfad nach links zur K31. An den beiden Rastbänken überqueren Sie die Straße und gehen auf dem Grasweg neben der Weide bergab. Am Ende des Wegs laufen Sie nach links zum Ortsrand, dort nach rechts bergab und an der Gabelung links auf dem Pflasterweg zur L267. Im Dorfzentrum von **Fluterschen** 🚌 plätschert das Wasser munter aus dem Brunnenstein ❸.

Gehen Sie nach rechts auf der Brunnenstraße an einigen alten Häusern vorbei und biegen Sie links in den Hohlweg ein. Sie kreuzen die Steimeler Straße um 10 m nach links versetzt und wandern auf dem Lerchenweg aus dem Ort hinaus. Er wird zum Wirtschaftsweg und führt mit weiteren großartigen Aussichten auf Altenkirchen geradeaus bis zum Hundeübungsgelände. Dahinter geht es nach links am Waldrand bergab bis zu einem Hochsitz und dort nach links zurück nach Fluterschen. Sie überqueren die K31 und gehen an der **Mitfahrersitzbank** geradeaus durch den Kaulenweg bis zur Koblenzer Straße und dort rechts zurück zum Parkplatz.

Panoramatafel am Aussichtspunkt

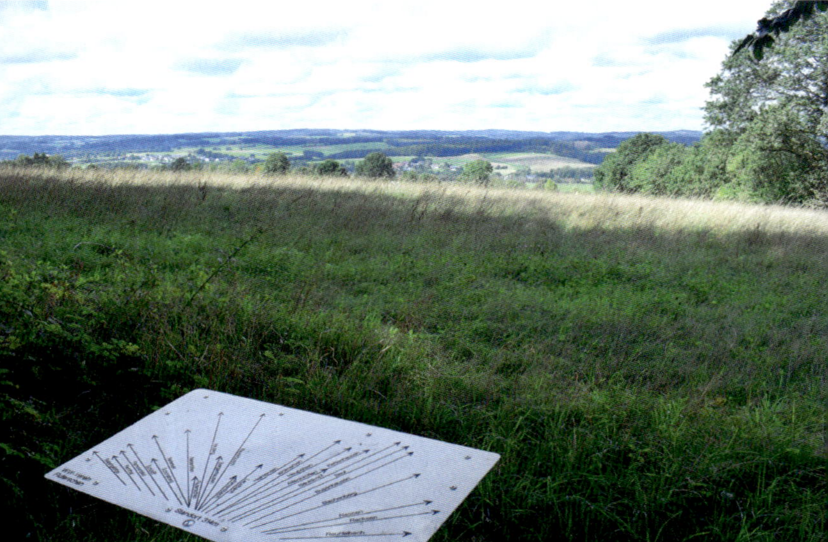

❺ Kloster Marienthal

Tour für trittsichere Sonnenanbeterinnen und Sonnenanbeter 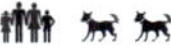

Auf dem WesterwaldSteig führt diese aussichtsreiche Erlebnisschleife vom Kloster Marienthal durch Wald und Feld zum Sonnenberg mit seinem umwerfenden Aussichtspunkt. Auf einem Naturpfad wandern Sie am Nisterbogen bei Alhausen entlang, bevor es auf dem Kölner Weg wieder zurück zum Kloster geht.

- Start/Ziel: Wanderparkplatz Marienthal, GPS N 50°44.204' E 007°40.406'
- 12,1 km
- 4 Std.
- 351 m/351 m
- 170-329 m
- WesterwaldSteig (W), Kölner Weg (K), Marienwanderweg (MW) und der Hauptwanderweg I (I)
- Pfade, Waldwege und Wirtschaftswege – eher sonnig
- Rucksackverpflegung, keine Einkehrmöglichkeiten für Spontanbesuche
- Sitzbänke an allen Aussichtspunkten und einigen anderen Stellen, ein Rastplatz (km 4,1), Witterungsschutz im Bushäuschen am Friedhof Racksen (km 1,7)
- Routinierte und absolut trittsichere Wanderkinder etwa ab 10 Jahren werden den schmalen Weltendepfad lieben. Er dürfte für die meisten Grundschulkinder zu schwierig sein, besonders bei Nässe. Auch der Transport kleinerer Kinder in Tragen will gut überlegt sein.

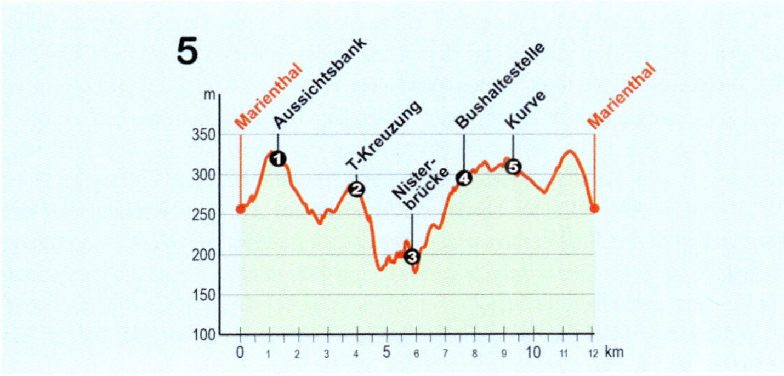

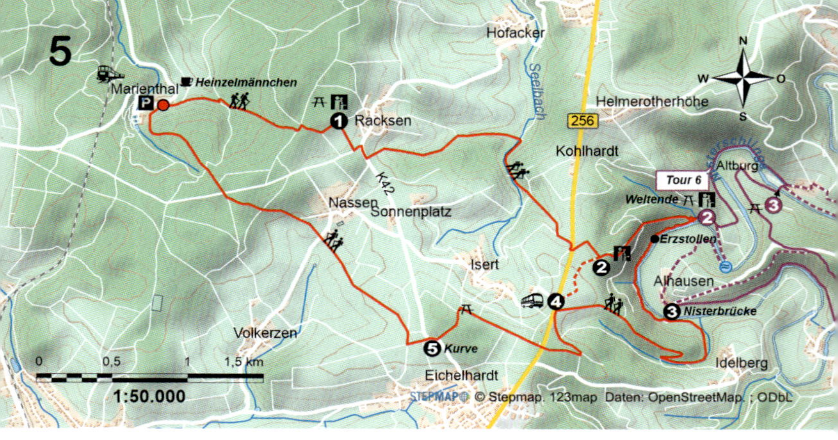

Der Weg ist nicht buggytauglich.

Nur für vollkommen trittsichere und angstfreie Hunde. Wasser mitnehmen, besonders an sonnigen Tagen.

Wanderparkplatz Marienthal, weitere Parkmöglichkeiten auf der Klosterstraße

Bf. Kloster Marienthal, ➲ 1 km über ausgeschilderte Wanderwege

Haltestelle „Isert Bundesstraße" (beim Wegpunkt ❹), Bus 280 von/nach Altenkirchen, Mo bis Fr stündlich, Sa als Rufbus 2-mal (☏ 027 47/91 27 61 01)

Der Abschnitt auf dem Weltendepfad erfordert Trittsicherheit und Schwindelfreiheit. Er lässt sich aber umgehen (als Alternativroute des WesterwaldSteigs markiert).

☺ Um die Sonnenuhren und den Aussichtspunkt Sonnenberg richtig genießen zu können, sollte es ein sonniger Wandertag sein.

Vom Wanderparkplatz Marienthal folgen Sie den Wegweisern des **Westerwald-Steigs** aus dem Ort heraus, hinter dem letzten Haus nehmen Sie an der Gabelung den rechten Weg. Er führt in den Wald und zu einer T-Kreuzung. Hier geht es nach links und nach etwa 20 m rechts weiter. Der Waldweg führt bergauf zu einer T-Kreuzung, gehen Sie dort nach links und an der Kreuzung auf dem Forstweg nach rechts zum Waldrand. Hier geht es nach links am Waldrand entlang zu einer Aussichtsbank ❶ und einer herrlichen Aussicht auf das Dorf **Racksen**. An der Bank gehen Sie rechts bergab zu dem Waldstück und dort am Waldrand entlang nach links zur K42. Dieser folgen Sie für knapp 100 m nach rechts. Es geht schon vor der Bushaltestelle (nur Schulbus) nach links weiter. Der mit Gras bewachsene Weg führt am Waldrand bis zum **Seelbach**. Hinter der Bachbrücke biegen Sie rechts ab und folgen dem Weg durch das Seelbachtal.

Sonnenuhren im Seelbachtal

Im Jahr 2004 bauten Altenkirchener Schülerinnen und Schüler und Verwaltungsangestellte sieben verschiedene Sonnenuhren, sogar eine Sonnenfleck-Sonnenuhr und eine digitale Sonnenuhr. Sie sind durch den 6 km langen Sonnenweg verbunden (Markierung gelbe Sonne auf schwarzem Grund).

Sie kommen zu einer **Sonnenuhr** des Sonnenwegs, dahinter folgen Sie dem Pfad über die Wiese zu dem kleinen Waldstück an der B256. Überqueren Sie die Bundesstraße und gehen Sie auf einem Wirtschaftsweg zum Waldrand, dort folgen Sie dem Forstweg nach rechts. Sie kommen an eine T-Kreuzung ❷.

↬ Rechts können Sie auf der offiziellen Umgehungsstrecke des Westerwald-Steigs abkürzen und den schmalen Pfad entlang der Nister umgehen, wenn Sie nicht trittsicher und schwindelfrei sind. Es wäre aber schade um den absolut schönsten Teil dieser Wanderung.

Für die komplette Erlebnisschleife laufen Sie auf dem linken Weg bis zu einem Findling und folgen dort dem Pfad nach rechts zum **Aussichtspunkt Sonnenberg**. Hier haben Sie einen fantastischen Blick ins Tal der Großen Nister und über die Hügellandschaft der Kroppacher Schweiz.

Klappsonnenuhr bei Isert

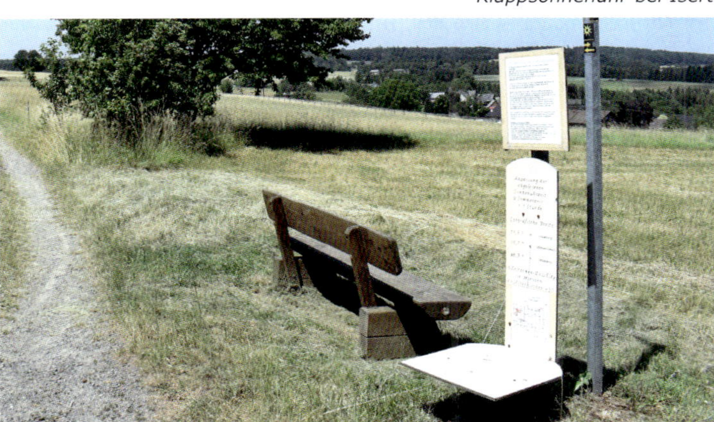

Ein Pfad führt vom Aussichtspunkt zurück auf den Forstweg, dem Sie nach halb rechts folgen. An einem Abzweig gehen Sie geradeaus weiter, es geht bergab, bis ein Bach kurz vor seiner Mündung in die Große Nister in Sicht kommt. Der Bach wird nicht überquert. Stattdessen folgen Sie dem **Weltendepfad** nach rechts.

Der schmale Naturpfad ist an manchen Stellen etwas abschüssig und bei Nässe ziemlich rutschig. Einige Abschnitte sind mit Stahlseilen gesichert. Aus einem alten **Erzstollen** ergießt sich ein Bächlein auf den Weg, ein zweites kann übersprungen werden. Kaum vorstellbar: Auf diesem Weg mussten früher die Kinder nach Stein-Wingert zur Schule gehen.

Hinter der Sitzbank halten Sie sich leicht links und kommen zur **Nisterbrücke** von Alhausen ❸. Hier verlassen Sie den WesterwaldSteig und laufen geradeaus auf dem Kölner Weg weiter. Er führt zunächst als Naturweg durch die Auenwiesen der Nister, dann auf einem Wirtschaftsweg neben dem **Hardseifen** in einem weiten Rechtsbogen bergauf. An der Einmündung gehen Sie geradeaus weiter bis zu einer T-Kreuzung. Dort biegen Sie scharf rechts ab.

Der Waldweg macht einen Linksbogen und führt bergauf aus dem Waldgebiet zur **B256** 🚌 ❹. Hier kommt der Abkürzungsweg von rechts. Der Rundweg führt nach links am Waldrand weiter, entfernt sich also noch einmal von der Bundesstraße. Wieder zurück im Wald gehen Sie an zwei Gabelungen jeweils nach rechts und überqueren erst dann die B256.

Gehen Sie geradeaus aus dem Wald heraus und genießen Sie die Aussicht auf den Ort Isert und ins Seelbachtal. Besonders schön ist das an einem sonnigen Tag, wenn Sie die große **Klappsonnenuhr** ausprobieren können, die zum Sonnenweg gehört.

Wandern Sie weiter geradeaus an dem Waldstück entlang. Hinter einer Bank biegen Sie links ab und gehen nach etwa 50 m an der T-Kreuzung links in den Wald zurück. Halten Sie sich sofort darauf an die nach rechts weisende Markierung des **Kölner Wegs**. Er führt aus dem Wald zur K42, der Sie etwa 50 m nach rechts folgen. An der Straßenkurve ❺ gehen Sie nach links auf dem Wirtschaftsweg bis zu einem Stromkasten. Dort biegen Sie nach rechts ab und wandern immer geradeaus (✎ MW) durch die Felder, am Ortsrand von **Nassen** entlang und zum Wald. Dabei laufen Sie zunächst am Waldrand entlang und später im Wald bis zu einer Wegkreuzung. Der geradeaus führende Weg (I) bringt Sie zur hinteren Klostermauer des Klosters Marienthal. Immer an der Mauer entlang erreichen Sie den Wanderparkplatz.

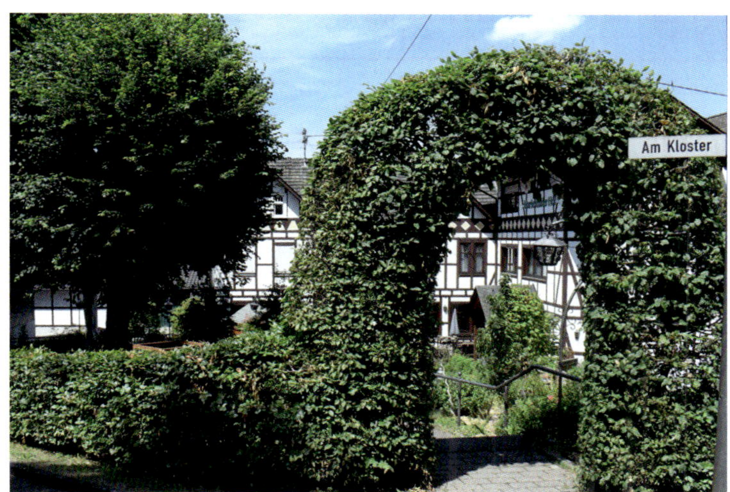

Fachwerkidyll in Marienthal

✝ Der Legende nach hatte sich ein Hirte diese Stelle ausgesucht, um vor einem selbst geschnitzten Marienbild zu beten. Es lockte Gläubige und Pilgerinnen und Pilger an, denn immer wieder wurde von Wunderheilungen berichtet. Nach Gebeten zu dieser schmerzhaften Muttergottes sollen sogar Verstorbene wieder zum Leben erweckt worden sein. Etwa 1460 wurde eine Kapelle für das wundersame Marienbild erbaut. Über all die Wunder wurde im Marienthaler Mirakelbüchlein Buch geführt. Als die Kapelle die Pilgermassen nicht mehr fassen konnte, wurde 1494 eine Kirche gebaut. Daneben gründeten die Franziskaner 1666 ein Kloster. Die heutige Barockkirche entstand im Jahr 1756. Heute ist das Kloster eine Bildungsstätte.

♦ Wallfahrtskirche Marienthal Zur Schmerzhaften Mutter, Am Kloster 13, 57577 Marienthal, 💻 www.wallfahrtskirche-marienthal.de

🛏 ✕ Marienthaler Hof, Am Kloster 4, 57577 Marienthal, ☎ 026 82/220, 💻 www.marienthaler-hof.de, 🚪 Sonntagsbuffet ab 11:30, Reservierung nötig

☕ Hofcafé und Restaurant Heinzelmännchen, Obersaltberger Hof 1, 57577 Marienthal, ☎ 026 82/676 67, 🚪 So 10:00 bis 23:00, im Sommer auch Fr, Sa ab 18:00

6 Naturpfad Weltende

Tour für Trittsichere 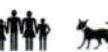

Bis ans Ende der Welt und wieder zurück führt diese Tour. Wer den Weltendepfad einmal gelaufen ist, wird ihn so schnell nicht vergessen. Der schmale Steig führt neben und oberhalb der Nister durch den Fels. Unvorstellbar, dass dies in früheren Zeiten ein Schulweg war, der täglich bei jedem Wetter sogar von Erstklässlern bewältigt wurde.

- Start/Ziel: Friedhof Stein-Wingert, GPS N 50°43.432' E 007°44.260'
- 6,0 km
- 2 Std.
- 170 m/170 m
- 165-265 m
- zum Teil örtliche Wanderwege (4, H1), Naturpfad Weltende, Kölner Weg (K) und WesterwaldSteig (W)
- Pfade, Waldwege und Wirtschaftswege – eher schattig
- keine Einkehrmöglichkeiten am Weg, Gartencafé Alte Mühle nahe Start/Ziel
- eine Sitzbank (km 1,6), drei Rastplätze (km 2,8, km 4,9 und km 5,3)
- Routinierte und absolut trittsichere Wanderkinder etwa ab 10 Jahren werden den schmalen Weltendepfad lieben. Er dürfte für die meisten Grundschulkinder zu schwierig sein, besonders bei Nässe. Auch der Transport kleinerer Kinder in Tragen will gut überlegt sein.
- Der Weg ist nicht buggytauglich.
- etwa 400 m am Straßenrand, nur für vollkommen trittsichere und angstfreie Hunde
- P Wanderparkplatz am Friedhof Stein-Wingert oder Wanderparkplatz Altburg
- nur Schulbushaltestellen

Gestartet wird diese Tour am Wanderparkplatz neben dem **Friedhof von Stein-Wingert**. Sie laufen auf dem Parkplatz zur Straße (K16) und folgen dieser nach links. Nach etwa 50 m haben Sie einen schönen Blick auf den Ort Stein-Wingert und folgen dem nach rechts führenden Wirtschaftsweg zwischen den Weiden zu einem Waldstück. Folgen Sie dem Waldpfad bergab, er ist zum Teil mit Handläufen und Stegen gesichert. Sie nähern sich der Großen Nister und der Weg wird breiter. Sie kommen in das Örtchen **Alhausen**: kein Dutzend Häuser und nur eine Zufahrt!

Weltende

Alhausen wird fast komplett von der Nister umflossen und ist selbst heute nur durch eine kleine Straße zu erreichen. Von Alhausen kommend endet fast jeder Weg an der Nister. Aus Sicht der Nachbarorte liegt Alhausen also am Ende der Welt!

An der Gabelung, vor dem Briefkasten, laufen Sie nach links bergab und auf einer Fußgängerbrücke zum anderen Ufer der **Großen Nister ❶**. Dort folgen Sie den Markierungen des WesterwaldSteigs und des Naturpfads Weltende nach rechts.

Über einige Stufen geht es bergauf, dann beginnt eindeutig der **Naturpfad Weltende**. Der schmale Steig wurde möglichst sicher in den Fels gehauen, an schwierigen Stellen helfen Halteseile, Stufen und Tritte. Früher wurde dieser Pfad von Schulkindern genutzt, die nach Stein-Wingert zur Schule gingen.

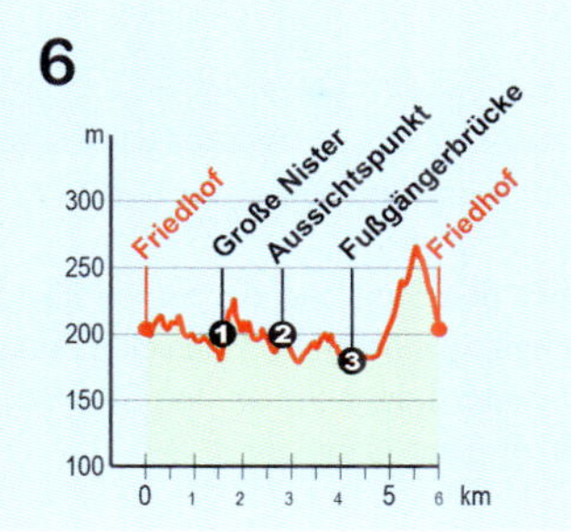

Sie überqueren einen kleinen Bach und erreichen den Zugang zu einem alten **Erzstollen**. Trittsteine ermöglichen es, trockenen Fußes auf die andere Seite des Bachs zu gelangen, der aus dem Stollen fließt.

Dahinter geht es bergauf, zum Teil mit Felshaken und Halteseilen. An der Pfadgabelung nehmen Sie den linken (oberen) Pfad. Weitere herrlich wilde Abschnitte folgen, auch sie sind zum Teil mit Seilen gesichert. Sie erreichen einen namenlosen Bach, an dem der WesterwaldSteig nach links wegführt. Gehen Sie stattdessen geradeaus

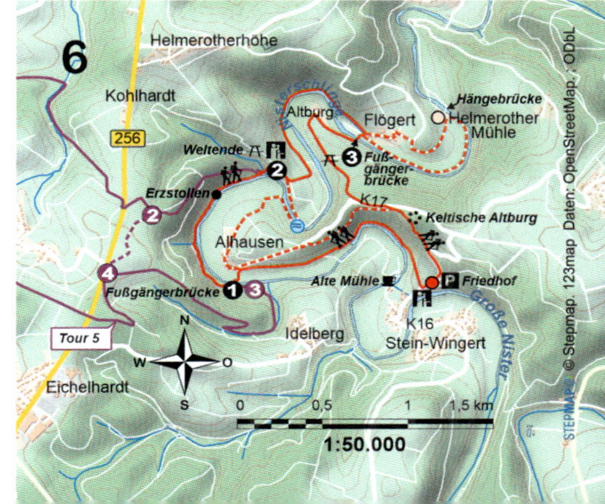

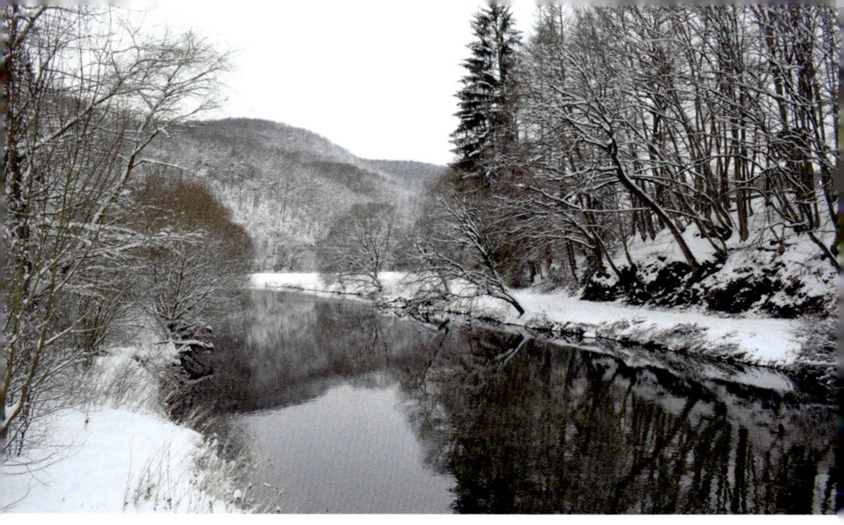

Winterstimmung an der Große Nister

über den Steg und die Stufen hinauf zum **Aussichtspunkt Weltende ❷**. Bei einem gemütlichen Picknick können Sie weite Blicke ins Nistertal genießen. Dahinter folgen Sie an der T-Kreuzung dem Waldweg (✎ H1) nach rechts bergab zu einer Gabelung.

➪ Eine abenteuerliche Alternativstrecke führt nach rechts zum eigentlichen „Weltende". Dort wird die Nister auf Steinzeln (Trittsteinen) durchquert, das ist nur bei niedrigem Wasserstand möglich. Der Weg ist etwa 200 m kürzer und führt über Alhausen.

Die ganzjährig begehbare Route führt halb links weiter. Sie führt quer über die Halbinsel in der **Nisterschlinge**. Gehen Sie auf dem Feldweg leicht bergab und im Wäldchen nach links. Unten im Tal laufen Sie geradeaus am Waldrand entlang, vorbei an dick mit Moos bewachsenen Felsen. An der Gabelung gehen Sie rechts, bleiben also auf dem Uferweg. Am anderen Ufer sehen Sie zwei Häuser, die zum Weiler Altburg gehören und kommen zu einem Wehr. Der Weg endet an einer Schranke am Ortsrand von **Flögert**.

➪ Sie können die Wanderung um 1,7 km verlängern, wenn Sie geradeaus der Straße durch den Ort folgen und in der Straßenkurve rechts durch den Wald zur

Helmerother Mühle laufen. Dort überspannt eine 37 m lange Hängebrücke die Große Nister. Sie überqueren den Fluss aber nicht, sondern gehen auf dem Pfad durch die Auen zurück zum Beginn des Abstechers.

Laufen Sie (ohne den Abstecher) in Flögert nach rechts über den Mühlgraben und geradeaus auf der **Fußgängerbrücke ❸** über die Große Nister. Es geht am Feldrand bergauf, nun der Großen Nister entgegen. Fischreiher staksen durch das Wasser, Libellen tanzen in den Auen.

Stolleneingang am Weltendepfad

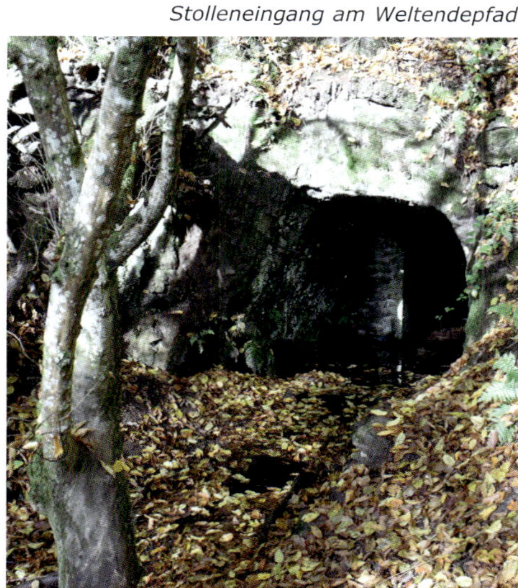

Sie gehen an den Gebäuden von Altburg vorbei, die Sie eben schon von der anderen Flussseite gesehen haben, und folgen der Hauptstraße nach links bergauf. Auf halber Strecke von der Siedlung zur K17 kommen Sie zu einem Picknicktisch. Er steht am **Wanderparkplatz Altburg**. Wenn Sie die K17 erreichen, folgen Sie ihr nach links bergauf, aber nur für etwa 100 m, denn noch vor der Rechtskurve folgen Sie dem Pfad mit der Nummer 4 nach rechts zur **keltischen Altburg**. Das ist eine eisenzeitliche Wallburg, die sich mit etwas Fantasie im Gelände noch erkennen lässt. Die dort entdeckten Münzen und Waffen gelten als Nachweis für eine gute kulturelle Vernetzung der Altburg vom Rechtsrheinischen bis ins östliche Treverergebiet.

Dahinter geht es bergab auf einem Waldweg zu einer Straßenkurve der K16. Auf dieser Straße wandern Sie geradeaus zurück zum Parkplatz am Friedhof. Bei Hunger oder Durst gehen Sie noch weiter geradeaus in den Ort, biegen rechts in den Mühlenweg und kehren im Gartencafé Alte Mühle ein.

☕ Gartencafé Alte Mühle, Mühlenweg, Stein-Wingert, ☏ 026 88/253, ➲ 450 m,
April bis Okt So, Fei 12:00 bis 18:00

7 Abtei Marienstatt

Tour für Geschichtsbegeisterte

Eine Wanderung in die Geschichte des nördlichen Westerwaldes: Aus dem Tal der Großen Nister geht es zu einer Dachschiefergrube und mit schönen Aussichten zurück zur Zisterzienserabtei Marienstatt. Diese ist schon über 800 Jahre alt. Ihre bezaubernden Gärten, die prächtige Basilika und die Brauerei sind auch ohne die Wanderung einen Besuch wert.

Start/Ziel: Parkplatz an der Kriegerkapelle Marienstatt, GPS N 50°41.081' E 007°47.929'

6 km

2 Std.

136 m/136 m

222-321 m

örtliche Wanderwege (DR, 4), Marienwanderweg (MW), WesterwaldSteig (W) und Kölner Weg (K)

breite Waldwege, schmale Pfade, ein steiler Aufstieg mit vielen Stufen und Wirtschaftswege – eher schattig

Einkehrmöglichkeit im Marienstatter Brauhaus am Start/Ziel

Sitzbänke an allen Aussichtspunkten und vielen anderen Stellen, ein Rastplatz (km 0,3), Witterungsschutz in der Schiefergrube (km 1,8), an der Wasserkraftanlage (km 5,3) und auf dem Abteigelände (km 5,7)

WC öffentliche Toiletten neben dem Pfortenhaus der Abtei (km 5,8) und hinter dem Brauhaus (km 5,9)

In der Kunst- und Buchhandlung (km 5,8) sowie im Brauhaus (km 5,9) kann Klosterbier in Flaschen eingekauft werden.

Wasser, Felsen und eine Treppe hinab in eine dunkle Höhle – was für ein Abenteuer für kleine Forscherinnen und Forscher! Trittsicherheit ist für die Treppen erforderlich.

Der Weg hat sehr viele Stufen und ist deshalb nicht buggytauglich.

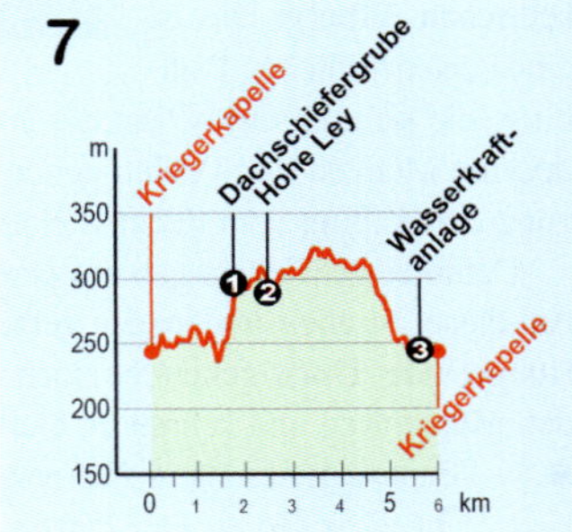

Auf dem Abteigelände muss der Hund angeleint werden. Er darf nicht mit in die Basilika.

Parkplätze an der Abtei Marienstatt

Bus 270, 273, 410 von Hachenburg, Kirchen (Sieg) und Betzdorf bis „Gymnasium Marienstatt“, alle 2 Std., an Schultagen öfter

Der 20,2 km lange Marienwanderweg führt vom Kloster Marienthal (Tour 5) zum Kloster Marienstatt. Er ist durchgängig mit einem MW markiert. Wenn Sie am Bahnhof Kloster Marienthal starten und vom Bahnhof Hattert die Bahn zurücknehmen, wird es eine schöne Tageswanderung von 24,3 km.

Rosige Aussichten am Kloster

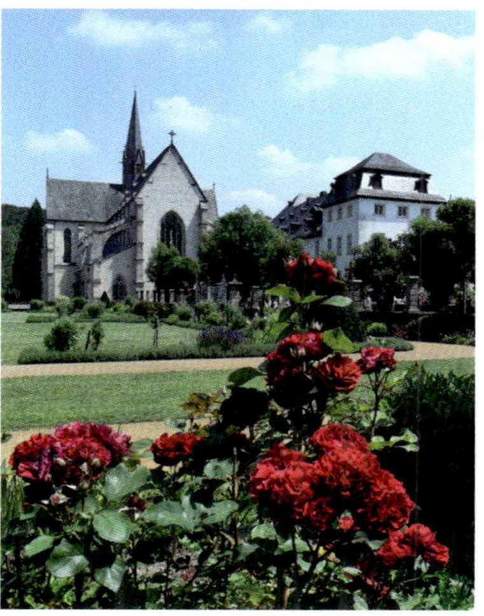

Verlassen Sie den Parkplatz an der achteckigen Kriegerkapelle zum Gedenken an die Gefallenen des Ersten Weltkriegs und laufen Sie nach links auf der bereits im 15. Jh. urkundlich erwähnten **historischen Nisterbrücke** zu einem recht großen Parkplatz (✎ W, Dr, 4).

Wenn der Teerweg einen Linksbogen beschreibt, gehen Sie geradeaus auf dem Schotterweg weiter und nach etwa 20 m nach rechts bergauf zu einer Kreuzung mit einem Rastplatz unter einem Astgabeldach. Der Weg führt halb links Richtung Astert und führt durch den Wald oberhalb der **Großen Nister**. Nach einem Linksbogen, knapp 900 m von dem Rastplatz entfernt, biegen Sie an der Weggabelung rechts ab. Hinter der Brücke steigen Sie die Treppe hinauf und folgen dem breiten Weg (✎ W, K) nach rechts. Nach knapp 100 m entdecken Sie auf der linken Wegseite eine lange Treppe, auf der Sie mit einigen Richtungswechseln bis zu einem kleinen Platz an der **Dachschiefergrube Assberg ❶** aufsteigen.

Die von den Einheimischen „Schiwakoul" genannte Grube ist eine öffentliche Schiefergrube, die bereits 1548 urkundlich erwähnt wurde. Der Schiefer auf den Dächern des Hachenburger Schlosses und der Abtei Marienstatt stammt aus dieser Grube. Zunächst wurde hier Dachschiefer im Tagebau gewonnen. Unter dem Schutzdach liegt der Zugang zum Bergwerk, in dem bis zu 20 m unter Tage der Schiefer abgebaut wurde.

Tief hinab geht es in die Dachschiefergrube

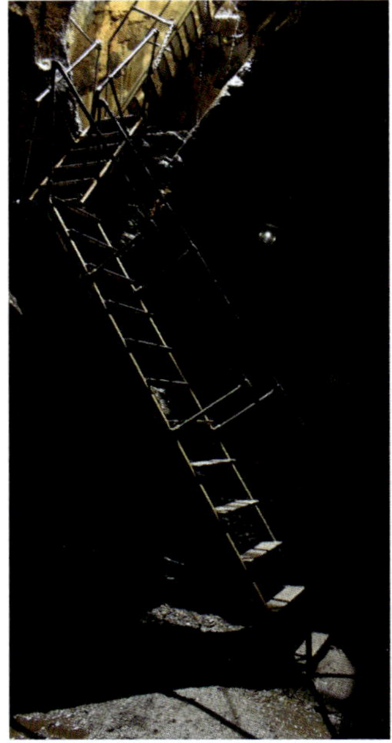

Rechts vom Schutzdach wandern Sie bergauf bis zu einer T-Kreuzung, dort links und an der nächsten Gabelung links Richtung Hohe Ley. Der Pfad führt zwischen den Bäumen zur nächsten Gabelung. Hier halten Sie sich rechts (✎ MW, W) und laufen zu einer Pfadkreuzung. Nehmen Sie hier den nach links führenden Pfad durch den Niederwald und halten Sie sich hinter dem Fels links. Linker Hand kommt die Hohe Ley ❷ (270 m) in Sicht, der Fels bietet einen herrlichen Blick zum Örtchen Astert und in die Kroppacher Schweiz.

Hinter der Hohen Ley laufen Sie bis zu einem Forstweg, auf diesem wandern Sie nach rechts. Er führt an einem Abzweig geradeaus aus dem Wald heraus und bietet schöne Aussichten hinüber nach Limbach. An der geteerten Wegkreuzung laufen Sie geradeaus neben der Baumreihe den **Aßberg** (327 m) hinauf zu einem Sportplatz.

Dort geht es nach links am Waldrand entlang bis zu einer T-Kreuzung und dort rechts. An der Infotafel zur alten Haubergswirtschaft gehen Sie geradeaus weiter bis zu einer Kreuzung, an der Sie dem Forstweg nach links folgen. Nun wandern Sie auf einem Waldrandweg, der neue Aussichten ins Tal der Kleinen Nister bietet. An der Wegkreuzung in der Feldecke folgen Sie den Wegweisern nach rechts Richtung Marienstatt an der Schranke vorbei. Der Weg führt hinab ins Tal der Großen Nister. Dort stehen drei Infotafeln nebeneinander. Hier biegen Sie links ab und gehen an der nächsten Einmündung („Vogelkirsche") geradeaus weiter bis zur **Wasserkraftanlage** der Abtei ❸. Hier lässt sich bei jedem Wetter ein schönes Päuschen einlegen, denn die Sitzbänke sind überdacht.

Weiter geht es auf dem Uferweg, vorbei an Insektenhotels und einem Picknickplatz. Danach führt ein Fußweg durch die Abteimauer und am Klosterfriedhof entlang zum Hauptportal der ✞ **Abtei Kloster Marienstatt**.

✞ Locus Sanctae Mariae, der lateinische Name der Abtei bedeutet „Stätte der heiligen Maria", daraus entstand später der heutige Name Marienstatt. Er geht zurück auf eine Legende: Im Jahr 1212 entsandte Abt Heinrich von Heisterbach zwölf Mönche unter der Leitung von Abt Hermann in die Nähe von Kirburg, um ein neues Kloster zu gründen. Dem Abt erschien im Traum die Gottesmutter Maria. Sie wies auf einen Weißdornstrauch hin, der mitten im Winter im Tal der Großen Nister blühte und ein besserer Ort für das Kloster sei. Diese Stelle wurde 1222 der neue Klosterstandort und zur Erinnerung ziert ein blühender Weißdornzweig das Wappen der Abtei. Die Abteikirche Unserer Lieben Frau von Marienstatt wurde von 1222 bis 1425 gebaut, sie zählt mit dem Magdeburger Dom und dem Limburger Dom zu den ältesten gotischen Kirchen östlich des Rheins. Die Orgel von 1970 ist die größte im ganzen Westerwald.

Auf der gepflasterten Allee laufen Sie am Klostergarten entlang und verlassen das eigentliche Abteigelände durch das Hauptportal neben der Buch- und Kunsthandlung. Linker Hand verführt das **Marienstatter Brauhaus** zu einem süffigen, selbst gebrauten Klosterbier und deftiger Brauhausküche, im Sommer sogar im Biergarten.

✕ 🍷 Marienstatter Brauhaus, 57629 Marienstatt, ☎ 026 62/953 53 00,
brauhaus@abtei-marienstatt.de, 11:00 bis 22:00, So, Fei ab 10:30,
Mai bis Okt Mo Ruhetag, Okt bis April Mo, Di Ruhetag

Von hier sind es nur noch wenige Schritte zur Kriegerkapelle und zum Parkplatz.

Zwischen Seenplatte und Dill

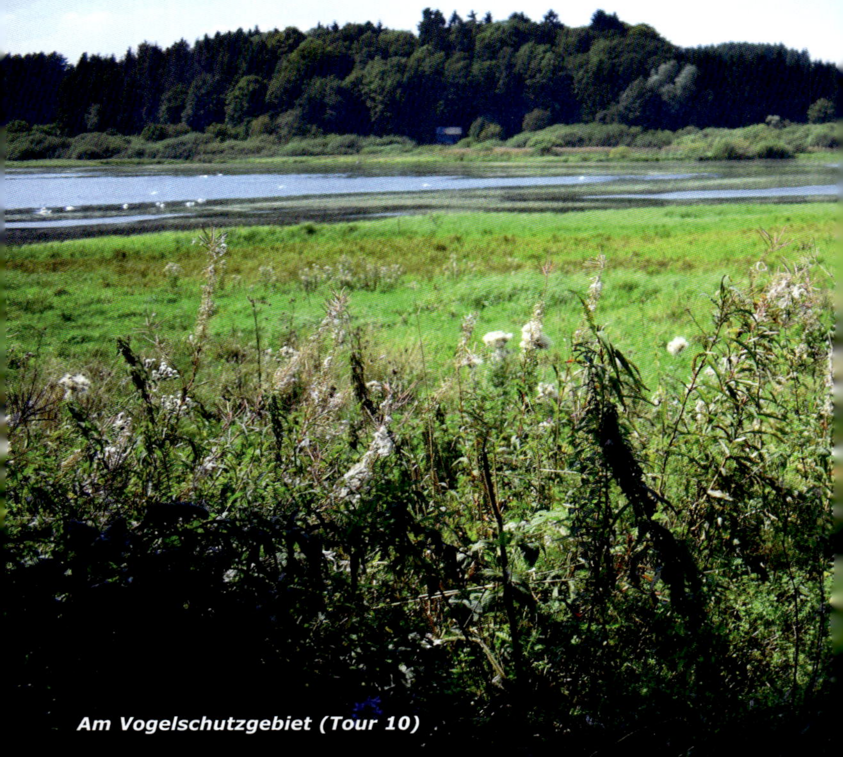

Am Vogelschutzgebiet (Tour 10)

8 Druidenstein

Tour für geologisch Interessierte

Diese Runde ist ein Appetithäppchen für die beiden großen Fernwanderwege im nördlichen Westerwald, denn sie verläuft auf dem Druidensteig und auf dem Natursteig Sieg. Es ist eine Tour, bei der Sie hochinteressante Gesteine und dazu grandiose Aussichten ins Siegtal und hinüber ins Siegerland zu sehen bekommen.

Start/Ziel: Herkersdorf, Wanderparkplatz Ottoturm, GPS N 50°48.147' E 007°53.772'

6,8 km

2 Std. 30 Min.

279 m/279 m

273-434 m

teils auf dem Druidensteig (Dr), dem Europäischen Fernwanderweg E1 (E1 oder X), dem Natursteig Sieg (NaS) und dem Sieghöhenweg (S)

Pfade, Waldwege und Wirtschaftswege – eher schattig

Einkehrmöglichkeit im Restaurant Waldhof am Start/Ziel

Sitzbänke an den Aussichtspunkten und anderen Stellen, drei Rastplätze (km 3, km 3,7 und km 6,1), Witterungsschutz unter dem Vordach der Trinkhalle auf dem Druidenstein (km 3,7)

Eine kurzweilige Tour für Kinder mit Spielplatz, Bach und einem Aussichtsturm. Kleine Steinkundlerinnen und Steinkundler werden auch den Kreuzweg und den Druidenstein lieben.

Der Weg ist nicht buggytauglich, denn es geht über schmale Pfade und Stufen.

Bitte Wasser mitnehmen, es gibt nur einen Bach auf der Strecke.

P Wanderparkplatz Ottoturm

Bushaltestelle „Herkersdorf, Am Ottoturm", Bus 295 von/nach Daaden Bf., Betzdorf Bf. und Kirchen Bf., Mo bis Fr 12-mal, Sa 6-mal, So 5 -mal

Am Wanderparkplatz und an der Bushaltestelle „Herkersdorf, Am Ottoturm", beginnt diese Wanderung, bestiegen wird der Ottoturm aber erst am Schluss. Sparen Sie sich also unterwegs etwas Kraft für eine Turmbesteigung auf. Sie folgen der K101 an einem Kruzifix und dem Restaurant Waldhof entlang zu einem kleinen Parkplatz am Ortsende. Dort treffen Sie auf den **Druidensteig**, dessen Markierungen Sie bis zum Druidenstein folgen. An dem Parkplatz folgen Sie dem linken Weg (Dr, S, E1, NaS) und biegen nach 40 m links ab. Der Weg

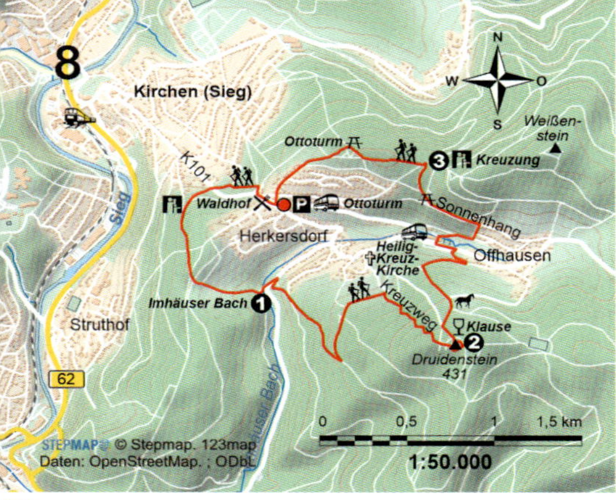

führt durch hohen Buchenwald zu einem Spielplatz hinab und dort nach links zum Ortseingangsschild von Kirchen (Sieg), an dem Sie über die K101 hinweg dem schmalen Pfad geradeaus bergauf folgen. Auf der gegenüberliegenden Talseite sehen Sie hinter Kirchen die Freusburg, eine Höhenburg aus dem 11. Jh., seit 1928 eine Jugendherberge. Sie gehört zu den meistbesuchten Jugendherbergen in Deutschland.

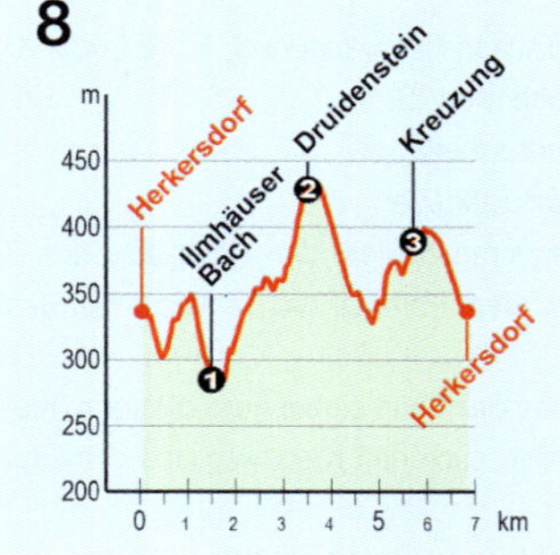

Der Druidensteig trifft auf einen Forstweg, dem Sie halb rechts folgen. Er vollzieht einen langen Linksbogen, bei dem Sie weiter die Aussicht ins Siegtal mit der Stadt Kirchen genießen können. Am RP 5113-716 wandern Sie auf dem Naturpfad geradeaus weiter, kreuzen einen anderen Pfad und laufen über eine Wiese ins **Imhäuser Tal**. Der runde Bau am anderen Ende von Herkersdorf ist das Kirchenschiff der Heilig-Kreuz-Kirche.

Sie überqueren den **Imhäuser Bach** ❶ und laufen am Waldrand zur K103. Auf der anderen Straßenseite gehen Sie bergauf zu einem Forstweg, dort links (✎ Dr) und etwa 15 m weiter scharf rechts. Nach etwa 500 m biegen Sie scharf links ab (✎ Dr, S), gehen am RP 5213-008 geradeaus und kommen zur ersten Station des **Kreuzwegs**, der sich die nächsten 600 m hinauf zum Druidenstein schlängelt.

Der Kreuzweg für Geologinnen und Geologen

Einen solchen Kreuzweg werden Sie kein zweites Mal laufen. Aus Dankbarkeit für die vielen Männer, die lebend aus dem Ersten Weltkrieg zurückgekehrt waren, gründeten die Bewohnerinnen und Bewohner von Herkersdorf und Offhausen einen Kreuzwegbauverein. Sie sammelten Geld- und Sachspenden und erbrachten viele Eigenleistungen. Alle, besonders aber die Bergleute und Steinbrecher, brachten ihre schönsten Erze, Gesteine und Mineralien, um die Grotten der 14 Kreuzwegstationen damit auszuschmücken.

Folgen Sie an der ersten Station dem Kreuzweg nach rechts, bis Sie vor dem **Druidenstein ❷** stehen. Dieser 20 m hohe Basaltsäulenkegel ist so faszinierend, dass Sie ihn auch ohne meinen Rat einmal umkreisen würden. Aber bitte nicht darauf herumklettern, er steht schon seit 1869 unter Naturschutz.

Der Druidenstein entstand, als vulkanische Lava durch die Grauwacke des Grundgebirges gedrückt wurde und zu Basalt erstarrte. Die weichere Wacke erodierte schneller als der harte Basalt, sodass dieser sich nun deutlich von der Umgebung abhebt. Das wurde im Dreißigjährigen Krieg zu einem Problem: Damit der Feind sich nicht an dieser Wegmarke orientieren konnte, schlug man die Spitze ab. Die unschönen Stahlbetonbalken wurden nötig, als der Druidenstein 1979 bei einem Blitzeinschlag zerbarst und auseinanderzubrechen drohte. Wetterereignis oder Handstreich erzürnter Götter?

Um den Druidenstein ranken einige Sagen und Mythen, auch in religiöser Hinsicht hat er eine bewegte Vergangenheit: Die keltischen Priester, die dem Basaltkegel seinen Namen gaben, nutzten ihn als Opferstätte, um die Götter gnädig zu stimmen. Danach versammelten sich hier die Chatten bei ihren Things (Versammlungen) zur Sonnenverehrung. Die Germanen verehrten hier die Göttin Erka und es wird vermutet, dass der Ortsname Herkersdorf von ihrem Namen abgeleitet wurde.

Hinter der kleinen Klause, in der zu unregelmäßigen Zeiten kleine Erfrischungen angeboten werden, gehen Sie hinüber zum Druidensteinparkplatz, laufen auf dem Fahrweg bis zu einer Gabelung und dort nach rechts. Von rechts kommt der **Natursteig Sieg** hinzu. Er begleitet Sie bis zum Ottoturm.

Am **Reiterhof** halten Sie sich links und folgen dem Waldweg bis zu einer T-Kreuzung. Hier geht es nach rechts und nach etwa 250 m (✎ NaS, noch vor den ersten Gärten) ziemlich versteckt nach links zum Friedhof von **Offhausen** 🚌. Auf der K101 laufen Sie nach links am Friedhof entlang. Auf Höhe des Friedhofseingangs überqueren Sie die Straße und steigen die Stufen zur **Druidenhalle** hinab. Sie folgen der Straße in Verlängerung der Treppe und gehen hinter der Halle nach rechts zum Waldrand und halb rechts weiter bis kurz vor die

Bebauung. Vor dem ersten Haus biegen Sie links ab und laufen zwischen Wald und Gärten zur Straße Sonnenhang. Dieser folgen Sie nach links an drei Häusern vorbei in den Wald, wobei Sie an der Gabelung den rechten Weg nehmen. An der Bank mit der Aussicht auf den Ostteil von Herkersdorf folgen Sie dem rechten Weg, laufen geradeaus durch die Schneise unter der Stromleitung und danach zur nächsten Gabelung, dort erneut nach rechts. Der Weg führt bergauf auf die Höhe zwischen Kahlberg und Weißenstein, an der Wegekreuzung ❸ ergibt sich nach rechts eine großartige Aussicht bis ins Siegerland. In der Ferne sind die Stadt **Siegen** und die Brücke der A45 gut zu erkennen.

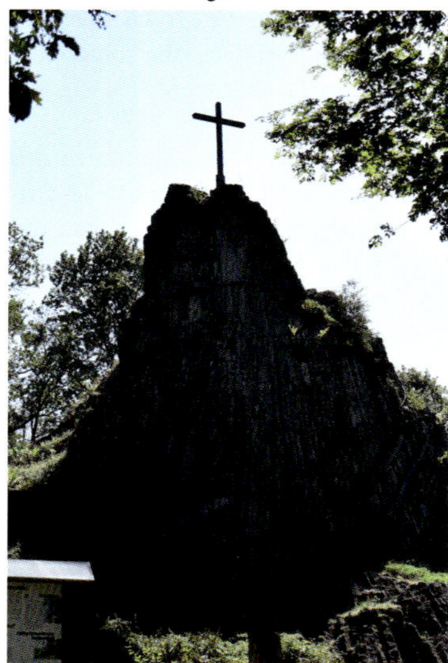

Der Druidenstein

Gehen Sie an der Kreuzung nach links (✎ NaS, Dr) zu einer Gabelung, dort nehmen Sie den rechten Weg und kommen nach etwa 350 m an eine Wegkreuzung. Der rechte Weg bringt Sie zum Kahlberg mit dem **Ottoturm**. Hier stand bereits 1911 ein Aussichtsturm, der nach seinem Stifter Otto Stein benannt wurde. Die Bevölkerung konnte sich im Zweiten Weltkrieg erfolgreich dagegen wehren, dass der Stahlturm für die Waffenproduktion eingeschmolzen wurde. Wegen schwerer Rostschäden musste er 2009 abgerissen werden, durch großzügige Spenden konnte schon 2010 ein neuer Turm errichtet werden. Auf allen Stufen sind die Namen der Spenderinnen und Spender zu lesen.

Nach der aussichtsreichen Rast auf dem Ottoturm folgen Sie dem Druidensteig geradeaus und biegen nach etwa 50 m links in einen **Naturpfad** ab. Der Pfad führt auf einen Schotterweg, hier verlassen Sie den Druidensteig und gehen halb rechts auf dem Schotterweg (✎ X) weiter. Er führt hinter einem Parkplatz als Straße „Am Ottoturm" zurück zur K101.

Zum Abschluss können Sie im Restaurant Waldhof einkehren.

✕ Waldhof, Auf der Sohle 2, 57548 Kirchen (Sieg), ☏ 027 41/972 80 54, Mi, Do, Fr 17:00 bis 22:00, Sa, So 12:00 bis 22:00, deutsche Küche und kleine Gerichte

9 Fuchskauten, Ketzerstein und Dreiländerpunkt

Tour für Grenzgängerinnen und Grenzgänger 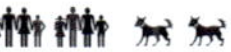

Für den höchsten Punkt im Westerwald benötigen Sie keine Kletterausrüstung, denn er liegt auf einer Basalthochebene. Diese Tour führt durch das Naturschutzgebiet Fuchskaute über die aussichtsreichen Höhen des Hohen Westerwaldes zum Ketzerstein. Vom südlichsten Punkt Westfalens geht es zum Dreiländerpunkt am Ketzerbach.

Start/Ziel: Wanderparkplatz Rothaarsteig, GPS N 50°40.592' E 008°7.554'
12 km
3 Std.
166 m/166 m
531-656 m
zum Teil WesterwaldSteig (W), Rothaarsteig (R), der Europäische Fernwanderweg E1 und örtliche Wanderwege (PW, O1, R1 R2, R3)
Waldwege, Wirtschaftswege und Pfade – eher sonnig
Einkehrmöglichkeit am Start/Ziel
einige Sitzbänke, zwei Rastplätze (km 7,1, km 9,3), Witterungsschutz in Schutzhütten (km 2 und km 7,1) und einer Bushaltestelle (km 7,8)
Geübte Wanderkinder mögen die abwechslungsreiche Tour mit den Ketzersteinen und dem Spielplatz auf halber Strecke.
Der Weg ist nicht buggytauglich.
Bitte Wasser mitnehmen. Der Weg führt durch zwei Naturschutzgebiete mit Leinenpflicht.
Wanderparkplatz Rothaarsteig Die Kreisstraße heißt in Weißenberg (RLP) K38, in Rabenscheid (Hessen) aber K80.
nur Schulbusse
Zu dieser Wanderung sollten Sie einen magnetischen (!) Kompass mitnehmen. Den Weg finden Sie auch ohne ihn, aber er kann Ihnen am Ketzerstein zum Aufspüren eines Naturphänomens nützlich sein.

Auf dem Wanderparkplatz laufen Sie auf dem Forstweg bergauf an einer Weide entlang und entdecken den Kilometerstein 30 des Rothaarsteigs. Den Markierungen mit dem liegenden R folgen Sie bis zum Naturschutzgebiet Fuchskaute, dabei kommen Sie an einer **Schutzhütte des Rothaarsteigs** vorbei. Von hier sehen Sie den Fernmeldeturm auf dem Höllberg. Hinter der Hütte nehmen Sie an der Gabelung den rechten Weg, er schwenkt im Wald nach links und führt in die offene Borstgraslandschaft der **Fuchskauten**. Mit Glück treffen Sie die Kühe und Schafe an, die bis heute auf den alten Huteweiden grasen und verhindern, dass diese verbuschen. Während sie also einfach nur fressen und verdauen, schützen sie seltene, zum Teil sogar bedrohte Pflanzen- und Tierarten.

Die Fuchskauten

Wer das Wort kennt, wundert sich: Eine Kaute ist doch eine Mulde. Also muss „Fuchskaute" doch einen Ort bezeichnen, an dem ein Fuchs seine Höhle in einer Mulde oder Bodenvertiefung hat. Wie passt das mit dem Namen eines Berges zusammen? Ganz einfach: Es ist eine Hochebene ohne nennenswerte Gipfel. Nur kleinere Kuppen erheben sich ein paar Meter aus ihrer Umgebung. Und so kommt es, dass sogar von „Fuchskauten" (Plural) die Rede ist. Denn der Berg hat drei Kuppen: In dem bebauten Bereich liegt die Südanhöhe (656,2 m), nordwestlich liegt die Südkuppe (657 m) und noch weiter im Norden die Nordkuppe namens Alteberg (652,4 m).

Sie kommen zur Südanhöhe der Fuchskaute, hier machen **Infotafeln** das Wandern auf dem WesterwaldSteig und dem Rothaarsteig schmackhaft. Bis vor einigen Jahren führte der Weg hier geradeaus zur Fuchskaute Lodge, die leider geschlossen ist. Sie müssen also nach links abbiegen und nehmen nach etwa 150 m den Weg nach rechts. Er mündet in einen Forstweg, dem Sie nach rechts zu einer Schranke folgen. Dahinter treffen Sie auf die Zufahrt zur ehemaligen Lodge ❶ und folgen ihr nach rechts.

Keine der drei Erhebungen der Fuchskaute schenkt den Wanderinnen und Wanderern ein Gefühl von Gipfelglück, deshalb wurde hier am Waldrand ein **Bergkreuz** aufgestellt. Hier ist zwar nicht der höchste Punkt des Westerwaldes, aber Sie haben eine grandiose Aussicht über den gesamten Hohen Westerwald.

Die Markierungen von WesterwaldSteig und Rothaarsteig weisen Ihnen zwischen der Lodgezufahrt und einem gesperrten Parkplatz den Weg zum Waldrand. Hier schwenkt der Weg kurz nach links, dann geht es scharf rechts am Waldrand entlang bergauf. Linker Hand liegt die **Südkuppe** versteckt im Wald. Die Wegzeichen führen Sie nach links weiter am Waldrand entlang und hinter einer Einmündung über eine Weide zu einer Gabelung am Waldrand. Nehmen Sie hier den rechten Weg (✎ E1, R2, R3). Die **Nordkuppe** liegt rechts im Wald verborgen, dahinter geht es bergab zu einer Kreuzung, an der Sie geradeaus bis zu einer Schranke laufen.

Sie kreuzen einen anderen Weg und folgen dem E1 halb rechts neben einer Baumreihe zu einem Waldstück und dort am Waldrand bis zum Ende der Weide. Dort führt der E1 nach links und an einer Gabelung rechts in den Wald hinein. Hier sind auch wieder Markierungen des Rothaarsteigs zu sehen. Wenn sich der Weg das nächste Mal gabelt, folgen Sie dem E1 nach links. Nach etwa 300 m bietet sich ein großartiges Panorama nach Westen. Hier biegen Sie rechts ab, laufen an einer **(Weihnachts-)Baumschule** entlang und kommen am „Schulende" an eine T-Kreuzung. Biegen Sie links ab, nach gut 100 m nach rechts. Der Pfad schlängelt sich am alten Waldrand entlang, der Borkenkäfer hat hier so schlimme Schäden angerichtet, dass der Waldrand oft nur an den

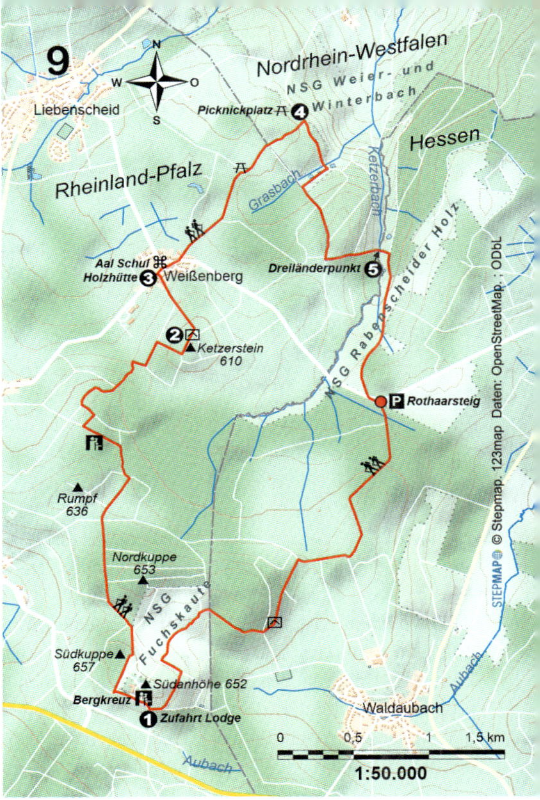

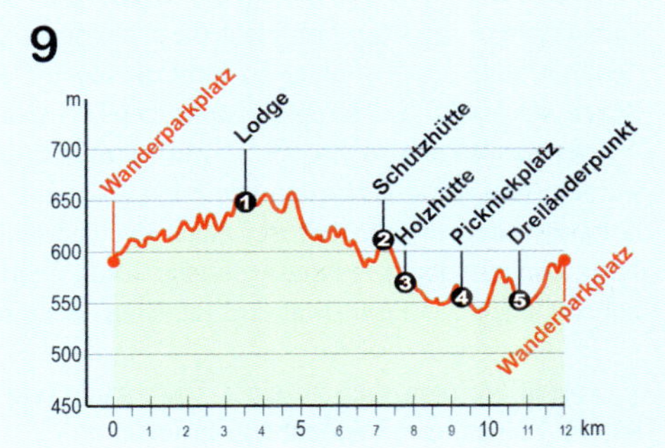

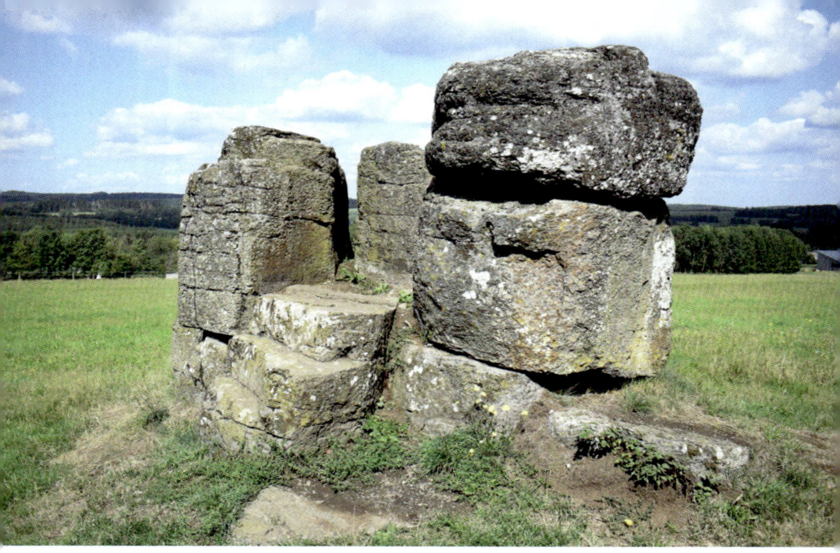

Bringt so manchen Kompass durcheinander: Der Ketzerstein

Baumstümpfen zu erkennen ist. Am Ende einer Rodungsfläche gehen Sie rechts zu einem weiteren Waldstück und folgen dem Pfad am Waldrand nach links. Am Ende des Waldes biegen Sie rechts ab. Nun können Sie schon die markante Felsgruppe auf dem Ketzerstein sehen. Wenn Sie noch einmal links abbiegen, haben Sie ihn schon erreicht und sich eine Rast verdient. Hier stehen Bänke, ein Picknicktisch und eine geräumige Schutzhütte zur Auswahl ❷.

Der 610 m hohe **Ketzerstein** ist vulkanischen Ursprungs. Als die austretende Lava erkaltete, bildeten sich nicht die typischen sechseckigen Basaltsäulen, sondern mächtige quaderförmige Basaltblöcke. Einige davon wurden durch Wind und Regen freigelegt. Sie erregten wahrscheinlich schon in vorchristlicher Zeit die Aufmerksamkeit der Menschen, es wird vermutet, dass sie als Opfersteine genutzt wurden. Was diese Formation heute so anziehend macht, ist ihr Einfluss auf die Kompassnadel: In unmittelbarer Nähe und auf den Quadern zeigt ein magnetischer Kompass nicht mehr zuverlässig Norden und Süden an. Das liegt an dem hohen Gehalt von Eisen-Titan-Erz (Illmenit), denn es ist magnetisch.

Folgen Sie dem Weg zu einer T-Kreuzung und dort nach links (✎ E1, R2, R3, PW) hinab nach **Weißenberg**. Er endet an der Herborner Straße. Die Familie

Wehr vom Hofgut zum Ketzerstein bietet an dieser Straßenecke in einer kleinen Selbstbedienungsholzhütte ❸ Eier, Säfte, Honig und Fruchtaufstriche an. Biegen Sie rechts ab und laufen Sie an der Bushaltestelle (nur Schulbus) und einer über 350 Jahre alten Esche entlang zu einer Gabelung. Dort an dem Brunnen steht das **Museum Aal Schul**, es wird auf Anfrage (Hans-Dieter Widerstein, ☏ 026 67/345) geöffnet.

Folgen Sie der Herborner Straße rechts an der alten Dorfschule entlang zu einer weiteren Gabelung. Hier laufen Sie nach links auf dem Steinbruchsweg aus dem Ort heraus. Gehen Sie an dem nächsten Abzweig geradeaus Richtung Dreiländereck (✎ R1, R3, E1) und bleiben Sie an der nächsten Gabelung auf dem nach links führenden Teerweg (✎ R1). Sie laufen an einem Wäldchen entlang zu einer **Gabelung mit Rastbank**. Dort biegen Sie rechts ab. Der Teerweg endet und führt als Grasweg weiter. Er macht einen Bogen nach rechts. Vor dem Wäldchen folgen Sie dem liegenden R der **Rothaarsteigspur „Romantischer Hickengrund“**, einem (ebenfalls empfehlenswerten) 23,5 km langen Rundwanderweg, der in Burbach beginnt. Ein rauer Pfad führt über eine Rodungsfläche zu einem Picknickplatz ❹. Auf dem Forstweg wandern Sie nach rechts bergab zu einer Schranke. Dahinter überqueren Sie den **Grasbach**, lauschen der Audiostation der Rothaarsteigspur und biegen nach rechts ab. Eine Schotterzufahrt bringt Sie am Wolfgangsteich vorbei zu einer T-Kreuzung. Dort geht es nach links bergauf, erst am Feldrand, dann geradeaus (✎ O1) durch ein Waldstück und an einigen Grenzsteinen vorbei aus dem Wald heraus. Hier verläuft bis heute die Landesgrenze: Linker Hand befindet sich der südlichste Zipfel Westfalens, also NRW, rechts des Wegs liegt Rheinland-Pfalz.

Etwa 20 m nach der Einmündung eines Feldwegs biegen Sie links ab und folgen dem Wegweiser Richtung Dreiländereck. Weiterhin bildet der Weg die Landesgrenze. An der Gabelung nehmen Sie den rechten der beiden Wege, er führt über Wurzeln bergab zum **Ketzerbach**. Der **Dreiländerpunkt** wird von einem alten Grenzstein neben der Holzbrücke ❺ markiert und wäre für sich allein nicht besonders spektakulär. Doch neben einer weiteren Audiostation der Rothaarsteigspur steht ein Kasten mit einer Kurbel. Wenn Sie an ihr drehen, sollten Sie die Ohren spitzen!

Überqueren Sie den munteren Ketzerbach auf der kleinen Holzbrücke. Genau an der Grenze beginnt das hessische **Naturschutzgebiet Rabenscheider Holz**. Sie wandern bergauf zu einer T-Kreuzung und folgen dem Wirtschaftsweg nach rechts aus dem Wald heraus. Zu Beginn des nächsten Waldstücks gehen Sie weiter geradeaus, dieser Weg bringt Sie zurück zum Wanderparkplatz.

10 Von Rehe zur Krombachtalsperre

Tour für Vogel-, Camping- und Wasserfans

Bei dieser sehr leichten Wanderung rund um den Krombachstausee können Sie sich auf einen Dreiklang aus Vogelschutzgebiet, Waldwandern und Freizeitsee freuen. Die Tour beginnt an einem sehenswerten historischen Rathaus und es gibt unterwegs einige Einkehrmöglichkeiten.

Start/Ziel: historisches Rathaus Rehe, GPS N 50°38.073' E 008°7.295'

9,5 km

2 Std. 30 Min.

51 m/51 m

511-550 m

anfangs WesterwaldSteig (W), danach die WällerTour (WT) „Greifensteinschleife“

Waldwege, Wirtschaftswege und Graspfade – eher sonnig

Einkehrmöglichkeiten in Rehe und auf den Campingplätzen (km 2,7 und km 5,4)

Sitzbänke am Seeufer, ein Rastplatz (km 6,3)

Bäckerei Reeh am Start/Ziel

Badestellen an beiden Campingplätzen

Kinder sollten ihr Schwimmzeug und ein Bestimmungsbuch bzw. eine App für die Vogelarten mitnehmen.

Mit dem Buggy kommen Sie bei dieser Tour an trockenen Tagen ganz gut zurecht, bei Regen wird der Untergrund zu weich. Zweimal muss der Buggy angehoben werden.

In Rehe und im Vogelschutzgebiet müssen Hunde an die Leine.

Parken am historischen Rathaus, weitere Wanderparkplätze in der Nähe des Stausees

Bushaltestelle „Rehe Ort“, Bus 520 von/nach Rennerod/Herborn, Mo bis Fr alle 2 Std.

Fernglas und Zeit für das Vogelschutzgebiet mitnehmen

Vor dem Start zur Wanderung werden Sie das historische Rathaus von Rehe von allen Seiten ansehen wollen. Der Fachwerkbau aus dem frühen 18. Jh. ist mit hübschen Schnitzereien verziert. Der protestantische Betsaal in seinem Obergeschoss wurde 1741 vom damaligen Pfarrer Manderbach als Lateinschule eingerichtet.

Gehen Sie von der Hauptstraße, wo Sie auch die Bäckerei Reeh finden (🚪 Mo, Mi, Fr 5:00 bis 18:00, Di, Do 5:00 bis 15:00, Sa 6:00 bis 13:00, So 7:30 bis 10:30), auf der Straße Windlück am Rathaus entlang (✎ W). Sie biegen hinter dem Rathaus rechts ab und folgen der Rathausstraße bis zu einer T-Kreuzung. Hier geht es nach links aus dem Ort heraus, dabei wird am Ortsrand der Wiesenweg gekreuzt. Unmittelbar nachdem Sie den Rehbach überquert haben, biegen Sie rechts ab und laufen unter dem Viadukt der **Westerwaldquerbahn** hindurch, sie verband Herborn und Montabaur. Die Trasse bei Rehe wurde 1949 für den Bau der Krombachtalsperre extra noch verlegt, aber der Personenverkehr wurde schon 1959 eingestellt, der Güterverkehr folgte 1967.

Nach etwa 50 m überqueren Sie den Rehbach ein zweites Mal und gehen 200 m geradeaus. Genau vor dem Strommast biegen Sie links ab und laufen immer geradeaus zu einer Vogelschutzwarte. Die Hütte selbst ist abgeschlossen, aber hinter der Hütte steht eine Bank, von der Sie einen guten Ausblick auf den Stausee haben. Das ganze Jahr sind in den **Flachwasserflächen** seltene Vogelarten zu beobachten. Zweimal im Jahr ist besonders viel los, denn Seeschwalben, Regenpfeifer und Kraniche machen während ihres Vogelzugs an den geschützten Ufern eine Rast.

Der Grasweg führt am Waldrand entlang. Am Ende der offenen Graslandschaft biegen Sie links ab und überqueren den **Krombach**. An der nächsten Wegkreuzung verlassen Sie den WesterwaldSteig und laufen geradeaus weiter zum Parkplatz ❶.

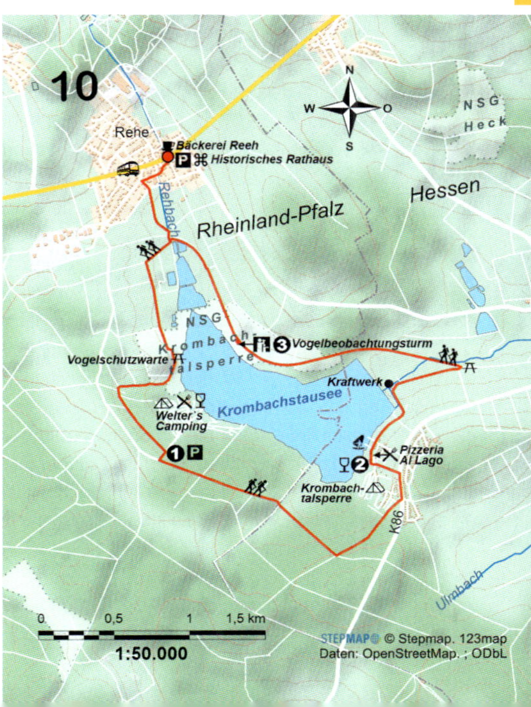

↳ Wenn Sie hier an der T-Kreuzung links abbiegen, erreichen Sie einen Campingplatz.

Welter's Camping, Campingplatz 1, 56479 Rehe, welters-camping.de, mit Blockhütte Ponte Rosa, 026 64/911 63 82, Ostern bis Ende der Herbstferien täglich ab 12:00, Campingplatzkiosk, ab Mai täglich ab 8:00. An der Badestelle sind auch Tagesgäste willkommen.

Eine der beiden Badestellen

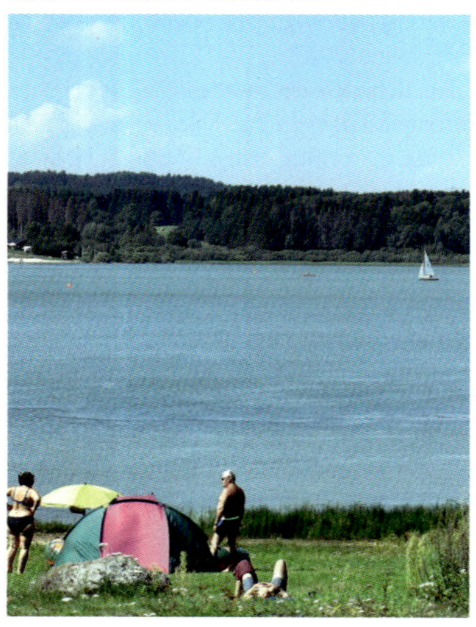

Biegen Sie rechts ab und folgen Sie an der Wandertafel (RP 5314-512) dem geschotterten Weg in den Wald. An der Zufahrt zur DLRG-Station gehen Sie geradeaus bis zu einer Gabelung. Halten Sie sich rechts und gehen Sie danach auf dem Weg an der **Schranke** entlang. Sie überqueren zunächst die Grenze nach Hessen, dann einen kleinen Bach, der auf manchen Karten Rehbach genannt wird, aber faktisch nur ein Nebenbach des Rehbachs ist.

Etwa 300 m dahinter kommen Sie zu einer Kreuzung und folgen dem Weg nach links. Er endet neben dem **Campingplatzgelände** an der K86. Dort am Ortsrand von Mademühlen entdecken Sie die ersten Wegmarkierungen der WällerTour „Greifensteinschleife" (WT), die Sie auf den nächsten 3,5 km begleiten werden. Folgen Sie dem Geh- und Radweg für etwa 200 m nach links, dann biegen Sie erneut links ab und gehen auf dem Teerweg an den Parkplätzen entlang bis zum Campingplatzkiosk ❷.

Campingplatz Krombachtalsperre, An der Krombachtalsperre 4, 35759 Driedorf-Mademühlen www.camping-krombachtalsperre.de, Kiosk und Badestelle auch für Tagesgäste

Biegen Sie rechts ab und laufen Sie zwischen Segelklub, Surfschule (links) und Pizzeria (rechts) auf dem Weg am **Seeufer** entlang.

✕ Pizzeria Da Corrado Al Lago, An der Krombachtalsperre 2, 35759 Driedorf-Mademühlen, Di bis So 11:00 bis 22:30

Zwar ist der Nordteil des Stausees Vogelschutzgebiet, doch der verbleibende Rest ist groß genug, um alle Wassersportlerinnen und Wassersportler glücklich zu machen. Mit 82 Hektar hat der Stausee die zweitgrößte Wasserfläche unter den Westerwälder Seen.

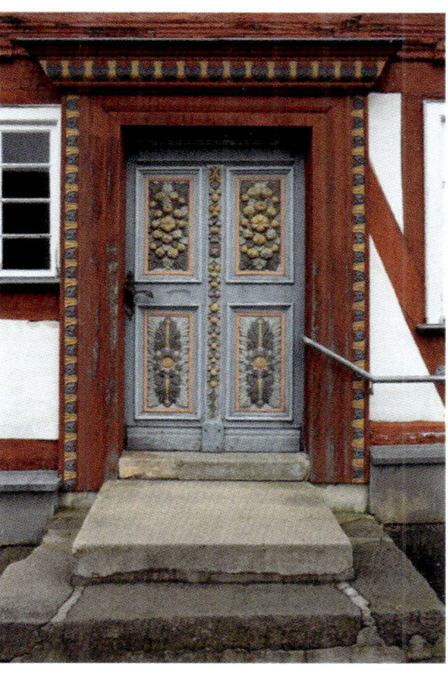

Rathaustür in Rehe

Gehen Sie hinter der Schranke geradeaus weiter bis zur Talsperre und am Ende der Hecke nach links. Sie passieren eine Infotafel zum Energielehrpfad, den Überlauf der Talsperre und das **Kraftwerk Krombachtalsperre**, das seit 1949 Strom erzeugt.

Nach etwa 500 m kommen Sie an eine versetzte Kreuzung mit einem Picknicktisch und biegen scharf links ab (✎ WT). Folgen Sie dem **Dammweg** durch die Auen des Rehbachs. Auf diesem Damm fuhr früher die Westerwaldquerbahn. Heute ist ihre Trasse ein Rad- und Wanderweg. Sie überqueren den **Hanggraben** und kommen an der Landesgrenze zurück in den Wald. Dass hier wieder das Vogelschutzgebiet beginnt, stellen die Vögel mit ihrem Gesang sofort klar. Der Weg nähert sich wieder dem See an. Der ohnehin guten Aussicht auf den See wird am **Vogelbeobachtungsturm ❸** noch ein Sahnehäubchen aufgesetzt. Die wenigen Stufen hinauf zum Turm verändern den Blickwinkel. Wer dort still verweilt, hat gute Chancen, seltene Vögel zu beobachten.

Sie folgen dem Weg, bis die Pappelallee endet. Dort verlassen Sie den Dammweg und gehen halb links den Grasweg hinab. In diesem Bereich versumpft der See und im **Rohrkolbenröhricht** nisten zahlreiche seltene Sumpf- und Wasservögel. Der Weg endet an einer T-Kreuzung, hier biegen Sie rechts ab und gehen durch die **Viaduktunterführung**, die Ihnen vom Beginn der Wanderung bekannt vorkommen dürfte. Dahinter folgen Sie den Markierungen des WesterwaldSteigs zurück nach Rehe und dort rechts zum historischen Rathaus.

11 Historischer Hugenotten-Wanderweg

Tour für Geschichtsinteressierte

Auf den Spuren der Grafen von Greifenstein, die eine der schönsten Burgen im ganzen Westerwald bauten und die den in Frankreich wegen ihres Glaubens verfolgten Hugenotten eine neue Heimat gaben.

Start/Ziel: Wanderparkplatz Waldhof Elgershausen, GPS N 50°36.284' E 008°17.518'

19,1 km

6 Std.

435 m/435 m

220-431 m

historisches Hugenottenkreuz auf weißem Grund (kleine Abweichung in Greifenstein, um die Burg zu besichtigen)

Pfade, Waldwege und Wirtschaftswege – eher schattig

Einkehrmöglichkeiten in Greifenstein (km 2,9)

Sitzbänke an allen Aussichtspunkten und vielen anderen Stellen, ein Rastplatz (km 14,9), Witterungsschutz in zwei Buswartehäuschen (km 9,8 und km 12)

Für die meisten Kinder ist die Strecke zu lang, lässt sich aber gut auf zwei Tage aufteilen. Die Glockenwelt ist auf Kinder eingerichtet, viele Glocken dürfen ausprobiert werden und die Glockenmäuse Bim & Bam führen die Kinder sogar in Nischen, die für Erwachsene gar nicht zugänglich sind.

Der Weg ist wegen einiger pfadiger Streckenabschnitte nicht buggytauglich.

Vorsicht auf der Strecke neben der L3282

Wanderparkplatz Waldhof, weitere Parkplätze in Greifenstein und Daubhausen

„Greifenthal Forsthaus", „Greifenthal Brunnen" und „Daubhausen", Bus 204 von/nach Katzenfurt, 6-mal täglich (Die Bushaltestelle „Greifenstein Waldhof" wird nur von Schulbussen angefahren.)

Der Historische Hugenotten-Wanderweg verläuft auf den gleichen Wegen wie zwei Schleifen des Hugenotten- und Waldenserpfads (ein 2.500 km langer Fernwanderweg auf den historischen Fluchtrouten der Protestanten), Markierung: hellblauer Punkt über grüner Linie

Der Weg beschreibt eine 8, lässt sich also prima in zwei Etappen (Greifenstein und Daubhausen) aufteilen.

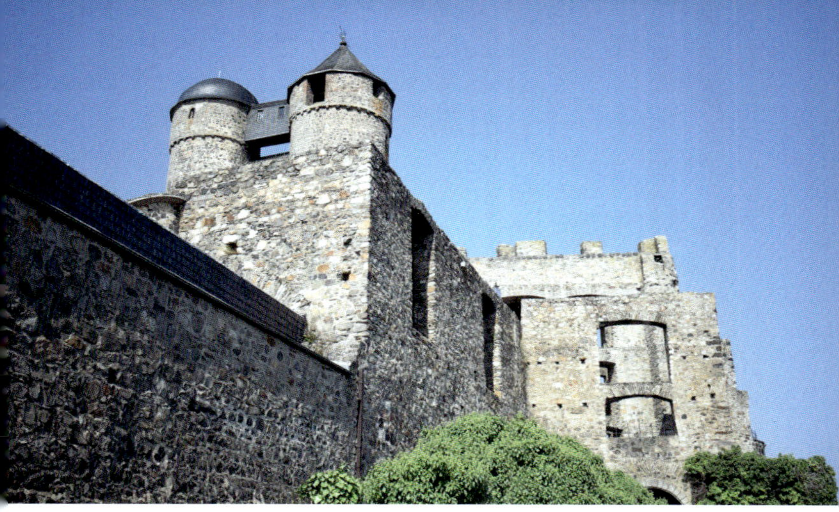

Burg Greifenstein

Sie starten an dem Parkplatz an der Zufahrt zum **Zukunftsdorf Waldhof**. Hier befand sich ab 1900 eine Heilstätte für Tuberkulosekranke, die sich später zu einer renommierten Lungenfachklinik entwickelte. Auf dem Verbundpflasterweg laufen Sie in die Siedlung und passieren das **Heilige Haus** mit der Marienkapelle, die seit dem 15. Jh. von Pilgerinnen und Pilgern besucht wird. Es geht nach rechts und bergauf am (geschlossenen) ehemaligen Klinikcafé Pustekuchen vorbei. Hinter der Schranke wandern Sie geradeaus durch ein Waldstück nach Greifenstein. Von der ehemaligen Straße ist oft nur noch Schotter zwischen den Kräutern und Gräsern zu sehen, die Natur holt es sich zurück.

Am Ortseingang von **Greifenstein** 🚌 folgen Sie dem Grasweg nach rechts, er verläuft zwischen den Gärten und Streuobstwiesen.

↳ Wenn Sie die Natur vorziehen, können Sie auf diesem als H1 gekennzeichneten Weg bleiben. Er führt einmal um die Burganlage herum und stößt nördlich der Burg wieder auf den Rundweg.

Haben Sie aber Interesse an der Burg und dem Glockenmuseum, nehmen Sie den ersten Weg nach links bergauf, er führt zu einer Straßenecke, an der Sie rechts abbiegen und an der Gabelung ❶ halb rechts zur **Burg Greifenstein** hinauf gehen.

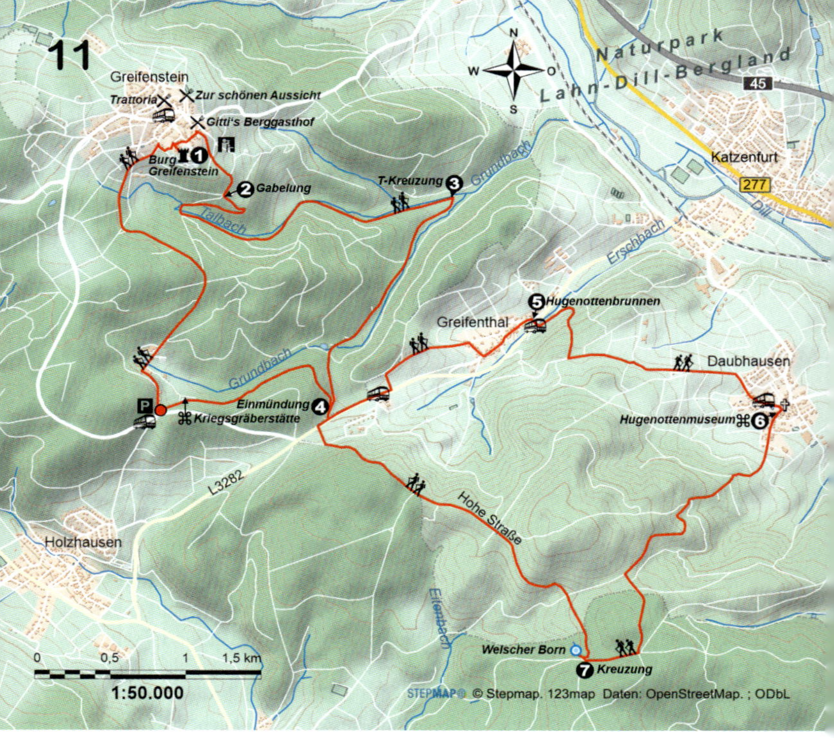

♜ ⌘ In der gut erhaltenen Burganlage mit den mächtigen Türmen befindet sich ein sehenswertes Glockenmuseum. Faszinierend ist auch die Doppelkirche: Eine prächtige Barockkirche wurde auf einer spätgotischen Wehrkirche erbaut.

♦ Burg Greifenstein, 35753 Greifenstein, ☏ 064 49/64 60, 💻 burg-greifenstein.net

Nach dem Burgbesuch geht es rechts die Talstraße hinab und durch die äußere Torpforte, in der ein Heimatmuseum untergebracht ist. Am Ende der Linkskurve, aber noch vor ✕ **Gittis Berggasthof**.

✕ Gittis Berggasthof, Talstraße 3, 35753 Greifenstein, ☏ 064 49/71 93 57, 🚪 Di, Mi, Fr 17:00 bis 22:00, Sa, 16:00 bis 22:00, So 12:00 bis 21:00, alpenländische Küche

Biegen Sie rechts in die Stichstraße ein, sie wird hinter dem letzten Haus zu einem Feldweg und führt unterhalb der Burg zu einer Kreuzung am Waldrand.

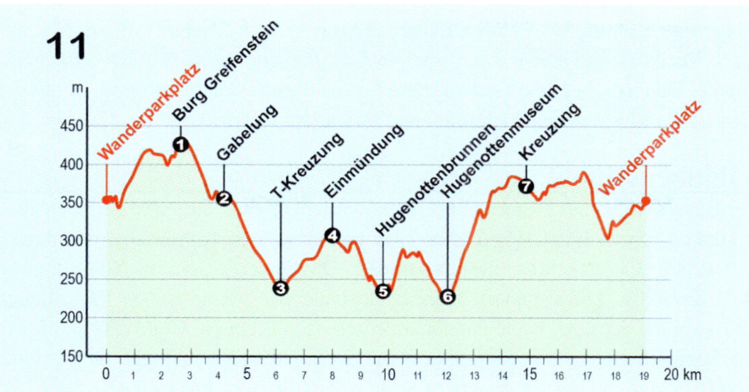

↬ An klaren Tagen lohnt sich ein Abstecher nach links die Straße hinauf zu einem 100 m entfernten Aussichtspunkt, von dem Sie einen fantastischen Blick ins Dill-Bergland haben.

Der eigentliche Weg führt an der Kreuzung geradeaus am Waldrand entlang hinab zu einer Gabelung, dort rechts und an der nächsten Gabelung links. Sie wandern nun durch einen Laubwald, in dem fast das ganze Jahr über Vögel singen. Der Weg beschreibt eine Haarnadelkurve nach rechts und führt auf Schotter bergab zum **Talbach**. Dort macht er eine lange Linkskurve, an deren Ende Sie auf eine Dreiergabelung ❷ stoßen. Nehmen Sie hier den linken Weg, er führt etwa 2 km lang neben dem Talbach bergab zu einer T-Kreuzung ❸ kurz vor der Mündung des Talbachs in den Grundbach. Biegen Sie hier nach rechts ab und gehen Sie im Tal des Grundbachs bergauf. Sie erreichen ein Forsthaus und einen **Pferdehof** und kommen – schon in Sichtweite zur L3282 – an eine Einmündung ❹. Hier kreuzen sich die Wege: Wer müde ist, ↬ geht scharf rechts zurück zum Startpunkt; wer mehr über die Hugenotten erfahren möchte, geht geradeaus zur L3282.

Der Landstraße folgen Sie nach links zur Bushaltestelle (RP LDK-264). Dahinter biegen Sie links in den Wirtschaftsweg ein, laufen am Waldrand nach rechts und nehmen an der Gabelung erneut den rechten Weg. Er führt – immer geradeaus – nach **Greifenthal** hinein. Im Ort folgen Sie der Schulstraße nach rechts und an deren Ende der Westerwaldstraße nach links. Sie führt hinab zum **Hugenottenbrunnen** ❺, der mit seinen Inschriften an die Geschichte der

Hugenotten erinnert. „J'étais etranger, et vous m'avez accueilli" ist ein Zitat aus dem Matthäusevangelium: „Ich war ein Fremder und ihr habt mich aufgenommen.". Daneben liegt die Gedenkstätte für den Pastor Charles Monod, der in der Résistance tätig war und viele Jüdinnen und Juden rettete.

Glaubensflucht

Im Edikt von Nantes wurde 1598 festgeschrieben, dass die calvinistischen Protestanten, vorwiegend Hugenotten und Waldenser) im katholischen Frankreich mit vollen Bürgerrechten toleriert wurden. Das änderte sich, als König Ludwig XIV. das Edikt 1685 aufhob. Hunderttausende von französischen Protestanten flohen in die Schweiz, in die Niederlande und nach Preußen. Graf Wilhelm Moritz zu Solms-Braunfels war damals Graf zu Greifenstein. Eines Tages ritt er durch seine Ländereien und traf an einer Quelle eine Gruppe rastender Hugenotten. Sie waren ihm willkommen, denn er wollte den vom Dreißigjährigen Krieg verursachten Bevölkerungsschwund ausgleichen. Er kaufte das Dorf Daubhausen und siedelte dort die ersten 190 Geflüchteten an. Ab 1690 ließ er für weitere Hugenotten das Dorf Greifenthal anlegen.

Überqueren Sie die L3282 und den Erschbach und folgen Sie dem **Tannenweg** nach links. Die Einheimischen nennen das folgende Wegstück „Totenweg". Denn in den ersten Jahren nach der Dorfgründung hatten die Hugenotten in Greifenthal noch keinen eigenen Friedhof und trugen ihre Toten durch den Wald zum Daubhausener Friedhof.

An dem Wohnhaus gehen Sie links entlang und direkt dahinter, neben der Garage, nach rechts bergauf. Der Pfad führt durch den Wald hinauf zu einem Teerweg. Auf diesem wandern Sie nach links zu einer T-Kreuzung und dort nach rechts. Es geht immer geradeaus, am Friedhof entlang, nach **Daubhausen** 🚌. Am Ortseingang folgen Sie der Borngasse nach rechts bis zur **Hugenottenkirche**. Der wehrhafte Kirchturm stammt aus dem Mittelalter, in der Reformation wurde die Kirche evangelisch. Für die hugenottischen Siedlerinnen und Siedler war die kleine Halle in dem Wehrturm bald nicht mehr groß genug und sie bauten 1710 ein schlichtes Kirchenschiff an. Hier fanden mindestens bis 1825 französischsprachige Gottesdienste statt. Das Wort „résistez" an der Chormauer bedeutet „widersteht!". Die Hugenottin Marie Durand hatte diese Mahnung in die Wand ihres Gefängnisturms in Aigues-Mortes gekratzt, in dem sie 38 Jahre lang festgehalten wurde, weil sie sich der Rekatholisierung widersetzte.

Neben der Bushaltestelle entdecken Sie einen **Pavillon** mit dem Sternmotor einer Halifax Mark III, die in der Nacht zum 31.03.1944 von einem deutschen Piloten abgeschossen wurde. Hinter dem **Dorf- und Hugenottenmuseum** Alte Schule ❻ gehen Sie rechts die Ulmer Straße hinauf und am Waldrand geradeaus auf dem Schotterweg weiter. Am Sportplatz gehen Sie weiter geradeaus, dahinter folgen Sie dem breiteren Forstweg, bis hinter einer Fläche mit niedrigeren Bäumen ein Steinhaufen an einem Baum lehnt („Ehringhausen Daubhausen 302 Kleine Lücke"). Hier geht es auf einem Waldweg nach links bergab zu einer Kreuzung und dort rechts zur nächsten Kreuzung ❼. Hier führt der eigentliche Rundweg nach rechts. Das kann ich aber erst nach einem Abstecher empfehlen: Folgen Sie dem Wegweiser halb rechts zum **Welschen Born**, wo der Graf damals die rastenden Hugenotten antraf. Der Pfad ist nur etwa 100 m lang und endet an der historisch wichtigen Quelle.

Nun aber weiter auf dem Rundweg, vom Welschen Born kommend nach links (in ursprünglicher Laufrichtung nach rechts) durch den Wald, bis Sie nach etwa 2,5 km den Waldrand bei Greifenthal erreichen. Sie wandern dabei auf der **Hohen Straße**, diese Heer- und Handelsstraße war viele Jahrhunderte lang die Hauptverbindung zwischen Frankfurt und Köln. Ein Graspfad führt zur L3282, wo die zweite Hälfte der Wanderrunde begann. Diesmal gehen Sie hier am Wegpunkt ❹ links an dem Gebäude entlang und folgen dem Weg durch den Wald zur **Kriegsgräberstätte** und Ruhestätte der Familie Liebe und zum Startpunkt.

Der Welsche Born

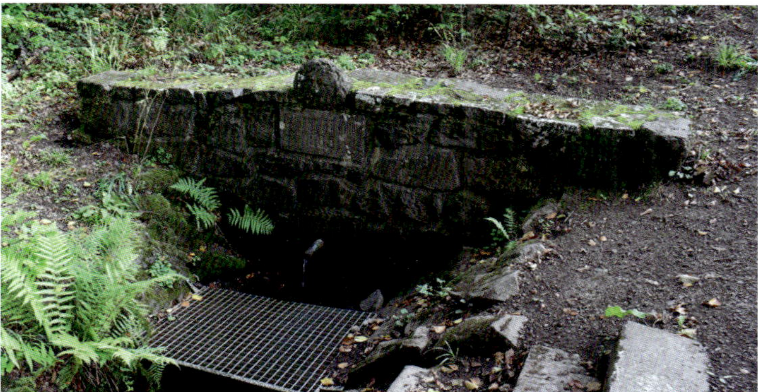

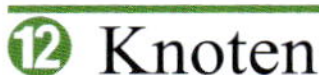

Knoten

Tour für Sonnenkinder

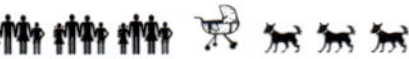

Eine kleine Runde um den Knoten, bei der Sie schon auf dem ersten Kilometer Fernblicke genießen und sich an der Knotenquelle erfrischen können. Danach geht es bergauf zu den alten Huteweiden von Hahrehausen. An einem sonnigen Tag ist die riesige Sonnenuhr der Höhepunkt der Wanderung, obschon der Knotengipfel 6 m höher liegt.

Start/Ziel: Freibad Arborn, GPS N 50°35.034' E 008°10.010'

6,7 km

2 Std.

169 m/169 m

431-600 m

teilweise HWW II (II) und WällerTour (WT)

Waldwege und Wirtschaftswege – eher sonnig

Rucksackverpflegung

zwei Sitzbänke (km 0,6 und km 5), zwei Schutzhütten (km 2,5 und km 3,7)

Freibad Arborn (Am Knoten, 35753 Arborn, ☏ 027 79/912 40)

Es handelt sich um eine kurze Tour, auch für ungeübte und jüngere Kinder. Bei der Steigung in der Mitte der Strecke locken Sie mit einer Rast am Denkmal oder einem Freibadbesuch.

Der Pfad von der Sonnenuhr zum Teerweg lässt sich auf der Wiese umgehen. Für die geschotterten Wege benötigen Sie einen robusten Buggy, für den mittleren Teil kräftige Personen, die den Buggy schieben.

An heißen Tagen ist die Tour nicht für Hunde geeignet.

Parkplatz am Freibad, alternativ Wanderparkplatz nördlich von Arborn

Bushaltestelle „Arborn", Bus 530 von/nach Herborn, Mo bis Fr stündlich, Sa 2-mal

Gehen Sie vom Freibadparkplatz bergauf am Bad entlang zum Feriendorf und biegen Sie dort rechts ab, Richtung Knotenquelle. Der Grasweg wird zum Waldweg und führt in einem weiten Linksbogen erst leicht bergab, dann bergauf. Nach rechts ergeben sich weite Aussichten auf Arborn und den Hohen Westerwald. An der Einmündung gehen Sie halb links weiter bergauf zur **Knotenquelle ❶**. Sie wurde 1953 gefasst. Im schattigen Mischwald können Sie auf einer der Bänke rasten. Hier entspringt der Kallenbach, er mündet nach 14,8 km in die Lahn.

Erfrischt steigen Sie bergauf, auf beiden Seiten des Wegs sind die Baumstämme und Felsen dick mit Moos bewachsen. Der Weg führt aus dem Wald heraus und erreicht am Waldrand eine Wegkreuzung. Hier folgen Sie dem nach links führenden Weg bergauf Richtung Hahreshausen (✎ WT). Nach etwa 200 m geht es an der Kreuzung rechts weiter nach Hahreshausen, immer weiter bergauf. An der nächsten Kreuzung bleiben Sie rechts auf dem Schotterweg. Der anstrengendste Teil der Tour ist geschafft, nach etwa 300 m erreichen Sie eine **Kreuzung mit Sitzbank**.

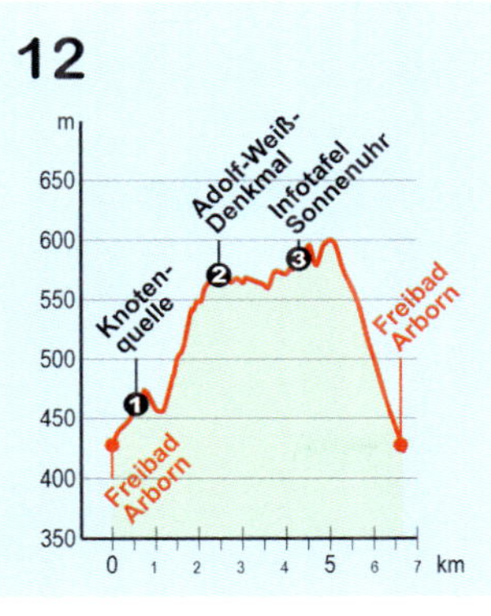

Wer bei den Entfernungsangaben auf den Wegweisern mitgerechnet hat, wird sich verwundert umsehen und **Hahreshausen** suchen. Sie haben es gefunden! Es handelt sich nicht um ein Dörfchen, sondern um die Weide gegenüber. Diese sogenannten Huteweiden lagen auf Waldlichtungen und wurden vom Vieh aller Bauern gemeinsam beweidet. Fallen Ihnen die mächtigen Einzelbäume mit den breiten Kronen auf? Das sind alte Hutebäume, meist Eichen oder Buchen, unter ihnen fanden die Tiere Witterungsschutz und Futter.

Sie folgen den nach links weisenden Schildern an zahlreichen Stationen eines Baumquiz entlang zum **Adolf-Weis-Denkmal ❷** (✎ II, WT). Hier wird dem Bauerndichter gedacht, der sich den Westerwaldgruß „Hui Wäller? – Allemol!" ausgedacht hat. Bänke und eine Schutzhütte ermöglichen eine bequeme Rast.

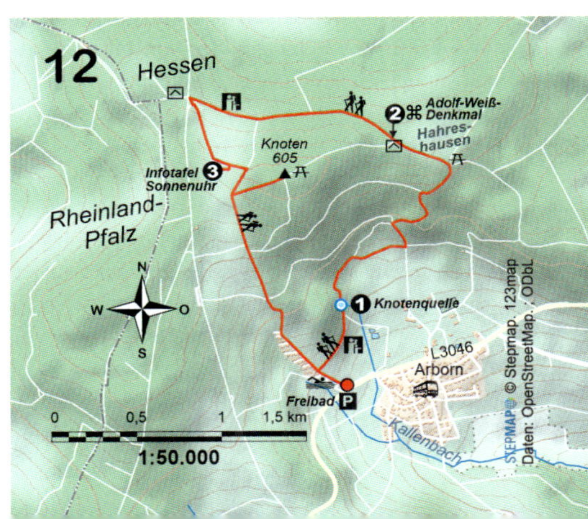

Folgen Sie dem breiten Höhenweg immer geradeaus. Hinter dem Windrad laufen Sie über eine große Grasfläche und haben nach rechts eine Panoramasicht über Driedorf bis ins Dill-Bergland. Hinter dem

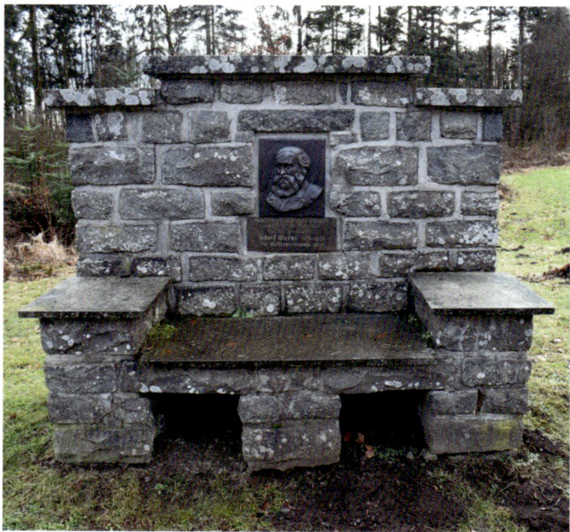

Ein Denkmal für den Hui Wäller - Dichter

nächsten Windrad – noch vor der **Schutzhütte** – biegen Sie links ab (✎ WT) und laufen hinauf zu einem weiteren Windrad. Neben der Stromerzeugung hat es noch eine zweite Funktion: Es dient als Zeiger für die größte **Sonnenuhr** Hessens. Von dem Platz mit den Infotafeln ❸ können Sie die Uhrzeiten von XI bis XVIII ablesen. Der Schlagschatten des Windrads fällt jeweils zur vollen Stunde auf die „Zeitsteine", mächtige Basaltfindlinge, des „Ziffernblatts".

☺ Im Sommerhalbjahr rechnen Sie bitte die Zeitverschiebung durch die Sommerzeit ein. Wenn dann die Zeit immer noch nicht stimmt, liegt das am Analemma. Diese Abweichungen des Sonnenstandes bilden im Laufe des Jahres eine 8 und werden auch an dieser Sonnenuhr erklärt.

Nach dem Blick auf die Uhr wandern Sie weiter zum Waldrand und biegen an der 18-Uhr-Marke nach rechts ab. Sie passieren eine Infotafel (Knoten) und gehen auf dem schmalen Pfad am Waldrand zu einem Teerweg. Folgen Sie ihm nach links, er ist später geschottert und bringt Sie zum **Knotengipfel** (605 m). Eine schöne Aussicht gibt es hier nicht, wohl aber ein Gipfelbuch, ein Gipfelkreuz und eine Schlenkerbank, auf der Sie die müden Waden locker schwingen lassen können. Der in Karten eingezeichnete Weg, der gegenüber beginnt, kann (zumindest aktuell) nicht begangen werden, kehren Sie also bitte wieder zum Teerweg zurück. Wandern Sie links bergab, an der der **Skihütte** und dem Feriendorf entlang zum Freibad.

⑬ Andachtsweg Hohe Hahnscheid

Tour für Fans von Wildbächen und sakraler Baukunst 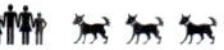

Eine Wanderung zu den Stätten der bäuerlichen Frömmigkeit im Hohen Westerwald, die von den naturnahen Menschen früherer Generationen erbaut wurden, weil ihnen ein gutes Verhältnis zu Gott sehr wichtig war. Die Kirchen und Kapellen, Kreuze und Kruzifixe sollten damals vor der rauen Natur schützen oder als Dank für den Schutz dienen.

Start/Ziel: Friedhofsparkplatz Seck, GPS N 50°34.434' E 008°2.895'

10,6 km

3 Std. 30 Min.

192 m/192 m

331-432 m

dunkelgrünes WT auf weiß-hellgrünem Grund mit dem Text „WällerTour"

Pfade, Waldwege und Wirtschaftswege – eher sonnig

Einkehrmöglichkeiten in Seck (Start/Ziel), im Ristorante Da Nico in Irmtraut (km 4,3) und im Hofcafé Dapprich (km 9,4)

Sitzbänke an allen Aussichtspunkten und einigen anderen Stellen, drei Rastplätze (km 6,3, km 7,9 und km 8,3)

Für ungeübte und jüngere Kinder ist die Strecke zu schwierig, ältere Kinder werden die Holzbachschlucht mögen, müssen aber trittsicher sein.

Wegen der Stufen und Pfade ist der Weg nicht buggytauglich. Vom Hofcafé können Sie mit dem Kind auf dem Arm oder in der Trage einen kleinen Spaziergang zur östlichen Brücke machen. Oder Sie weichen auf den nahe gelegenen, barrierefreien Kleinen Wäller am Wiesensee aus.

Vorsicht an den Straßen. Der Weg führt durch das Naturschutzgebiet Holzbachschlucht, in dem Leinenpflicht besteht.

Parkplätze am Friedhof Seck, in Irmtraut und Gemünden

Bushaltestelle „Seck Ortsmitte", Bus 480 von/nach Rehe, Westerburg, Montabaur, Mo bis Fr 4-mal, Bus LM15 von/nach Rennerod, Hadamar, Limburg, Mo bis Sa 5-mal

Für den Pfad in der Holzbachschlucht sollten Sie trittsicher sein.

Vom Friedhofsparkplatz laufen Sie zurück zur Irmtrauter Straße, bis Sie auf der linken Seite eine Infotafel zur Rundwanderung Hohe Hahnscheid erreichen. Genau davor biegen Sie links ab und folgen dem Graspfad am **Friedhof** entlang bergauf. Hinter dem Friedhof biegen Sie links ab und laufen neben einer Streuobstwiese bis zum Beilsteiner Weg. Dabei sehen Sie die Dorfkirche von Seck im Tal. Wahrscheinlich stand dort bereits im 9. Jh. eine Holzkirche, die dem heiligen Kilian geweiht war. Sie wurde später durch eine dreischiffige Pfeilerbasilika ersetzt.

Sie laufen scharf rechts den Beilsteiner Weg hinauf, nehmen an der Gabelung den rechten Weg und passieren den **Bildstock am Beilstein**, der idyllisch im Schatten zweier Linden steht. Im Deutsch-Französischen Krieg 1870/71 gelobte ein Soldat, der heiligen Muttergottes ein Heiligenhäuschen zu bauen, wenn er unbeschadet aus dem Krieg nach Seck heimkehre. Seine Gebete wurden erhört und er hielt sich an sein Gelübde.

Dahinter führt der Weg nach links in den Wald und hinauf zur **St.-Michael-Josefs-Kapelle**. Der Pfarrer Michael Müller regte 1897 im Secker Josefsverein den Bau einer Kirche auf dem Beilstein an und schon 1904 konnte er im Beisein von 22 Geistlichen die Kapelle weihen. Zum Dank für seine gute Idee hat die Dorfbevölkerung dem offiziellen Namen der St.-Josefs-Kapelle den Namen des Pfarrers vorangestellt.

Genießen Sie den fantastischen Panoramablick vor der Kapelle. Bei klarer Sicht können Sie nach rechts bis zur 15 km entfernten Fuchskaute schauen und links den Köppelturm bei Montabaur erkennen.

Am Kapelleneingang gehen Sie bis zum Ende der **Lindenallee**, dort rechts auf dem Grasweg leicht bergab. An dem Abhang ohne Bewuchs auf der linken Wegseite ist gut zu erkennen, dass der Beilstein eine typische Westerwälder Basaltkuppe ist.

An der T-Kreuzung laufen Sie nach links und in einem Rechtsbogen um ein Feld. Die Hecke geht nach links zurück, hier folgen Sie dem Pfad halb rechts zu dem Wirtschaftsweg, dem Sie nach rechts folgen. Er schwenkt nach links und führt zu einer Baumgruppe am **Mausbach**. Hinter dem Bach, aber vor der Straße, biegen Sie links ab und folgen dem Weg neben dem Bach, bis dieser einen Bogen nach links macht. Hier gehen Sie geradeaus bis zu einer T-Kreuzung. Nehmen Sie den rechten Weg, er endet an der K51. Gehen Sie am Straßenrand nach links bis zum **Irmtrauter Kreuz ❶**, einem besonders liebevoll gestalteten Bildstock mit Flügeltüren und dem gekreuzigten Jesus vor einem Palmenstrand.

Gehen Sie zurück auf die andere Straßenseite und folgen Sie nach etwa 100 m dem Feldweg hinauf zum Wald. Dabei kommt Seck noch einmal schön in Sicht. Sie gehen geradeaus am Waldrand entlang und achten nach etwa 150 m auf den Pfad, der nach rechts durch das Gras führt. Er bringt Sie zu einer **Baumgruppe** mit einer Aussichtsbank, an der Sie schon den Ort Irmtraut sehen können. Folgen Sie hier dem Teerweg nach rechts und nehmen Sie nach etwa 100 m den nach links führenden Grasweg, der in einen Teerweg übergeht.

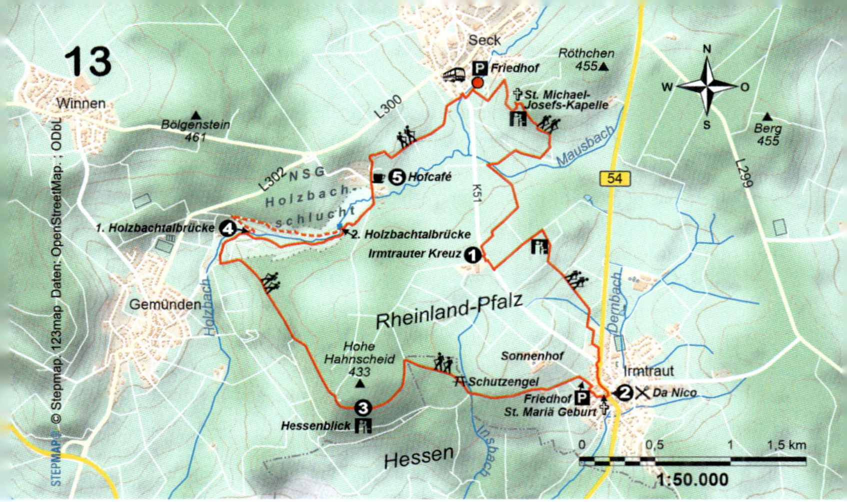

Sie kommen an eine Gabelung mit einem Insektenhotel, hier gehen Sie nach rechts und an der nächsten Möglichkeit nach links zur B54. Laufen Sie auf dem Fuß- und Radweg neben der Straße nach rechts zu dem Kreisverkehr am Ortseingang von **Irmtraut**. Folgen Sie der Bundesstraße bergab. Gegenüber der Pizzeria ❷ biegen Sie rechts in die Kirchstraße ein.

✕ Ristorante Da Nico, Mainzer Landstraße 14, 56479 Irmtraut, ☏ 064 36/285 09 41, 11:00 bis 14:00, 17:00 bis 23:00, Di Ruhetag. Bei Namen wie Westerwald-Krüstchen oder Pizza Westerwald ist die Heimatliebe des Inhabers zu spüren.

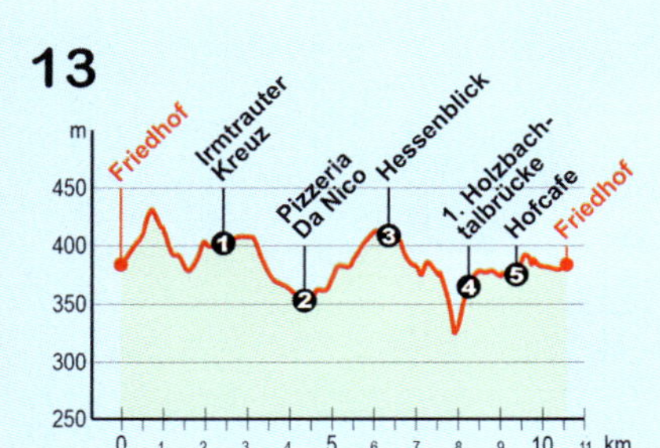

Sie laufen über den Kirchplatz mit dem historischen Rathaus zur katholischen Kirche **St. Mariä Geburt**. Sie wurde 1355 erstmals urkundlich erwähnt, der frühgotische Chorturm ist jedoch nach Ansicht der Fachleute wesentlich älter. Wenn Sie die Kirche betreten wollen, schauen Sie sich bitte auch das schöne Taufbecken aus dem 17. Jh. an.

Folgen Sie dem Gehweg auf der rechten Seite der Kirche, kreuzen Sie die Straße In der Lehmkaut und folgen Sie dem Schotterweg zum Westring. Sie stehen nun vor dem **Friedhof Irmtraut**, der sich ebenfalls als Einstieg in die Rundwanderung eignet. Biegen Sie rechts ab und gehen Sie nach etwa 30 m links auf der Straße weiter, die neben dem Friedhof entlangführt. Hinter dem Friedhof geht es ein weiteres Mal nach links, nun auf einem Schotterweg, der unterhalb des **Sonnenhofs** (☺ mit tierwohlfreundlicher Offenstallhaltung) zwischen Weiden zum Waldrand führt. Sie wandern zunächst am Waldrand und dann im Wald zum Insbach, an dem hier die Grenze zwischen Rheinland-Pfalz und Hessen verläuft. Wenn Ihren Kindern oder Ihnen auffallen sollte, wie „unaufgeräumt“ der Wald hier ist: Die Gemeinde **Irmtraut** hat dieses Waldstück als Naturwald ausgewiesen, da ist „Aufräumen“ gar nicht erwünscht.

Folgen Sie an der Gabelung hinter dem Insbach dem rechten Weg zum **Schutzengel** mit seinen Sitzbänken. Hier verlief eine längst vergessene Straße, die nach Seck und Dapprich führte.

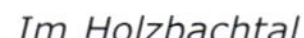

Im Holzbachtal

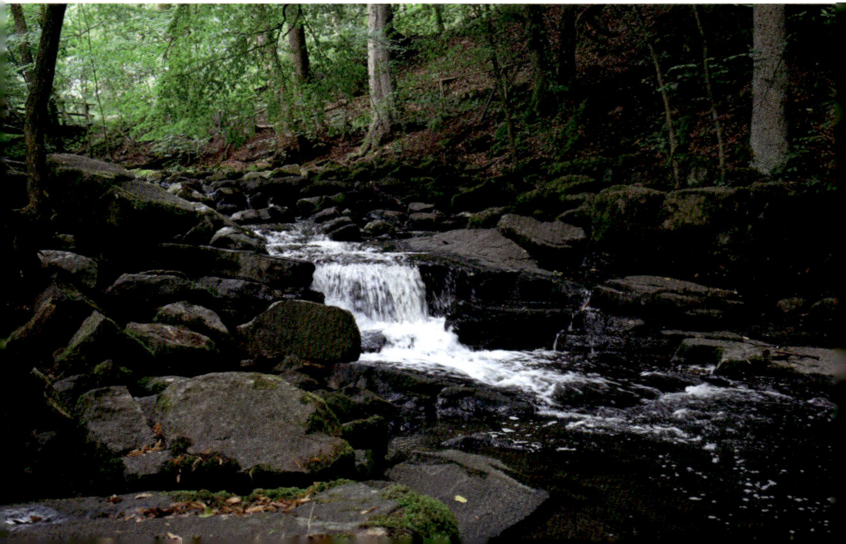

Der Schutzengel im Langendernbacher Wald

Nach einer alten Überlieferung verlor vor langer Zeit ein einsamer Wanderer die Orientierung in dem dunklen Wald zwischen Langendernbach, Gemünden und Irmtraut. Er irrte lange umher, seine Kräfte schwanden – und als er sich schon verloren gab, schien das Licht eines Hofs zwischen den Bäumen hindurch. Mit letzter Kraft schaffte er es zu dem Hof. Er war sicher, dass ein Schutzengel ihn geleitet haben musste, merkte sich die Stelle, an der er das Licht gesehen hatte und stiftete den Schutzengel als Dank für seine Errettung.

Sie setzen Ihren Weg bergauf fort, bis Sie eine T-Kreuzung erreichen. Hier sind Sie wieder zurück in Rheinland-Pfalz, wie Ihnen eine Infotafel erläutert. Der Weg führt um die Basaltkuppe **Hohe Hahnscheid** (433 m) herum, ohne Sie direkt auf den Gipfel zu führen.

Nach etwa 400 m erreichen Sie den Aussichtspunkt **Hessenblick ❸**, an dem Sie einen weiten Blick ins Hessische genießen können. An sehr klaren Tagen lassen sich in der Ferne die Taunushöhen erahnen.

Der Weg führt weiter um die Hohe Hahnscheid herum. Zwischen den mit Moos bewachsenen Felsbrocken entdecken Sie die kreisrunden Flächen ehemaliger **Köhlerplätze**. An der nächsten Gabelung folgen Sie dem Weg nach links bergab durch einen vielfältigen Mischwald mit Eichen, Rotbuchen, Weißdorn, Eibisch und Bergahorn.

Gehen Sie an der nächsten Wegkreuzung halb rechts weiter. Der Weg führt leicht bergauf, dann bergab durch Buchenhochwald. Links können Sie das Dorf Gemünden eher erahnen als sehen. Der Weg schwenkt nach links und Sie nehmen den zweiten Weg nach rechts. Hier verläuft auch der **WesterwaldSteig**, dessen Markierungen Sie bis kurz vor Seck leiten werden.

Er führt ins Holzbachtal, das hier zwischen der Lochmühle und dem Hof Dapprich auch **Holzbachschlucht** genannt wird. Der Holzbach hat sich hier bis zu 30 m durch den Basalt gegraben, Fachleute sprechen vom Holzbachdurchbruch. Wie auch immer, es ist eine rustikale Strecke durch das wildromantische Tal.

Nach einigen Stufen gehen Sie an den nächsten beiden Gabelungen jeweils nach links. Dabei kommen Sie zur ersten **Holzbachtalbrücke ❹** und haben die Qual der Wahl.

↳ Ruhiger ist der ebenfalls schöne Wanderweg, der auf der Nordseite durch das Tal führt und an der zweiten Brücke wieder auf den markierten Weg stößt.

Der offizielle Wäller folgt dem WesterwaldSteig auf der südlichen Seite des Holzbachtals. Hier ist der Pfad besonders nah am Bach und die meisten Wanderinnen und Wanderer bevorzugen diese Strecke.

Wenn Sie sich für den südlichen Weg entschieden haben, gehen Sie an der rechten Seite der Brücke die Stufen hinauf und biegen Sie vor dem Picknicktisch mit dem Dach nach links ab. Schmale Pfade führen Sie dicht am Hang entlang. Geländer und Stege geben Ihnen etwas Sicherheit, aber Sie brauchen trotzdem eine gewisse Trittsicherheit, denn der Boden ist fast das ganze Jahr feucht und rutschig. In der kühlen **Waldschlucht** wachsen die verschiedensten Farne und Moose.

Der Pfad nähert sich wieder dem Bach an. In dem Durcheinander von Felsbrocken und umgestürzten Bäumen leben Wasseramseln, Eisvögel, Ringelnattern, Dachse und Insekten. Auch seltene Pflanzen wie den Hohlen Lerchensporn (☺ er blüht im März/April violett, purpurn und weiß) oder die Haselwurz gibt es zu entdecken. Aber bitte nur aus der Ferne – nicht pflücken oder abstürzen! Hinter dem zweiten Steg gehen Sie nach links bergab zu der zweiten Holzbachbrücke, sie ist mit ihren kleinen **Wasserfällen** ein beliebtes Fotomotiv.

Die Brücke wird nicht überquert, Sie bleiben auf der südlichen Talseite und kommen zum privaten Friedhof der Familie Schneider, die seit 1803 den Dapprichhof bewohnt. Nur Familienmitglieder dürfen hier bestattet werden.

Verlassen Sie den Wald und laufen Sie zwischen Wiesen zum **Hofgut Dapprich.** Der Hof ging aus einem Dorf namens Daprethingen hervor, das bereits 1212 urkundlich erwähnt wurde. Folgen Sie dort der Bruchsteinbrücke zum Hofcafé Dapprich ❺.

☕ Hofcafé Dapprich, Hofgut Dapprich, 56479 Seck, ☏ 026 63/91 87 20,
💻 hofgut-dapprich.de, 🚪 März bis Dez Mi bis So 14:00 bis 17:00, Feb nur Sa, So

Laufen Sie am Café geradeaus den Schotterweg hinauf und aus dem Wald heraus. Am Waldrand folgen Sie dem Weg durch einen Rechts- und einen Linksbogen zu einer Wegkreuzung. Hier führt der WesterwaldSteig nach links weg, Sie wandern geradeaus weiter. Seck ist in Sicht und Sie kommen zum **Bildstock Dappricher Bitz**. Dahinter gehen Sie an der Halle nach rechts und überqueren den Wesbach auf einer kleinen Brücke.

Folgen Sie nun dem Sträßchen hinab zur K51, überqueren Sie den Holzbach nach rechts und folgen Sie der Friedhofszufahrt an dem **Heiligenhäuschen** vorbei zurück zum Startpunkt.

14 Laurentiusweg

Tour für Geschichtsreisende

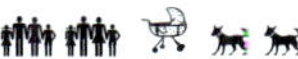

Die Laurentiuskapelle machte aus Herschbach einen Wallfahrtsort. Hier beginnt ein abwechslungsreicher Rundweg durch Naturschutzgebiete, Wiesenlandschaft und Wälder. Sie können Aussichten genießen, eine Burgruine besuchen und ein Naturdenkmal bestaunen, bevor Sie auf dem Damm einer ehemaligen Kleinbahn und über den Kreuzweg zurück zur Kapelle kommen.

Start/Ziel: Friedhof Herschbach, GPS N 50°35.023' E 007°44.984'

13,1 km

4 Std.

205 m/205 m

278-442 m

zum Teil mit einem + oder als Wanderweg H1, H3 oder NW3 markiert, gegen Ende mit der II des Hauptwanderwegs II

Pfade und Waldwege, ein kurzes Stück Straße – sonnig und schattig zu etwa gleichen Teilen

Einkehrmöglichkeiten in der Untermühle (km 7,6) und in Herschbach (km 11,6)

einige Sitzbänke, zwei Rastplätze (km 1,5 und km 7), eine Schutzhütte (km 2)

Einkaufsmöglichkeiten in Herschbach (km 11,6)

Kinder mögen die Burgruine und den Felsen, die Strecke ist vielleicht zu lang für manch ein Kind.

Die Pfade und Graswege sind nur bedingt buggytauglich.

Anfangs führt der Weg durch ein Naturschutzgebiet, sodass Sie leider angeleint wandern müssen.

P Wanderparkplatz am Friedhof Herschbach

Bushaltestelle „Herschbach, Brunnen", Bus 420 von/nach Hachenburg/Montabaur, Mo bis Fr etwa stündlich, Sa (nur von/nach Montabaur) alle 2 Std., So 3-mal

Sie starten am oberen Ende des Friedhofsparkplatzes, am RP 5412-472. Folgen Sie dem Oberherschbacher Weg (H3) am Rand des Naturschutzgebiets Schimmelsbach. Zwischen Ilex und Farn geht es bergauf zu einem alten Wasserwerk. Hinter der Schranke gehen Sie nach rechts und überqueren den **Schimmelsbach**. Einheimische trinken sogar daraus und loben das kühle, klare Quellwasser. Hinter dem Bach biegen Sie links ab (H3, NW3) und folgen den Wegweisern

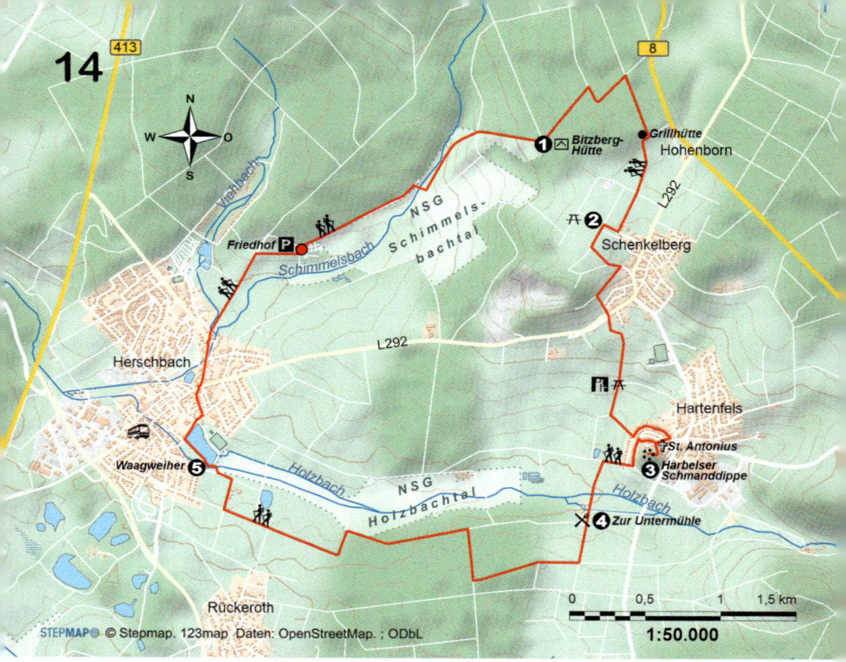

„Dorfborn". Sie kommen an einen Rastplatz mit einem Blick über die Auenwiesen des Schimmelsbachs. Halten Sie sich halb rechts und wandern Sie weiter bergauf zur **Bitzberg-Hütte ❶**.

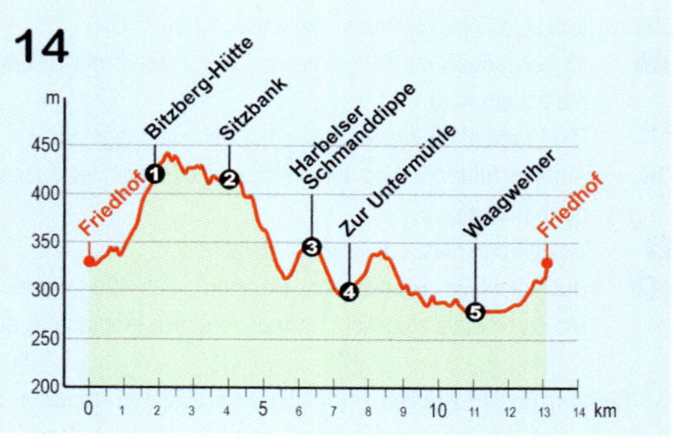

Dahinter geht es etwas unterhalb der Kuppe über den Bitzberg (456 m). An der T-Kreuzung folgen Sie dem Hauptweg nach rechts, er macht eine Linkskurve und führt zu einer Wegkreuzung. Dort folgen Sie dem Wanderweg (✎ +) nach rechts zu einer **Grillhütte** mit Klettergerüst. Nun wandern Sie nach rechts (✎

NW3, +) bis zu einem Picknicktisch mit Aussicht, dort geht es nach links auf einem Wirtschaftsweg zwischen den Feldern bis zum Ortsrand von **Schenkelberg**. Dort biegen Sie rechts ab (✎ NW3) auf dem Teerweg leicht bergauf zu einem Wegkreuz mit einem gemauerten Sockel. Im Schatten einer Linde steht eine Sitzbank für eine kleine Rast bereit ❷.

Sie gehen nach links auf den Funkmast auf dem **Schenkelberger Kopf** (436,1 m) zu, am Rastplatz unter der Birke biegen Sie links ab. Der Weg führt bergab und die Burg Hartenfels kommt in Sicht. Am nächsten Wegkreuz laufen Sie geradeaus bis zum ersten Haus in der Steinstraße, davor biegen Sie rechts ab.

Rastplatz unter der Linde

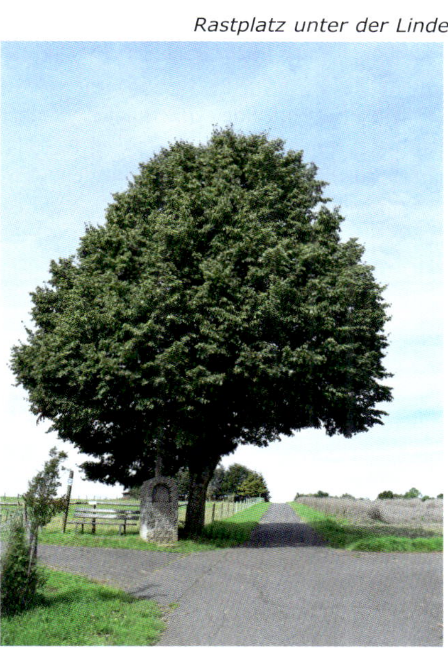

An dem grünen Metalltor laufen Sie links auf den Burgturm zu. Dabei kreuzen Sie die Hauptstraße und folgen dem Wirtschaftsweg geradeaus weiter bergab. An zwei Sitzbänken haben Sie einen schönen Blick auf die Burg. Am Ende des Wegs gehen Sie nach links, überqueren einen Bach und wandern hinauf nach **Hartenfels**, das sich ringförmig um den Burgberg schmiegt. Sie folgen der Wallgrabenstraße nach links bis zur Hauptstraße, biegen rechts in die Hauptstraße ein und passieren die St.-Antonius-Kirche. Dahinter führt ein Fußweg zur Burg Hartenfels ❸ hinauf. Sie wird im Volksmund **„Harbelser Schmanddippe“**, also „Hartenfelser Butterfass“, genannt, was beim Betrachten des Bergfrieds sofort einleuchtet.

♜ Die bereits 1249 erstmals urkundlich erwähnte Burg Hartenfels liegt an der Hohen Straße, der mittelalterlichen Handelsstraße zwischen Frankfurt und Köln. Nach Zerstörungen im Jahr 1594 blieb die Burg unbewohnt. Erhalten sind einige Reste der Ringmauern und der 23 m hohe Bergfried. Er kann nicht bestiegen werden.

Wenn Sie wieder zurück am Fuß des Burgbergs sind, laufen Sie geradeaus die Burgstraße hinab, biegen links in die Ringstraße ein und kommen zum **Rastplatz Unter der Linde**. Dort laufen Sie nach rechts bergab aus dem Ort heraus und biegen an dem Holzschuppen nach links ab (✎ NW3). Sie laufen zwischen den Feldern hindurch, überqueren den **Holzbach** und erreichen das Gasthaus zur Untermühle ❹.

✗ Zur Untermühle, 56244 Hartenfels, ☏ 026 26/52 60, Mo, Fr, Sa ab 16:00, So ab 11:00, Di bis Do Ruhetage

Gehen Sie hinter der Untermühle geradeaus weiter, nach 300 m folgen Sie dem nach rechts führenden Grasweg (✎ H1) und können einen letzten Blick zurück auf das „Schmanddippe“ werfen. Am Waldrand entdecken Sie auf der rechten Seite den Fels **Zehntgarben**.

Die steinernen Garben

Geologinnen und Geologen behaupten, es handele sich bei dem etwa 1,50 m hohen Felsklotz um 25 Mio. Jahre alten Säulenbasalt, der sich im Laufe der Jahrhunderte zur Seite geneigt hat. Doch viel schöner erklärt es die Sage: In der Dunkelheit wollte ein Bauer sein Getreide einfahren, ohne seinem Grundherrn den Zehnten abzugeben. Ein Gewitter zog auf und im Schein der Blitze entdeckte der Zehntenerheber der Burg Hartenfels den flüchtenden Bauern. Dieser fuhr auf dem holprigen Weg viel zu schnell und der hoch beladene Erntewagen kippte um. In seinem Zorn über das Missgeschick verwünschte er den Eintreiber mit den Worten: „Wenn du doch zu Stein würdest!“ Doch der Fluch traf ihn selbst. Der Eintreiber fand den Bauern samt Ochsengespann, Erntewagen und Hund versteinert und halb im Boden versunken.

Gehen Sie an dem Fels nach links (✎ H1, II) auf dem Pfad zu einer Waldwegkreuzung, dort geht es nach rechts weiter (✎ H1, II, NW3). An der nächsten T-Kreuzung laufen Sie auf dem Forstweg nach links zum RP 5412-473 und folgen dort dem Hauptweg nach links. An der nächsten Kreuzung treffen Sie auf eine (Weihnachts-)**Baumschule**. Biegen Sie hier rechts ab. Sie laufen auf der Trasse der ehemaligen **Kleinbahn Selters-Hachenburg**. Auf der gut 23 km langen Strecke fuhren ab 1901 Personen- und Güterzüge, letztere transportierten Bodenschätze zum Bahnhof in Selters. Nach etwa 800 m biegen Sie an einer Kreuzung rechts in ein Sträßchen ein. An dessen Ende laufen Sie nach links bis zu einem Findling. Sie folgen dem nach rechts führenden Schotterweg und überqueren den Holzbach auf einer Brücke. Der Weg schwenkt nach links zum Südufer des **Waagweihers ❺**. Nehmen Sie den linken Uferweg (✎ II), er endet an der Burgstraße.

Auf der Allee laufen Sie am Weiher entlang und gehen weiter geradeaus bis zum **Feuerwehrhaus**. Gegenüber beginnt ein Fußweg, auf dem Sie die Christophorusstraße kreuzen. Der Fußweg endet an der Hauptstraße. Gehen Sie nach rechts zur Kreuzung und dort halb links auf der Siegstraße bis zu einer Linkskurve. Hier laufen Sie geradeaus auf der Laurentiusallee an den Kreuzwegstationen aus dem Jahr 1886 entlang und folgen dem Kreuzweg durch eine Rechtskurve zum Friedhof und damit zum Startpunkt.

✞ Die heutige Waldfriedhofskapelle war früher ein Wallfahrtsort. St. Laurentius entstand im 13. Jh., aus dieser Zeit ist der Chor erhalten. Das Schiff wurde im 15. Jh. spätgotisch überbaut und wird bis heute von vielen Gläubigen und Wallfahrerinnen und Wallfahrern besucht.

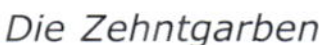

Die Zehntgarben

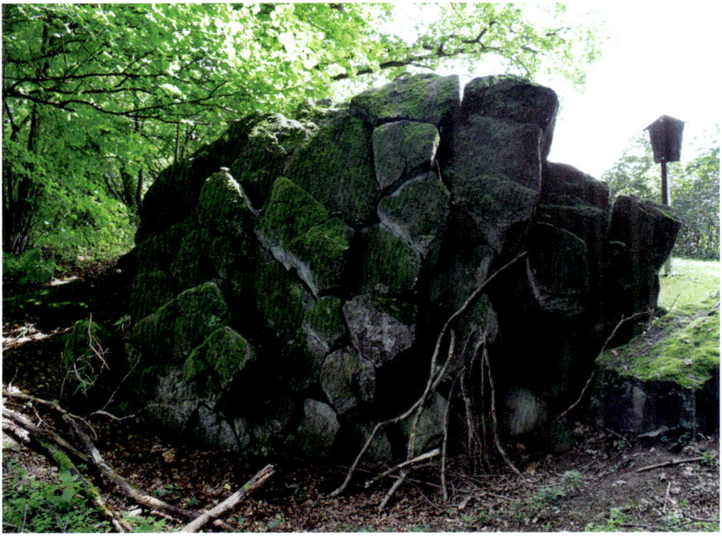

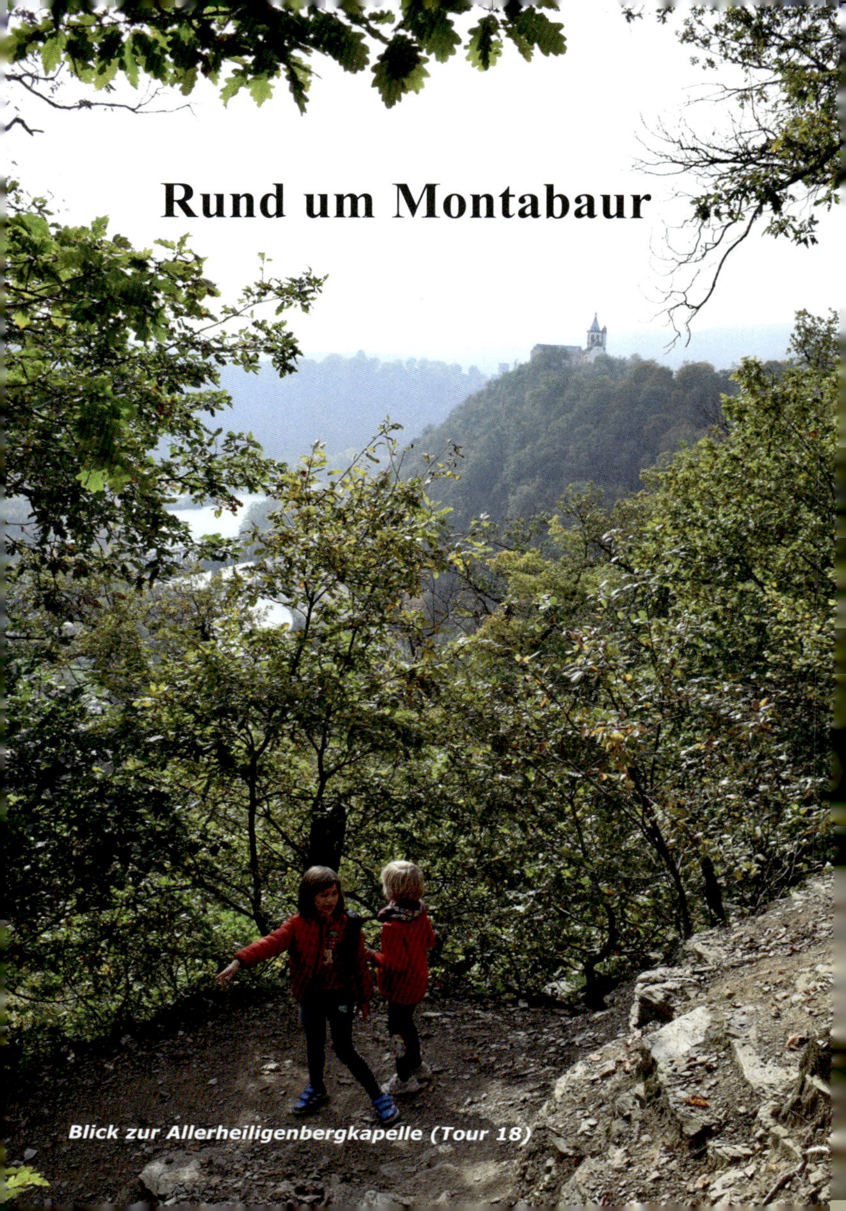

Blick zur Allerheiligenbergkapelle (Tour 18)

15 Montabäurer Mären

Tour für ausdauernde Sagenbegeisterte 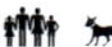

Die einzige Streckentour im Buch führt in die Welt der Sagen, Legenden, Mythen und Mären. Besonders empfehlenswert ist diese Tour an einem Nebeltag, wenn das Murkelmännchen hinter jedem Baum hocken könnte und jede neue schaurige Sage weitere Gänsehautwellen über den Rücken jagt.

→ Start: Dorfbrunnen in Nentershausen, GPS N 50°25.194' E 007°56.120', Ziel: ICE-Bahnhof Montabaur, GPS N 50°26.650' E 007°49.515'

22,3 km

7 Std.

↑ ↓ 352 m/410 m

⇧ 183-341 m

grün-schwarz-weißer Kreis mit schwarzem Kopf und dem Text „Montabäurer Mären – Sagenhafter Westerwald“

Pfade, Waldwege und Wirtschaftswege – eher schattig

Einkehrmöglichkeiten in Nentershausen, in der Studentenmühle (km 10), in Wirzenborn (km 17,9) und in Montabaur

Sitzbänke an allen Aussichtspunkten und vielen anderen Stellen, zwei Rastplätze (km 16,3 und km 18,6)

Einkaufsmöglichkeiten in Nentershausen und Montabaur

Für ungeübte und jüngere Kinder ist die Strecke zu lang, für ältere, ausdauernde Kinder ein abwechslungsreicher Genuss.

Der Weg ist nicht durchgehend buggytauglich, einige Pfade sind zu schmal und steil.

Der Weg dürfte für viele Hunde zu lang sein. Ausdauernde Hunde werden sich wohlfühlen, denn es gibt viel Wasser und wenig Asphalt.

P Parken am ICE-Bahnhof in Montabaur oder in den Nebenstraßen von Nentershausen

Bushaltestelle „Nentershausen Dorfbrunnen“, Bus 575 von/nach Diez, Mo bis Fr fast stündlich, Bus 450 von/nach Montabaur Mo bis Fr alle 1-2 Std., Taxibus 8441 tägl. 2-mal (nach tel. Anmeldung unter 026 02/947 07 68)

☺ Besuchen Sie vor dem Wanderstart die Seite www.sagenhafter-westerwald.de/montabaeurer-maeren. Dort finden Sie ein „Unterwegspaket“ mit einer zoombaren Karte, Fotos, Infos, Taxirufnummern und einem Sagenquiz zu den 17 Stationen des Sagenwegs, die auch offline abgerufen werden können.

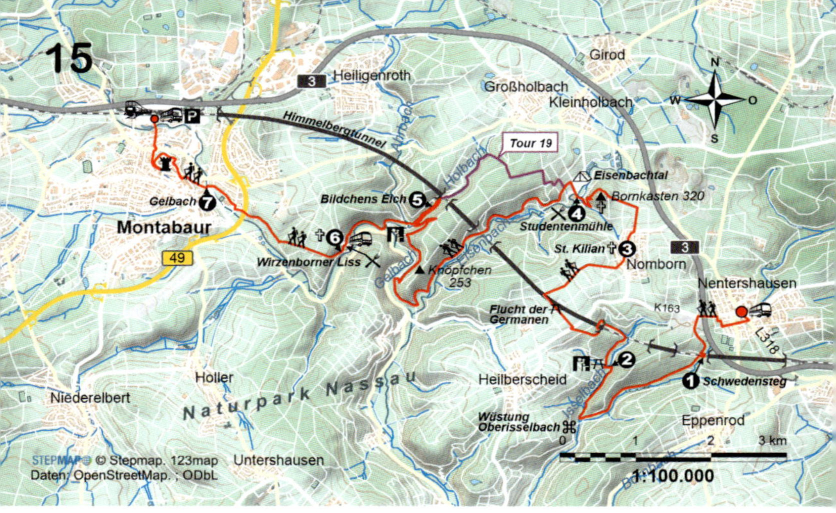

Der Weg durch die Sagenwelt des südlichen Westerwaldes beginnt am **Dorfbrunnen** von Nentershausen mit der Sage über die Schatzgräber von Nentershausen. Laufen Sie auf der Koblenzer Straße an der Apotheke vorbei und am Rewe rechts die Hochstraße hinauf. Sie kreuzen die Eppenroder Straße und gehen geradeaus weiter bis zum **Friedhof**. Unmittelbar davor laufen Sie nach rechts zur Westendstraße und nach links am Friedhof und an der Trauerhalle entlang zur Heiberscheider Straße (K163). Sie bringt Sie nach links unter der A3 hindurch. Hinter der Autobahnbrücke wandern Sie nach links an der Tongrube Mehl entlang in den Wald. An der Schotterwegkreuzung geht es geradeaus bergab zum **Rettungsplatz** „Tunnel Eichen – Diekenscheid Süd/Lange Issel Nord“. Diese genormten Plätze von je 1.500 m² stellt die Bahn an jedem Zugang ihrer Tunnel entlang der Schnellfahrstrecke Köln – Rhein/Main bereit, so heißt die ICE-Trasse offiziell. Am südöstlichen Ende des Rettungsplatzes führt der Wanderweg unter der Bahnstrecke hindurch und (ohne ihn zu überqueren) zum **Schwedensteg ❶**. Seinen Namen trägt der Steg in Erinnerung an die Bevölkerung der Dörfer Eppenrod und Nentershausen, die im Dreißigjährigen Krieg von den durchziehenden Truppen zusammengetrieben und in diesem Tal getötet wurden.

An der Sitzbank vor dem Steg gehen Sie nach rechts zu einem Schotterweg, diesem folgen Sie nach links bergab. Er führt an einer liebenswert geschnitzten Sitzbank („Ein Herz für den Wald – und Glück für Jedermann“) und einer Holzskulptur entlang, die an die Schatzgräber von Nentershausen erinnert. Sie gehen geradeaus bis zur Rastbank „Die Bergmänner" und folgen auch dort dem Weg weiter geradeaus bis zur Infotafel zur **Wüstung Oberisselbach**. Das verlassene Dorf wurde im Dreißigjährigen Krieg von den Schweden zerstört und danach nicht mehr wieder aufgebaut. Folgen Sie dem Weg an der Infotafel nach rechts ins Isselbachtal. Nach etwa 1 km führt ein leicht zu übersehender Pfad nach links zum **Isselbach** ❷ und hinter dem kleinen Steg geradeaus durch die Bachauen hinauf zum Waldrand. Auf der Bank mit der Aussicht ins Isselbachtal können Sie über die Mär vom Sarg im Zingelsloch schmunzeln. Dahinter geht es rechts auf dem Forstweg zu einer Wegkreuzung, an der Sie geradeaus weiter wandern bis zum „Gespenst" an der ICE-Brücke. Hier schwenkt der Weg nach links unter der Brücke hindurch. Am Rettungsplatz „Tunnel Eichheide Süd" gehen Sie geradeaus auf dem Teerweg bergauf und über das Tunnelloch hinweg. Der Weg führt aus dem Wald heraus, kreuzt die K163 (etwas nach rechts versetzt) und führt an einem **Sendemast** entlang zwischen den Äckern zur Rastbank „Flucht der Germanen". Hier fanden die Germanen einst Zuflucht vor den Kelten.

Am nächsten Rettungsplatz, oberhalb von Heilberscheid, geht es auf einem Grasweg nach rechts, weiterhin mit schönen Aussichten. Der Weg ist hinter der nächsten Kreuzung geteert und führt an einem Bauernhof bergab. **Nomborn** (Bus 450, Taxibus 8441) kommt in Sicht, Sie wandern bergab auf den Ort zu und an beiden Brunnen jeweils geradeaus. In dem idyllischen Örtchen können Sie an der Kirche ❸ zwei etwa 700 Jahre alte **geleitete Linden** bewundern. Die schweren Äste des Naturdenkmals werden von einem mächtigen Gerüst aus Eichenbalken gestützt. Fast wirkt es, als ruhe der alte Baum auf Krücken. Auch an der Kirche plätschert ein Brunnen.

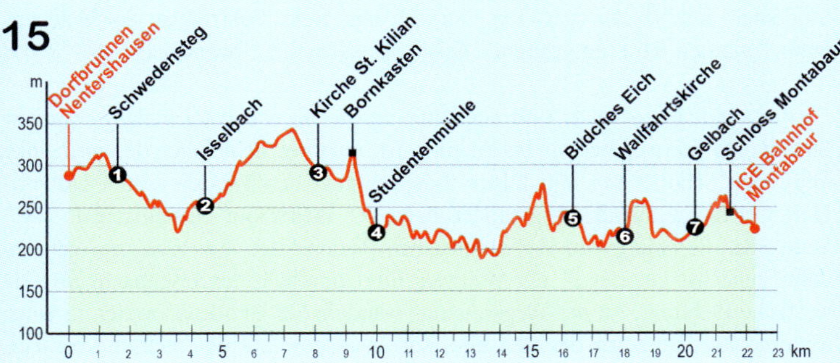

Am Wegweiser zur Studentenmühle wandern Sie geradeaus und am vierten Brunnen vorbei bergauf bis zur Steinefrenzer Straße. Hier biegen Sie links ab. An dem Grundstück mit der hohen Hecke laufen Sie nach links hinüber zum **Bornkasten**. Hier können Sie an der Sitzbank am RP 5513-045 einen Abstecher zum Gipfel des Bornkastens (319,6 m) unternehmen, wo Sie hinter der St.-Anna-Kapelle gute Blicke ins Eisenbachtal haben. Ein Teil der Bergkuppe fehlt, denn hier wurde etwa von 1922 bis 1930 Basalt abgebaut und mit Pferdefuhrwerken zum etwa 4 km entfernten Bahnhof Steinefrenz gefahren. Der eigentliche Weg führt am Rettungspunkt nach rechts und auf steilen Pfaden bergab zum Eisenbach. Dort folgen Sie dem Waldweg nach rechts, er trifft auf einen Teerweg, dem Sie nach rechts zur **Studentenmühle ❹** folgen.

Historisches Landhotel Studentenmühle, Studentenmühle 1, 56412 Nomborn, ☏ 064 85/912 20, www.studentenmuehle.de, Mo bis Do ab 16:00, Fr bis So 12:00 bis 22:00, am Wochenende besser reservieren, Wildspezialitäten aus eigener Jagd im Eisenbachtal

Nassauer!

Der Name „Studentenmühle" ergab sich, als Herzog Adolf von Nassau es Studenten aus seinem Herzogtum ermöglichte, dort kostenlos eine Mahlzeit zu erhalten. Im Herzogtum Nassau gab es keine eigene Universität, die Studenten hatten also weite Wege zum Studienort. Vielleicht kennen Sie die Legende, wonach der Herzog 1817 einen Staatsvertrag mit dem Königreich Hannover abschloss, wonach die Universität Göttingen zur Nassauischen Landesuniversität wurde. Der Herzog soll mit einigen Göttinger Vertragswirten vereinbart haben, dass „seine" Studenten eine Art Stipendium erhielten, indem sie dort kostenlos essen konnten. Es soll häufig vorgekommen sein, dass andere Menschen sich als Studenten aus Nassau ausgaben, um sich eine freie Mahlzeit zu erschleichen. Schnell wurden diese ungebetenen Gäste als „Nassauer" bezeichnet.

Am Landhausparkplatz und am Campingplatz Eisenbachtal entlang wandern Sie auf dem Teerweg bergauf bis zu einer T-Kreuzung. Sie nehmen den nach links führenden Schotterweg und folgen ihm zwischen den Weiden zum Waldrand. Dort treffen Sie auf die Wegmarkierungen der **WällerTour „Eisenbachtal"** (☞ Seite 88), die eine ganze Weile denselben Pfaden folgt. Am Waldrand geht es dafür zunächst geradeaus, der Waldweg führt oberhalb des Eisenbachs in südwestliche Richtung. An der Wegkreuzung wandern Sie geradeaus weiter zu einer weiteren Kreuzung, an der sich eine Katzenskulptur auf der rechten Wegseite

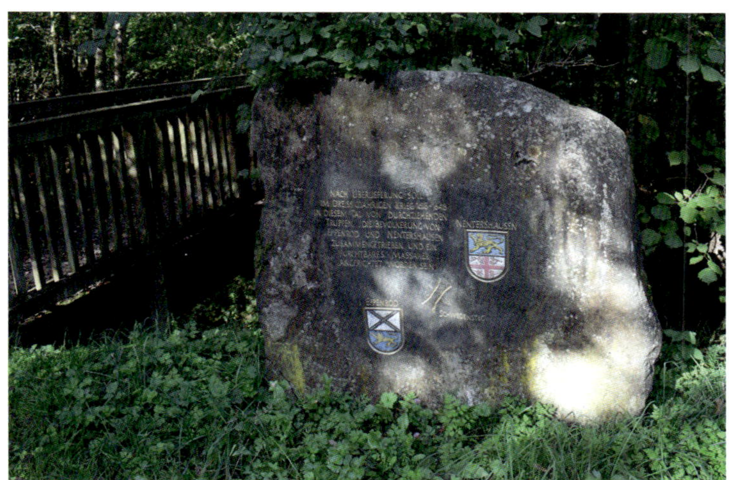

Gedenkstein am Schwedensteg

befindet. Auch hier geht es geradeaus weiter und neben einer Aufforstung bergab, unter der ICE-Brücke hindurch und an einigen weiteren Holzskulpturen entlang zur Station 5 des Sagenwegs. Gut informiert über den Bergwerksmönch biegen Sie nach rechts ab und laufen im Gelbachtal weiter bis nach etwa 600 m ein Abzweig nach rechts den Westhang des **Knöpfchens** (253 m) hinaufführt. An der Gabelung halten Sie sich rechts, nach etwa 50 m laufen Sie auf dem Schotterweg nach links. Er führt stetig bergauf und bietet herrliche Aussichten ins Gelbachtal. Sie kommen an einen Hochsitz, dort ist ein kleiner ↳ Abstecher nach links zu einem Aussichtspunkt möglich, der eigentliche Weg führt nach rechts. Es geht weiter bergauf bis zum **Steinernen Kreuz** und zu der Skulptur „Aufhocker". Einst sollen sich hier zwei Förster wegen einer Frau duelliert haben, keiner der Duellanten überlebte.

Vor der Rastbank biegen Sie scharf links ab und laufen auf einem Pfad bergab zum **Holbach**. Dort folgen Sie dem schmalen Weg nach rechts. Sie müssen nicht traurig sein, dass die Kapelle Bildches Eich am anderen Ufer liegt, der Weg führt zwar zunächst an der Kapelle vorbei, doch schon bald erreichen Sie eine Brücke, hinter der Sie nach links gehen und auf diese Weise auf der anderen Bachseite zurück zum **Bildches Eich** ❺ kommen. Um das Jahr 1830 stellte ein gläubiger

Mann eine Muttergottes in der Nische einer Eiche auf, die bald schon zu einem beliebten Ort für stille Gebete wurde. Auch wenn die Eiche nicht mehr steht, ihr Name überdauerte bis heute.

Sie wandern hinter Bildches Eich auf einer kleinen Brücke über den **Ahrbach** und kommen zu einer Gabelung mit zwei Skulpturen. Hier gehen Sie geradeaus und an den Felsen entlang zur Skulptur „Bunt vereint". An der Gabelung in Wirzenborn nehmen Sie die Straße nach links zum **Wirzenborner Liss**. Die Einheimischen schwören, dass es hier den besten Käsekuchen weit und breit gibt. Angeschlossen ist das Motorrad Museum Montabaur mit monatlichen Markentreffen, also bitte nicht wundern, wenn auf dem Hof überall Horex-, DKW- oder Zündapp-Maschinen stehen und knattern.

Landgasthaus Wirzenborner Liss, Kapellenstraße 8, 56410 Montabaur-Wirzenborn, 026 02/43 27, www.wirzenborner-liss.de, Mo ab 14:00, Di, Do, Fr ab 11:00, Sa, So ab 10:00

An der Tafel mit der schaurigen Sage vom Kopf im Tuch gehen Sie geradeaus auf der Kapellenstraße an einem Brunnen vorbei. An der **Wallfahrtskirche Wirzenborn ❻** nehmen Sie auf der rechten Seite den Pflasterweg, er führt bergauf zur

Schloss Montabaur

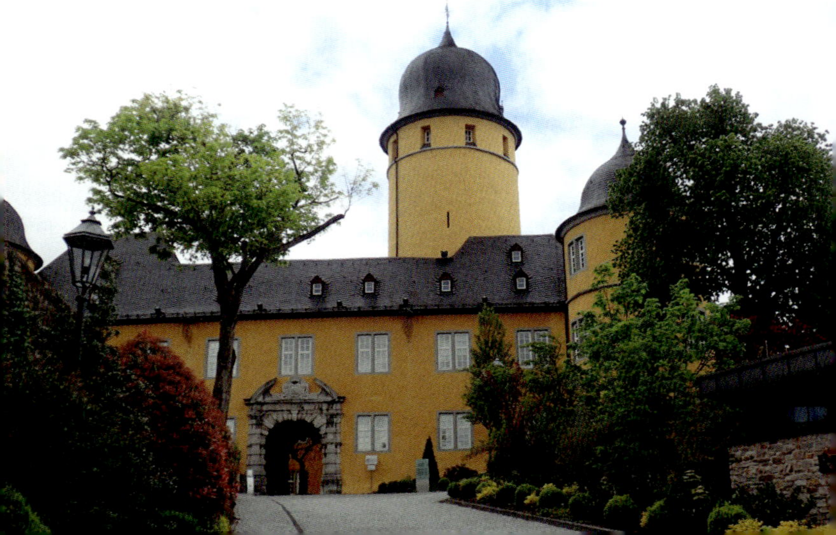

Tafel 9 „Die kopflosen Reiter", wo Sie rechts dem Weg über den Schieferboden (Vorsicht bei Nässe!) bergauf folgen. Sie wandern dem Stationenweg entgegen, der den **Alfesberg** mit der Wirzenborner Wallfahrtskirche verbindet. An einem Picknicktisch haben Sie eine schöne Aussicht auf den Köppel und die Alarmstange. Hinter der zehnten Sagentafel wandern Sie geradeaus bergab, in der Ferne ist schon das Schloss Montabaur zu sehen.

Ein steiler Pfad führt bergab zu einer **Försterskulptur**. Dort folgen Sie dem Schotterweg nach rechts. An den kurzen Abständen zwischen den Rastbänken erkennen Sie, dass die Stadt nicht mehr weit entfernt ist. Auf der nächsten Infotafel erfahren Sie einiges über König Taborein und die Cimmerer. Sie kommen auf dem Hammerweg nach Montabaur herein und unterqueren die B49. Sie nehmen die erste Straße rechts und biegen dann links in die Eichendorffstraße ein. An der Sagentafel „Die Schweden in Montabaur" geht es nach links in die Karl-Siebert-Straße und in einer Rechtskurve erneut links, dabei wird der **Gelbach** ❼ überquert. Hinter der Bachbrücke laufen Sie nach rechts auf dem Gehweg neben der Straße bis zur Gabelung an der Stadtmauer. Hier wandern Sie links die Sauertalstraße hinauf zum **Großen Markt**. Wenn Sie bis hierhin alle Fragen im Sagenquiz beantworten konnten, lohnt sich ein Abstecher nach links zur Tourist-Information Montabaur neben dem Sauerbrunnen. Dort können Sie sich eine kleine Überraschung abholen. Zwar fehlen noch die letzten Buchstaben im Lösungssatz, doch die netten Mitarbeiterinnen und Mitarbeiter haben Verständnis für Wanderinnen und Wanderer, die vom Bahnhof nicht zurückkommen möchten.

Es geht nach rechts weiter über den Kleinen Markt und an dessen Ende an der Gabelung nach rechts (Vorderer Rebstock), an der nächsten Gabelung wieder rechts und hinauf zum **Schloss Montabaur**. Es geht auf eine erstmals im Jahr 959 erwähnte Burg zurück, die 1687 bis 1709 zu einem prächtigen Barockschloss ausgebaut wurde. Heute ist das Schloss ein modernes Seminar- und Tagungszentrum. An der Kreuzung laufen Sie auf dem Schlossweg unterhalb des Schlosses hinab und folgen an der Gabelung links dem Weg um das Schloss herum und durch den Tiergarten zur Bahnhofstraße. Dort biegen Sie scharf rechts ab und folgen der Bahnhofstraße an der Station 16 vorbei zum Kreisverkehr am Hermeszentrum. Gehen Sie weiter geradeaus die Bahnhofsstraße hinauf und an ihrem Ende geradeaus auf dem Fußweg weiter Richtung ICE-Bahnhof. Dabei kreuzen Sie zunächst die Aubachstraße, eine lange Brücke bringt Sie schließlich über den Aubach zum **ICE-Bahnhof** und zum Fashionoutlet Montabaur.

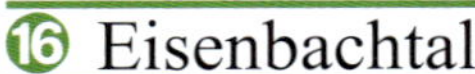

16 Eisenbachtal

Tour für Waldwandersleute

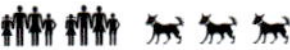

Diese WällerTour wird von drei Bächen begleitet und bleibt fast durchgängig im schattigen Wald – die Tour bietet die idealen Rahmenbedingungen an einem heißen Sommertag. Das kann natürlich zu Verzögerungen führen, wenn Sie mit Kindern und/oder Hunden unterwegs sind, die jede einzelne Planschmöglichkeit im Eisenbach, Gelbach und Holbach erkunden wollen.

Start/Ziel: Studentenmühle, GPS N 50°26.116' E 007°54.208'

8,9 km

2 Std. 30 Min. bis 3 Std.

156 m/156 m

183-282 m

dunkelgrünes WT auf weiß-hellgrünem Grund mit der Aufschrift „WällerTour"

Waldwege und Pfade – eher schattig

Einkehrmöglichkeiten in der Studentenmühle und im Restaurant in der Freimühle am Start/Ziel

Sitzbänke alle 200 bis 800 m

Für ungeübte und jüngere Kinder ist die Strecke vielleicht zu lang. Ältere Kinder werden Freude an den Holzskulpturen haben und sollten Wechselsachen mitnehmen, die drei Bäche sind sehr verlockend ...

Der buggyuntaugliche Abschnitt hinter dem Steinernen Kreuz lässt sich noch im Tal umgehen. Zu dem unebenen Steilstück am Niederheck gibt es leider keine geeignete Umgehung.

ein wahres Hundeparadies: keine Straßen, viel Schatten und drei Bäche

Parkplatz an der Studentenmühle

keine Bushaltestelle in zumutbarer Entfernung

Den **Parkplatz der Studentenmühle** verlassen Sie nach links und wandern am Campingplatz Eisenbachtal entlang auf dem Teerweg bergauf bis zu einer T-Kreuzung. Sie nehmen den nach links führenden Schotterweg und folgen ihm zwischen den Weiden zum Waldrand. Dort entdecken Sie auch die ersten Wegmarkierungen der WällerTour **„Eisenbachtal"** und folgen ihnen geradeaus in den Wald. Der Weg führt immer am Bachlauf entlang, die malerische Auenlandschaft des Eisenbachtals und der schattig-kühle Wald ergänzen sich prächtig. Am nächsten Abzweig gehen Sie geradeaus bis zu einer Wegkreuzung, an deren rechter Seite eine Katzenskulptur steht. Auch hier wandern Sie geradeaus weiter und neben einer Aufforstung bergab. Auf dem nächsten Wegabschnitt unterqueren Sie die ICE-Trasse und begegnen einem Teufel, einem Werwolf, gierigen Bergleuten und dem Bergwerksmönch – zum Glück nicht leibhaftig, sondern in Holz geschnitzt. Diese Skulpturen gehören teils zum Wanderweg Montabäurer Mären (☞ Seite 81), teils zum Skulpturenweg Reckenbach. Gehen Sie auf der rechten Seite an der **Skulptur „Geben und Nehmen"** ❶ entlang.

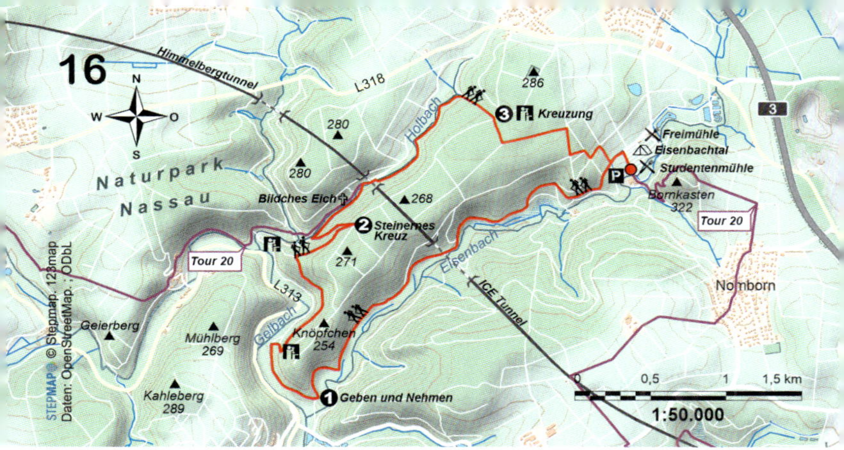

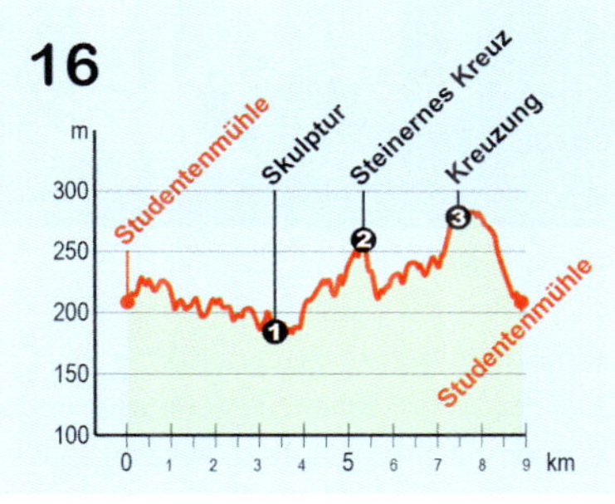

Am nächsten Abzweig folgen Sie dem Pfad nach rechts steil bergauf, halten sich an der Gabelung rechts und laufen nach etwa 50 m links auf dem Schotterweg weiter. Es geht nicht mehr so steil bergauf und Sie haben nach links gute Aussichten ins **Gelbachtal**. Am Hochsitz biegen Sie rechts ab (links geht es zu einem Aussichtspunkt, ➲ 100 m). Sie biegen am **Steinernen Kreuz** ❷ scharf links ab und folgen dem Pfad bergab zum Holbach. Dort gehen Sie scharf rechts dem Bach entgegen und passieren die Kapelle **Bildches Eich**, die am anderen Bachufer liegt. Sie ist hinter der nächsten Brücke mit einem kleinen ↬ Abstecher zu erreichen, indem Sie am RP 5513-042 an der T-Kreuzung nach links abbiegen.

Der eigentliche Wällerweg führt an dem Rettungspunkt nach rechts am Wasserhaus Laubachpumpe vorbei und unter der ICE-Brücke hindurch. Gleich dahinter geht es rechts zurück auf die östliche Seite des Holbachs. Sie wandern am Waldrand weiter dem **Holbach** entgegen bis zu einer T-Kreuzung. Hier biegen Sie rechts ab und steigen auf einem vom Regen ausgewaschenen Pfad durch die Neuanpflanzung bergauf zu einer großen **Wegkreuzung ❸**. Wenn Sie außer Puste sind, können Sie die Atempausen nutzen, um die Aussichten zurück zu genießen.

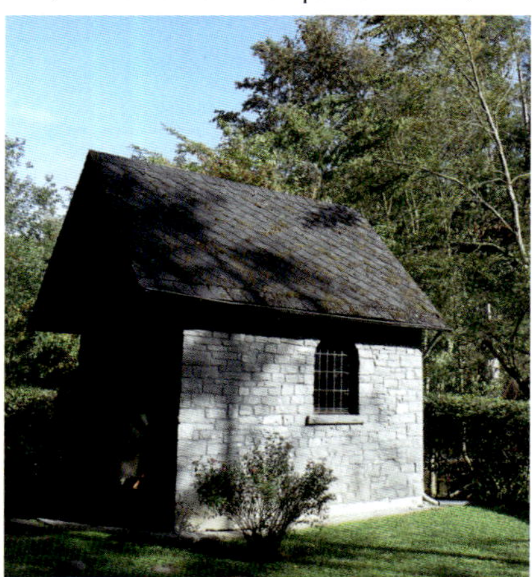

Bildches Eich

Gehen Sie an der großen Wegkreuzung geradeaus bis zu einer T-Kreuzung, dort nach links und an der nächsten T-Kreuzung nach rechts. Der Weg führt an einer Infotafel des Naturparks Nassau bergab zu einer Wegkreuzung. Dort laufen Sie auf dem Grasweg nach links bis zum **Wildzaun** und dort nach rechts zu zwei Sitzbänken. Hier geht es nach links aus dem Wald heraus und vor den Äckern nach rechts den Grasweg hinab zu der Kreuzung, die Sie vielleicht noch vom Hinweg in Erinnerung haben. Hier treffen Sie wieder auf den **Zuweg** zur Tour, dem Sie nach links zum geteerten Weg am Campingplatz folgen. Hier haben Sie die Qual der Wahl: Gehen Sie geradeaus und kehren in der Freimühle ein? Oder wandern Sie nach rechts zum Ausgangspunkt zurück und lassen den Wandertag in der Studentenmühle ausklingen?

✕ Restaurant in der Freimühle (hinter dem Campingplatz rechts), Freimühle 1, 56412 Girod, ☏ 064 85/18 83 07 19, 💻 restaurant-freimuehle.de, 🚪 Di bis Fr 16:00 bis 23:00, Sa 15:00 bis 23:00, So 11:00 bis 15:00, Restaurant mit lauschigem Sommergarten

✕ ☕ Historisches Landhotel Studentenmühle, Studentenmühle 1, 56412 Nomborn, ☏ 064 85/912 20, 💻 www.studentenmuehle.de, 🚪 Mo bis Do ab 16:00, Fr bis So 12:00 bis 22:00, am Wochenende besser reservieren. Die Wildspezialitäten sind aus eigener Jagd im Eisenbachtal, also echte lokale Küche.

17 Montabaurer Höhen

Tour für Ausdauernde

Die höchsten Erhebungen der Montabaurer Höhen tragen Türme als Ausrufezeichen: Auf dem Köppel steht ein Aussichtsturm, die Alarmstange ist an ihren Sendemasten schon aus der Ferne zu erkennen. An klaren Tagen verspricht die Tour großartige Aussichten. Auch an die Kultur ist gedacht, denn der Weg führt zum Kleinkastell Hillscheid, das zum Obergermanischen Limes zählt.

- Start/Ziel: Wanderparkplatz Hillscheider Stock, GPS N 50°24.346' E 007°45.705'
- 15,4 km
- 5 Std. 30 Min.
- 187 m/187 m
- 355-541 m
- zum Teil nummerierte örtliche Wanderwege (HG3, KP1, KP2, KP3), Hauptwanderweg IV (IV), Limeswanderweg (L) und Europäischer Wanderweg E1 (E1 oder X)
- vorwiegend breite Waldwege, einige Pfade und Wirtschaftswege – etwa gleiche Anteile sonnig und schattig
- Einkehrmöglichkeit in der Köppelhütte (km 4,7)
- einige wenige Sitzbänke unterwegs, Rastplatz am Limeskastell Hillscheid (km 9,4), Witterungsschutz im Köppelturm (km 4,7) und in zwei Schutzhütten (km 2,6 und 7,4)
- Für die meisten Kinder dürfte die Strecke zu lang sein.

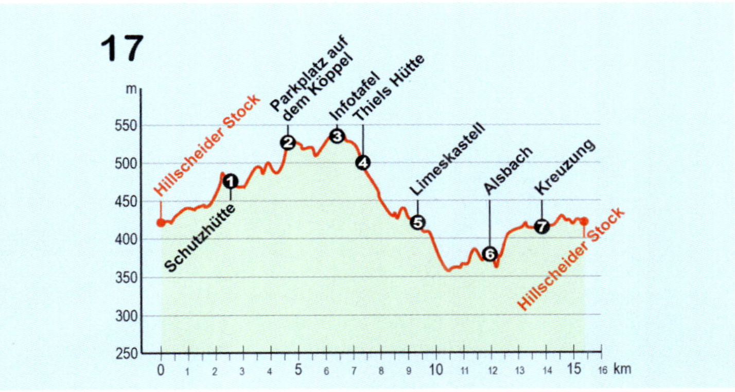

Der Weg ist nicht durchgängig buggytauglich.

Bitte Wasser mitnehmen. Im Sommer könnte es auf den asphaltierten Streckenabschnitten am Köppel und auf dem Lang-Guck-Weg heiß unter den Pfoten werden.

Wanderparkplatz Hillscheider Stock an der B49

Bushaltestelle „Butterweg", ➲ 1,5 km, Bus 460 von/nach Montabaur/Koblenz, Mo bis Sa etwa stündlich, So 5-mal

An der Schranke laufen Sie geradeaus Richtung Köppel (✎ KP) auf einem breiten Forstweg durch den ehemaligen Mischwald, von dem nach den Borkenkäferjahren nur die Laubbäume stehen. Nach knapp 400 m biegen Sie an der Wegkreuzung nach rechts ab (✎ KP) und laufen bis zu einer T-Kreuzung. Hier treffen Sie auf den Europäischen Fernwanderweg E1, dem Sie nach links folgen. Sie passieren einen Hochbehälter und kommen an eine Gabelung mit einem Picknicktisch. An der Gabelung folgen Sie dem linken Weg (✎ K3), der breite Forstweg führt etwa 1,2 km schnurgeradeaus hinauf zum Lippertzberg (534 m). Kurz vor der Kuppe wird Ihnen das steilste Stück erspart, denn es geht an der Wegkreuzung nach rechts um den Lippersberg herum und dabei leicht bergab zur **Schutzhütte Bodemer Markwald ❶**.

360-Grad-Blick auf dem Köppel

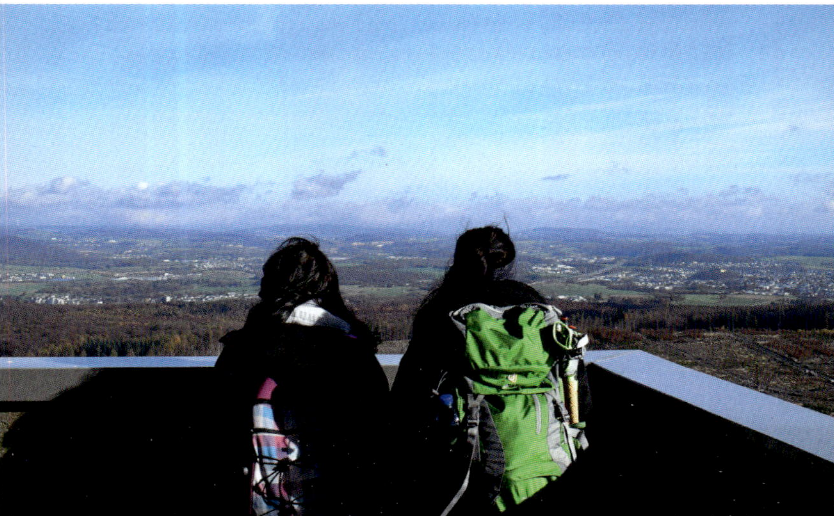

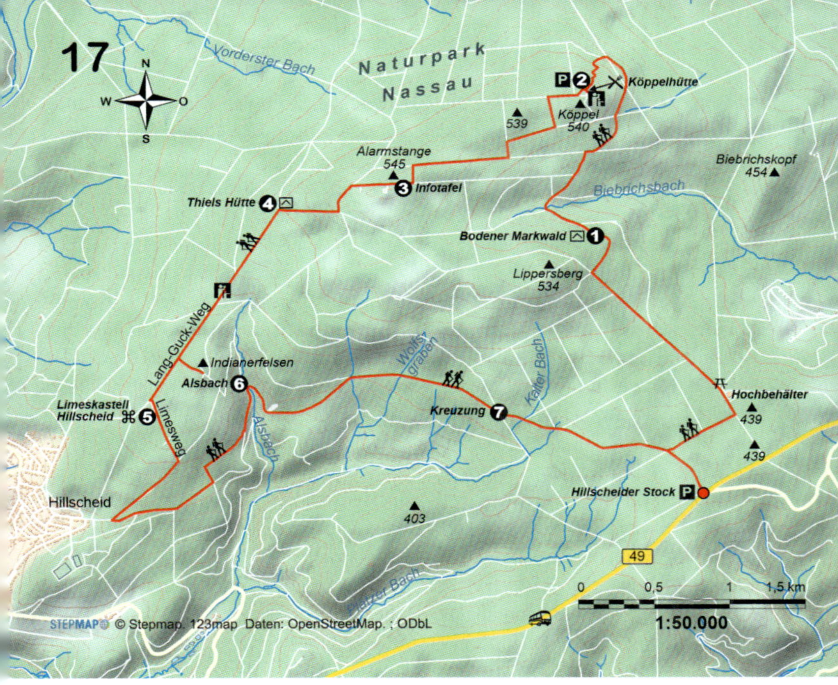

Bleiben Sie auf dem eigentlichen Wanderweg und lassen Sie sich von den zahlreichen Rückewegen nicht verwirren. An der Gabelung im Wasserschutzgebiet folgen Sie dem rechten Forstweg und überqueren den **Biebrichsbach**. Der dichte Nadelwald von einst ist verschwunden, sodass sich jetzt schon ein erster Blick über die Rodungsflächen bis zum **Köppelturm** ergibt. Hinter der Rodung, in einem jungen Wäldchen, kommen Sie an eine Wegkreuzung. Hier wandern Sie schräg rechts (✎ KP3) auf dem breiten Weg etwa 400 m weiter zu einer Kreuzung. Folgen Sie dem Weg halb links und nach etwa 25 m erneut links. Sie laufen in Bögen bergauf zu einer T-Kreuzung mit Parkplatz auf dem Köppel ❷ (540 m). Auf seinem Gipfelplateau bieten sich großartige Fernsichten über den Westerwald. Vielleicht haben Sie ja sogar die Kraft, den 37 m hohen **Aussichtsturm** zu besteigen: Von oben können Sie Hunsrück, Taunus, Rhein und Eifel sehen. Der Turm ist während der Öffnungszeiten der Köppelhütte kostenfrei zugänglich.

Wem es eher nach Erholung ist, der nimmt sich Zeit für eine Einkehr in der **Köppelhütte** mit ihrem witterungsgeschützten Biergarten. Viele Besucherinnen und Besucher kommen für Kaffee und Kuchen, aber auch der Aschenbraten und der Köppelburger sind ein echter Genuss. Dazu gibt es den traditionellen Köppelgeist.

Köppelhütte, ☏ 026 23/12 80, Mo bis Fr 11:00 bis 18:00, Sa, So 10:00 bis 18:00

Gehen Sie zurück zum Parkplatz und dort geradeaus (E1, KP1, KP2, KP3, IV). Der Weg führt etwa 300 m nach Westen, dann biegen Sie links ab und kommen zu einer T-Kreuzung. Hier geht es nach rechts weiter auf einem Forstweg Richtung Alarmstange (KP1). An der nächsten Kreuzung biegen Sie links ab und achten darauf, dass auch Ihre Kinder und Hunde die Dickung, also die Wildruhezone, geradeaus nicht betreten. An der T-Kreuzung biegen Sie rechts ab und wandern hinter der Schranke an der Gabelung links zu einer weiteren T-Kreuzung. Hier laufen Sie rechts zu den beiden Türmen auf der **Alarmstange**.

Mit 545 m ist die Alarmstange die höchste Erhebung der Montabaurer Höhe. Ihren Namen erhielt sie von der optischen Signalanlage, die im Jahr 1809 von französischen Soldaten aufgestellt wurde. Eine Infotafel ❸ erinnert an den Generalmajor von Müffling, der im Auftrag des preußischen Königs Friedrich Wilhelm III. ab 1814 das Gebiet zwischen Köln und Wiesbaden kartierte und dafür auf dem höchsten Punkt der Montabaurer Höhen einen Vermessungspunkt anlegte, an dem sich heute auch der RP 5512-869 befindet.

Die Indianerfelsen

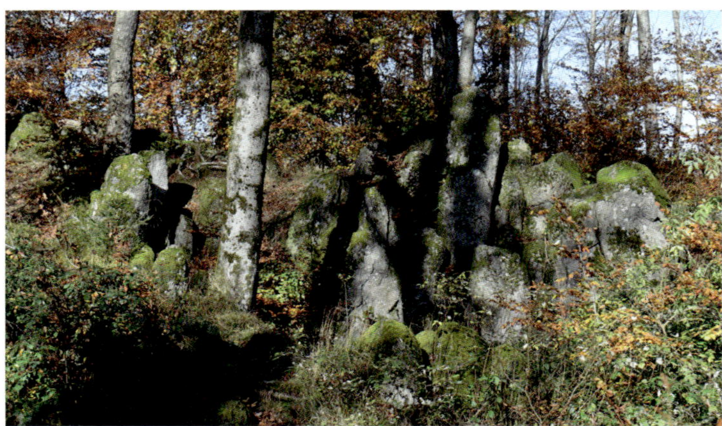

Zuerst erreichen Sie den Vodafone-Mast auf der rechten Seite, dann den Fernmeldeturm Hillscheid-Alarmstange. Sie wandern an beiden Masten geradeaus vorbei und laufen auf dem Teerweg leicht bergab und durch eine Linkskurve zum „Historischen Vermessungspunkt 1. Ordnung Schützborn". Sie erreichen eine T-Kreuzung mit Sitzbank und gehen nach rechts zur **Thiels Hütte ❹**.

An der Hütte folgen Sie dem Lang-Guck-Weg nach links. Er macht seinem Namen alle Ehre, denn er bietet in der Tat fantastische Fernblicke über Höhr-Grenzhausen und bis ins Rheintal. Nach etwa 1,2 km folgen Sie am RP 5512-904 links dem Pfad zu den **Indianerfelsen**. Obwohl – die mit Moos bewachsenen Steine erinnern eher an eine Gruppe von Wichteln. Den ungewöhnlichen Namen erhielt diese Basaltformation, als der Hillscheider Bildhauer Rudi Christmann 1944 in eine der Basaltsäulen einen Indianerkopf meißelte. Dieser wurde bei Sprengarbeiten zerstört, der Name überdauerte.

Zurück geht es zum Lang-Guck-Weg, dem Sie nach links, also weiter nach Süden, folgen, bis Sie das **Limeskastell Hillscheid ❺** erreichen. Dort laufen Sie nach links (✎ HG3, L) auf der Wiese zu einem wurzeligen Pfad auf dem Limes.

Limes

Der obergermanische Limes wurde im zweiten nachchristlichen Jahrhundert gebaut, um den römischen Einflussbereich gegen die Germanen sichern. Eindeutig erkennbare Kastelle und hohe Palisadenzäune boten die Möglichkeit, das Grenzland zu kontrollieren. Gemeinsam mit dem Hadrianswall in England und dem Antoniuswall im Schottland bildet der Limes das **UNESCO-Welterbe Grenzen des Römischen Reichs.**

Der Limespfad endet an einem Waldweg, hier wandern Sie nach rechts (✎ HG3, L) vorbei am Standort eines Römerturms. Bergab geht es zu einer T-Kreuzung und dort nach links (✎ HG3) auf einem Schotterweg zu einer weiteren T-Kreuzung. Gehen Sie nach links Richtung Hüttenmühle und an der nächsten Gabelung (RP 5512-862) links bergauf. Der Weg macht einen Rechtsbogen durch das Kerbtal des **Alsbachs ❻** und führt an einem stillgelegten Steinbruch stetig bergauf zum RP 5512-866, wo Sie geradeaus Ihren Weg fortsetzen. Es geht leicht bergauf zu einer Wegkreuzung ❼ (RP 5512-872). Dort gehen Sie geradeaus und nach 160 m an der Gabelung links. Der Weg führt etwa 1,8 km in östlicher Richtung zu einer größeren Wegkreuzung. Hier sind Sie am Anfang der Tour aus der Gegenrichtung gekommen, nun gehen Sie geradeaus zurück zum Startpunkt.

18 Ruppertsklamm

Tour für Abenteuerlustige

Das Sahnestück unter den Wanderungen im südlichen Westerwald: Ein kleiner Bach hat sich auf einer Strecke von etwa zwei Kilometern tief in den Sandstein und Tonschiefer eingegraben. Wie gut, dass die so entstandene Ruppertsklamm durchwandert werden kann. Zum Glück liegt die Klamm auf der Nordseite der Lahn und damit gerade noch im Westerwald.

Start/Ziel: Parkplatz Ruppertsklamm an der B260, GPS N 50°25.986' E 007°37.585'

5,7 km

2 Std.

245 m/245 m

74-277 m

teils Rheinsteig (RS), teils örtliche Wanderwege (A, B, C)

Pfade und Waldwege – eher schattig

Einkehr im Café Pilgerstübchen (km 4)

Sitzbänke an allen Aussichtspunkten und vielen anderen Stellen, zwei Rastplätze (km 1,4 und km 3,3), zwei Schutzhütten (km 1,4 und km 5,1)

Spannendes Abenteuer für Kinder. Für ungeübte und jüngere Kinder ist die Strecke zu anspruchsvoll, ältere Kinder müssen trittsicher sein. Mit Minis in der Trage/Kraxe ist in der Klamm ein guter Gleichgewichtssinn nötig.

Der Weg ist nicht buggytauglich.

Die Ruppertsklamm ist Naturschutzgebiet mit der üblichen Leinenpflicht. An einigen Steilstücken könnte es sein, dass der Hund Hilfe benötigt.

Wanderparkplatz Ruppertsklamm an der B260

keine direkte Anbindung

Nach Regenfällen, die den Bachpegel der Klamm ansteigen lassen, ist die Tour als schwierig einzustufen und nicht für Kinder zu empfehlen; nach extremem Starkregen ist die Klamm nicht begehbar.

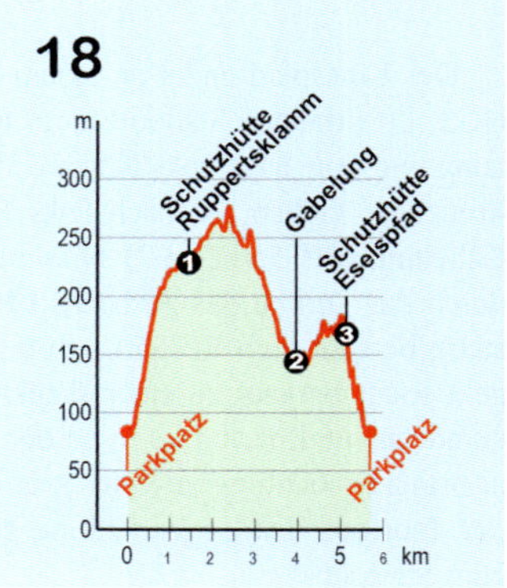

Vom **Wanderparkplatz Ruppertsklamm** laufen Sie auf dem Gehweg neben der B260 etwa 70 m nach Westen. An den beiden Schildern für die Ruppertsklamm und das UNESCO-Welterbe Oberes Mittelrheintal biegen Sie scharf rechts ab und laufen auf einem Teerweg zu einem Platz mit einigen Sitzbänken. Dies ist ein beliebter Rastplatz für Wanderinnen und Wanderer auf dem Rheinsteig und dem Lahnwanderweg, um erholt in die Klamm zu starten.

Wandern Sie durch das große **Portal** aus Holz mit der Aufschrift „Eingang zur wildromantischen Ruppertsklamm“. Sie überqueren den Bach, der einst die Ruppertsklamm formte, aber niemandem einen eigenen Namen wert ist. Zum Teil wird er Ruppersbach genannt, oft aber einfach nur „Bach in der Ruppertsklamm“. Früher wurde er wohl Michelsbach genannt, was aber zu Verwechslungen mit dem Michelbach führte, der nur 200 m westlich in die Lahn mündet.

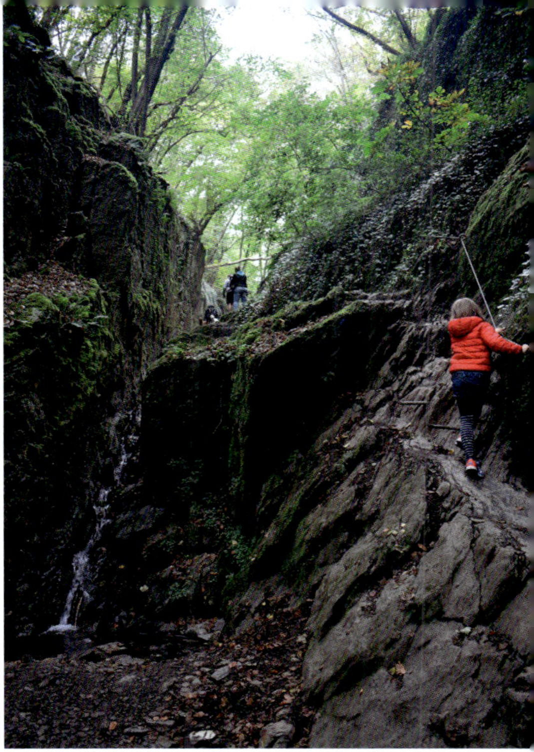

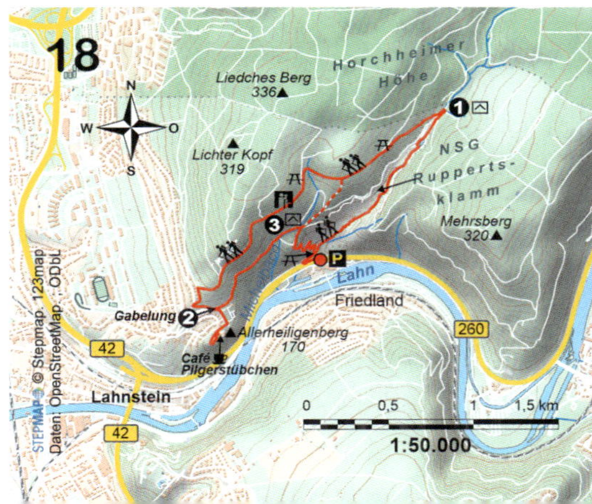

Ganz harmlos zeigt sich der Weg anfangs – eben ein normaler Waldweg. Doch bald wird er steiler und führt als unbefestigter Pfad dicht am Bach entlang. Dabei wechseln Sie mehrfach das Bachufer, teils über Trittsteine, Stege und Brückchen. An steilen Stellen wurden Trittstufen in den Fels gehauen und Seile zum Festhalten gespannt. Da die Sonne die Klamm so gut wie nie erreicht, ist der Untergrund immer feucht und die vermoosten Felsen sind ziemlich glitschig. Auf der linken Seite der Klamm erinnert eine **Gedenktafel** an Theodor Zais, der zwischen 1910 und 1912 die Ruppertsklamm erschloss.

Kurz geht es auf einem etwas breiteren Weg an einem trockengefallenen Tümpel entlang, dahinter aber schon wieder auf einem Pfad nach rechts zurück in die kühle Klamm. Noch ein letzter Aufstieg über vermooste Felsstufen, dann kommt die Wegkreuzung mit der großen **Schutzhütte Ruppertsklamm ❶** in Sicht. Zahlreiche Picknicktische laden auf dem Vorplatz zu einer Rast ein, auch drinnen finden ganze Wandergruppen Schutz. Lassen Sie es sich nicht entgehen, nach der Rast bis zum Ende des Picknickplatzes zu gehen und sich beim Überqueren des Bachs die niedlichen Schnitzereien auf dem Balken anzuschauen. Dahinter geht es scharf links zurück zur Kreuzung unterhalb der Schutzhütte . Nehmen Sie an der Kreuzung den rechten Weg („Koblenz über Lichter Kopf"), dabei können Sie sich an den Markierungen A, B und

Die Allerheiligenbergkapelle

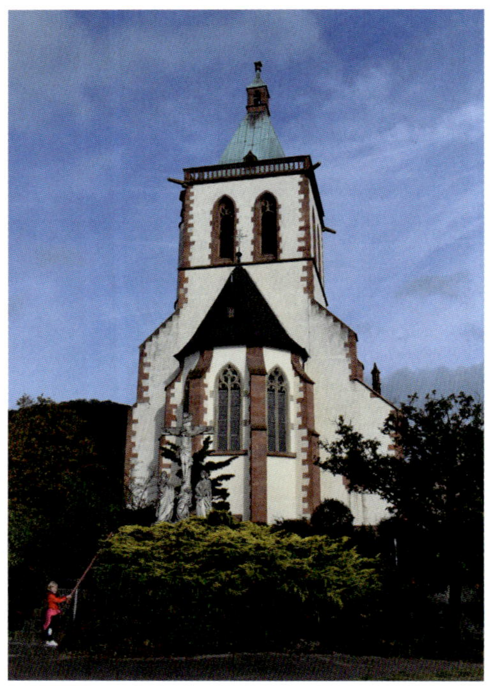

C orientieren. Es geht bergauf auf dem **Alten Buger Weg**. An der Rastbank bleiben Sie geradeaus auf dem Forstweg, bis Sie an einen Abzweig kommen. Hier ist eine ↳ Abkürzung möglich, indem Sie dem Weg C zurück zum Startpunkt folgen. Sie verpassen dann aber einige schöne Aussichten.

Unser Rundweg führt geradeaus auf dem Rheinsteig weiter (✎ A, RS). Hinter dem Michelbach gehen Sie an der Rastbank weiter geradeaus und können kurz darauf eine bezaubernde Aussicht über das Lahntal und hinüber zum Allerheiligenberg genießen.

Sie kommen zu einem Picknickplatz, an dem Sie halb links Richtung „Allerheiligenberg" weiter gehen. An der Wohnsiedlung folgen Sie dem Teerweg nach links. Gehen Sie an der Infotafel nach links, verlassen Sie nach 5 m die Straße und steigen Sie am Beginn des Waldwegs vier Stufen hinauf. Er führt Sie bergab und endet mit drei Stufen an einem Fahrweg. Folgen Sie ihm ein paar Meter nach links und laufen Sie an der Gabelung ❷ rechts zum ehemaligen **Kloster Allerheiligenberg**.

✝ Das Kloster Allerheiligenberg geht auf eine Kapelle zurück, die ab dem Jahr 1660 gebaut wurde und 1901 durch eine größere Wallfahrtskirche ersetzt wurde. Bis 2012 waren hier Oblatenpatres aktiv, danach ging das Kloster in private Hand und wird heute als Wohngemeinschaft, Bed & Breakfast und Café genutzt.

☕ Café Pilgerstübchen, Am Allerheiligenberg 63, 56112 Lahnstein, Ostern bis Ende Okt Sa, So, Fei ab 13:00, Nov, Dez nur So. In den Sommermonaten signalisiert die „Geöffnet-Fahne", dass wochentags Kaltgetränke angeboten werden.

Gehen Sie zurück zur Gabelung ❷ und biegen Sie dort scharf rechts ab („Ruppertsklamm"). Hinter dem Wanderparkplatz am Friedhof folgen Sie dem Schotterweg (✎ B, C). Zu Recht heißt er Panoramaweg. Bleiben Sie auf diesem Weg, bis Sie den Michelbach überquert haben und an eine Waldkreuzung mit Aussicht kommen. Hier biegen Sie rechts ab und laufen an der **Schutzhütte Eselspfad** ❸ vorbei zu einer Gabelung. Nehmen Sie hier den linken Weg, er bringt Sie im Zickzack an Aussichten und der Lahnblickliege entlang hinab zu einer T-Kreuzung. Sie erkennen das Portal am Fuß der Klamm wieder und wandern nach rechts zurück zum Ausgangspunkt.

19 Burg Grenzau und das Brexbachtal

Tour für Fans von Bachtälern und Burgen

Die Rundtour führt zu einem Aussichtspunkt namens Kaiserstuhl und in das malerische Dorf Grenzau am Fuß der gleichnamigen Burg. Der dreieckige Burgfried ist übrigens einmalig in ganz Deutschland. Im wildromantischen Brexbachtal folgen Sie den Bachwindungen auf einsamen Wegen durch die Viadukte der alten Brexbachbahn. Zurück geht es über den Teufelsberg und vorbei an grasenden Angusrindern.

- Start/Ziel: Wanderparkplatz Nauort, L306, GPS N 50°27.782' E 007°38.270'
- 12,3 km
- 4 Std.
- 239 m/239 m
- 153-333 m
- teils WällerTour (WT) „Brexbachschluchtweg", teils Hauptwanderweg 3 (HWW3), teils verschiedene örtliche Wanderwege (RB1, RB2, RB4, HG1, HG4, BD4)
- Pfade, Waldwege und Wirtschaftswege – eher schattig

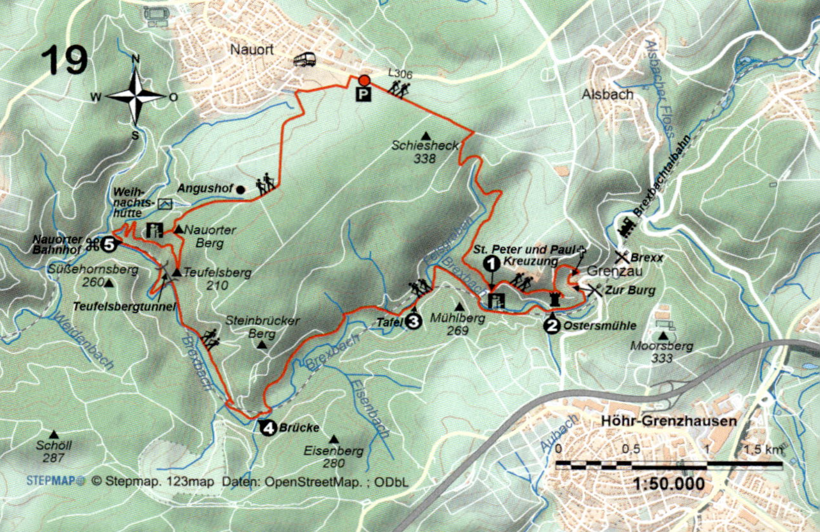

Einkehrmöglichkeit in Grenzau (km 3,6)

Sitzbänke an allen Aussichtspunkten und vielen anderen Stellen, drei Rastplätze (km 3,7, km 3,8 und km 4,6), eine Schutzhütte (km 10)

Die meisten Kinder werden die Strecke zu lang finden. Wer sich die Strecke zutraut, kann sich im mittleren Teil auf die Burg, einen Spielplatz und einen Sinnespfad freuen, sollte aber für den Kaiserstuhl trittsicher und schwindelfrei sein.

Hinter dem Kaiserstuhl und unten im Brexbachtal sind die zum Teil ziemlich schmalen Pfade wegen Wurzeln, Steinbrocken, Ranken und umgefallene Bäume nicht buggytauglich.

Schön nah an den Bächen, Ihr Hund wird immer genug Wasser finden. Bitte im Ort und am Angushof anleinen.

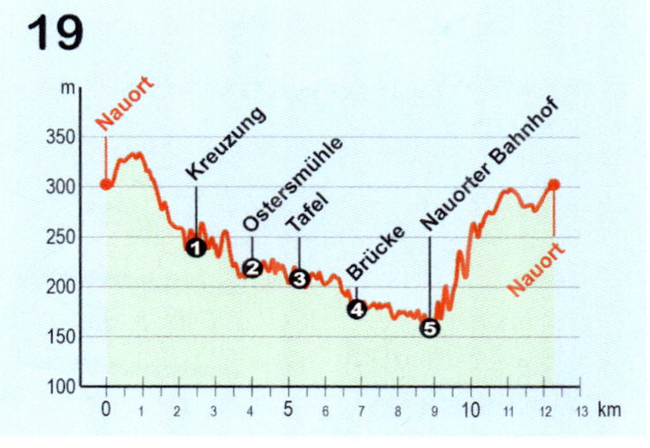

P Parkplätze am Startpunkt (gegenüber vom Nissan-Händler), an der Kirche in Nauort und in Grenzau

Bushaltestelle „Nauort Tankstelle", Bus 319 (A) von/nach Koblenz/Höhr-Grenzhausen, Mo bis Fr stündlich, Sa 1-mal

Die vermeintliche Abkürzung am Kaiserstuhl endet an einer stark beschädigten Brücke, die zurzeit gesperrt ist.

Wer in Grenzau startet und die Burg besichtigen möchte, muss sehr früh starten oder anders herum wandern.

Im Brexbachtal verläuft der Weg zum Teil auf schmalen Pfaden. Wenn im Sommer alles wächst und sprießt, sind hier lange Hosen ratsam.

Die Tour beginnt am östlichen Ortsrand von **Nauort**. Folgen Sie dem Wirtschaftsweg von der L308 zum Wald (✎ WT, RB1, RB2, RB4). Sie gehen etwa 800 m immer geradeaus und leicht bergauf, dabei passieren Sie eine Schranke und den RP 5511-674 (✎ WT, RB1). Rechter Hand liegt die Kuppe der **Schiesheck** (338 m), dahinter geht es leicht bergab und Sie folgen dem Weg nach rechts Richtung Kaiserstuhl (✎ RB1, RB2, HG4). Hinter der Schranke biegen Sie links ab (✎ RB1, HG4) und folgen dem Forstweg durch eine Linkskurve. Hinter der nächsten Schranke führen zwei Wege nach rechts, nehmen Sie den hinteren. Er führt oberhalb des **Felsgrabens** talabwärts zum RP 5511-778, wo Sie auf dem rechten Weg bleiben. Er schwenkt nach links und führt hangparallel ins steile Brexbachtal. Verständlich, dass es manchmal auch Brexbachschlucht genannt wird. Auf den Felsen am Wegesrand wachsen dicke Moospolster. Sie kommen an eine Kreuzung am Kaiserstuhl ❶. Zwar gibt es hier (Stand März 2024) eine Wegsperrung für die WällerTour, sie bezieht sich aber auf den steilen Serpentinenweg, nicht auf den Pfad zum **Kaiserstuhl**. Gehen Sie ruhig bis zur Spitze des Felssporns, hier können Sie die Aussicht ins Brexbachtal auf einer Rastbank genießen.

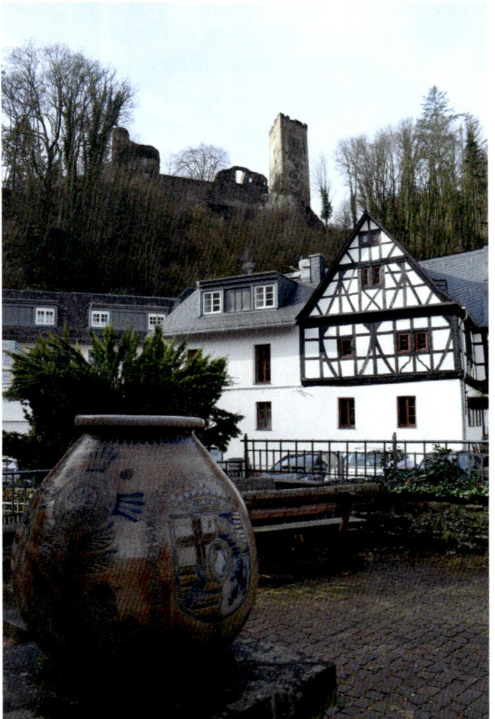

Töpferort Grenzau

Gehen Sie zurück zu der Kreuzung ❶ und nehmen Sie den Pfad geradeaus (WT, RB1, HWW3, in alter Laufrichtung links), er bringt Sie zur **Burg Grenzau**. Sie ist bekannt für ihren dreieckigen Bergfried, einzigartig in Deutschland! Er stammt aus dem 13. Jh., die Hauptburg ist etwas jünger und wird noch bewohnt. Auch wenn Sie die Burg nicht besichtigen wollen (April bis Okt Sa, So 11:00 bis 13:00), sollten Sie die Aussicht auf das Örtchen Grenzau genießen, die sich auf der Nordseite bietet. An der Straßenkurve (RP 5511-681) folgen Sie der Straße halb rechts bergab (WT,

HWW3). Unterhalb des Friedhofs laufen Sie nach rechts zur **Kapelle Sankt Peter und Paul** (Sommermonate So 14:00 bis 16:00) und kommen zum Landgasthof Zur Burg Grenzau.

Landgasthof Zur Burg Grenzau, Burgstraße 13, 56203 Höhr-Grenzhausen, ☏ 026 24/94 91 30, www.landgasthof-grenzau.com, am Weg, Mo bis Fr 17:00 bis 22:00, Sa, So, Fei 12:00 bis 22:00, historisches Gasthaus mit Biergarten

Sie überqueren den Brexbach auf einer Brücke, an der eine Essensträgerin und andere getöpferte Kunstwerke stehen, die darauf aufmerksam machen, dass Sie sich hier im sogenannten **Kannenbäckerland** befinden. Die Region um Höhr-Grenzhausen ist für ihre Keramikwerkstätten bekannt. Gehen Sie direkt hinter der Brücke nach rechts auf der Brexbachstraße weiter. Sie kommen zu dem **Parkplatz**, an dem die WällerTour „Brexbachschluchtweg" offiziell beginnt. Sie ist leider seit Anfang 2020 wegen Forstarbeiten und Brückenschäden gesperrt.

An dem Kinderspielplatz gehen Sie rechts zurück auf die andere Seite des Bachs und laufen an seinem Ufer bis zur **Ostersmühle ❷**. Wandern Sie geradeaus auf dem Weg weiter, der erneut auf einer Brücke (RP 5511-680) über den Brexbach führt und folgen Sie dem Weg neben dem Bach immer geradeaus. Hier beginnt ein Sinnespfad für Kinder, der Sie eine Weile begleiten wird.

Kreuzen Sie die Trasse der alten **Brexbachtalbahn** und gehen Sie dahinter geradeaus weiter. Ende des 20. Jh. wurde der Personenverkehr im Brexbachtal eingestellt, doch die Gleise liegen noch. Ein 2007 gegründeter Verein hat sich zum Ziel gesetzt, die Strecke wieder für touristische Fahrten zu nutzen. An dem Viadukt der Brexbachtalbahn laufen Sie direkt neben dem Bach zum nächsten Viadukt. Sie gehen hindurch und kommen zu den traurigen Überresten der Brücke am Fuß der Kaiserstuhlserpentinen. Folgen Sie dem Uferweg nach links (WT, HG1) um den **Mühlberg** (269 m) herum. Er führt durch ein weiteres Viadukt.

Kurz darauf endet das Sinnespfädchen für Kinder an einer großen **Tafel ❸**. Getöpferte Plaketten nennen die Personen und Gruppen, die einen Baum für die Neubewaldung des Mühlbergs gespendet haben. Das ist tröstlich nach dem Anblick der vielen toten Bäume auf den letzten Metern. Gegenüber der Tafel steht eine Bank, hier gehen Sie auf dem kleinen Pfad bergab (WT, BD4). Er führt über Wurzeln und ist im Sommer mitunter ziemlich zugewachsen. Sie kommen zu einer **Holzbrücke**, auf der Sie den Brexbach ein letztes Mal überqueren. Hinter der Brücke steigen Sie links die Stufen hinauf und gehen über den Steg zum Bahndamm. Überqueren Sie die Gleise und zwei kleine Brücken, auch dieser Pfad ist herrlich wurzelig. Er endet an einem Forstweg, dem Sie nach links folgen

(✎ WT, BD4, RB1). Sie laufen bis zu einer Gabelung, entscheiden sich dort für den linken Weg (✎ WT, BD4, RB1) und laufen um eine **Auenwiese** herum. Der Weg nähert sich dem Brexbach an und führt durch ein Viadukt. Die nächste Bachbrücke ❹ wird nicht (!) überquert. Sie folgen einige Meter davor einem wilden Waldweg (✎ WT, RB1), der Sie zum nächsten Viadukt bringt. Gehen Sie dahinter nach rechts bergauf und nach 50 m scharf links (✎ WT, RB4). Der Weg führt etwa 700 m neben dem Brexbach bis zur Bahnstrecke. Überqueren Sie die Bahngleise und folgen Sie dem Pfad neben den Gleisen nach rechts. Durch den **Teufelsbergtunnel** müssen Sie nicht gehen. Der markierte Wanderweg führt am Tunneleingang links am Bachufer entlang, also außen um die Felsnase herum. Am Ende des Tunnels verläuft der Weg oberhalb des Brexbachs und unterhalb der Bahntrasse.

In Sichtweite der nächsten Bachbrücke kreuzen Sie die Gleise ein letztes Mal und können auf den Holzbänken an der kleinen Lichtung Abschied vom Brexbach nehmen. Hier befand sich früher der **Nauorter Bahnhof** ❺.

Sie laufen von dort zu einem Wendeplatz für Forstfahrzeuge (RP 5511-670). Gehen Sie rechts den Waldweg hinauf (✎ WT, RB4), er führt in mehreren Serpentinen zu einer Einmündung. Hier sollten Sie das Wetter über den weiteren Weg entscheiden lassen.

↳ An Regentagen wollen Sie vielleicht im Trockenen rasten. Dazu folgen Sie dem Weg scharf links (✎ RB4). Er ist 200 m kürzer und bringt Sie zur Weihnachtshütte an dem kleinen Stauteich. Wenn Sie nach der Rast 50 m zurück gehen, können Sie den Markierungen der Georoute bergauf folgen und treffen am Ende des Wegs auf den regulären Weg.

An trockenen Tagen mit klarer Sicht sollten Sie geradeaus (✎ WT, RB4) weiter zum **Teufelsberg** (210 m) wandern. Dort geht es dann scharf links bergauf zu einem Aussichtspunkt auf dem Nauorter Berg und zu einer Gabelung. Der Weg führt nun geradeaus (Schönwetter) bzw. links (Schietwetter) bis zum Waldrand und dort geradeaus zwischen dem Wald und den Weiden des **Angushofs** weiter leicht bergauf. Am RP 5511-673 folgen Sie dem Schotterweg nach links an der Hofzufahrt vorbei zu einer Aussichtsliege mit einem netten Blick auf **Nauort**. Laufen Sie geradeaus auf den Ort zu, der Teerweg führt in Schlangenlinien zu einem grünen Metalltor am Ortsrand. Dort folgen Sie rechts dem Feldweg am Neubaugebiet entlang. Er endet an der L306, wo die Tour begonnen hat.

 Sayner Aussichten

Tour für alle, die Natur und Kultur lieben

Auf verschlungenen Pfaden geht es bei dieser Wanderung vom Sayner Schlossberg ins Brexbachtal und über den Pulverberg. Alle wichtigen kulturellen Highlights von Sayn liegen auf dem Weg: Burg, Abteikirche und Schloss – dazu ein Limesturm, ein Kletterwald, ein Schmetterlingsgarten, Schutzhütten mit Aussicht und vieles mehr.

- ↻ Start/Ziel: Sayn, Koblenz-Olper-Straße 167, Parkplatz Schlosspark, GPS N 50°26.417' E 007°34.581'
- ➲ 7 km
- ⌛ 3 Std.
- ↑↓ 288 m/288 m
- ⇧ 75-244 m
- ✎ weißer Pfad auf blauem Grund und Aufschrift „traumpfädchen"
- Pfade, Waldwege und Wirtschaftswege – eher schattig
- ✕ Einkehrmöglichkeiten am Start/Ziel
- einige Sitzbänke am Weg und im Ort, drei in Schutzhütten (km 1,9, km 3,2 und km 3,9)
- Für ungeübte und jüngere Kinder ist die Strecke zu lang, ältere Kinder müssen trittsicher sein. Planen Sie genug Zeit für Burgerkundung, Limesturm und Spielplatz ein. Überlegen Sie vor der Tour gemeinsam, ob Sie den Klettergarten, das Museum, das Schloss oder den Schmetterlingsgarten besuchen. Alles ist nämlich nicht zu schaffen.
- Der Weg ist nicht buggytauglich, er führt über schmale Pfade und einige Stufen.

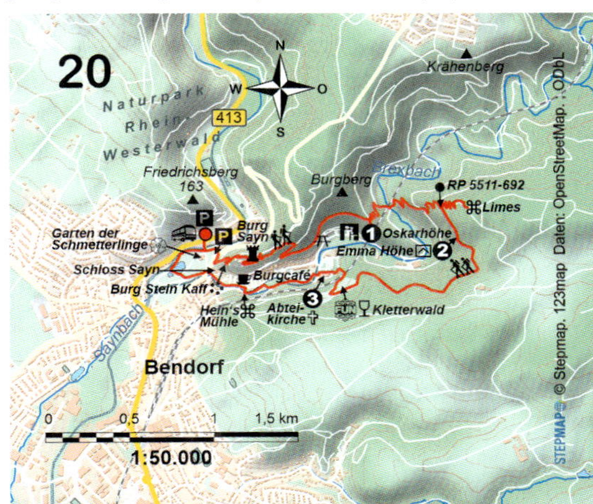

Im Ort wird die Leine benötigt. Durch die Höhenunterschiede ist der Weg für Hunde mit kurzen Beinen ziemlich anstrengend.

Parkplatz Schlosspark und weitere Parkplätze im Ort

Bushaltestelle „Sayner Hütte", Bus 110, von/nach Koblenz, alle 2 Std.; Bushaltestelle „Bendorf-Sayn", Bus 8 und 319 (A) von/nach Koblenz, Mo bis Sa alle 30 Min.

Auch der 15,3 km lange Traumpfad Saynsteig (Schwierigkeit 3) ist einen Tagesausflug wert. Er war leider bei meiner Recherche wegen umgestürzter Bäume und Wegschäden gesperrt.

Am Parkplatz Schlosspark überqueren Sie die Koblenz-Olpener-Straße und folgen den Markierungen des Rheinsteigs rechts der Sayner Scheune über einen anderen Parkplatz und über den **Saynbach** zu einer Wegkreuzung, an der eine Infotafel zum Traumpfädchen „Sayner Aussichten" steht. Der Weg führt nach links zur Jahnstraße und dort rechts an einem weiteren Parkplatz entlang zur Schlossstraße (L306). Sie überqueren die Landstraße und steigen einige Stufen hinauf, dahinter folgen Sie dem Pfad bergauf und durch ein Metalltor. Auch der Rheinsteig und der Saynsteig sind hier markiert. Zunächst kommen Sie zu der Burg Stein, auch „Kaff" genannt, einem Burghaus der Herren von Stein aus Nassau, das vom 14. bis zum 18. Jh. bewohnt wurde, nun aber ruinös und unzugänglich ist.

Der Pfad schlängelt sich weiter bergauf bis zum Bergfried der **Burg Sayn**. Der 28 m hohe Wohnturm hat mächtige Mauern, bis zu 2,4 m dick. Die Stammburg der Grafen von Sayn wurde im 12. Jh. und im Dreißigjährigen Krieg zerstört. Die **Doppelkapelle** im Westteil der Burg wurde in den 1980er-Jahren teilweise saniert. Überqueren Sie den Burghof und biegen Sie an der romanischen Doppelkapelle nach links ab. Sie wandern an der Burgmauer entlang zu einer Kreuzung, geradeaus über das Viehgitter und dahinter scharf rechts auf einen Pfad mit einem Wegweiser zur Oskarhöhe.

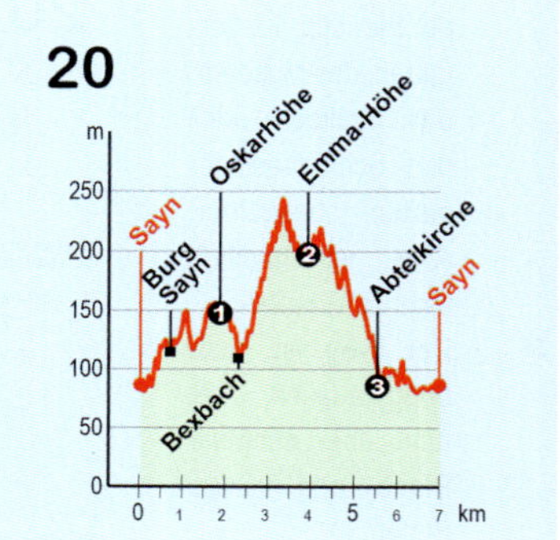

Es geht bergauf zu einer Gabelung, der Rheinsteig führt dort nach links, aber Sie folgen den Markierungen des Saynsteigs nach rechts. Auch an der nächsten Gabelung geht es nach rechts, dabei sind Konzentration und

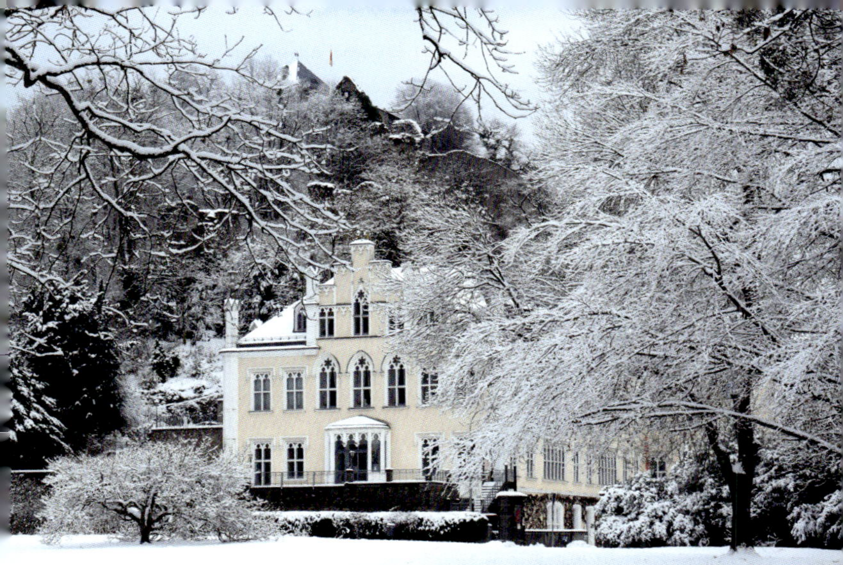

Winterromantik an Schloss und Burg Sayn

Trittsicherheit gefragt, auch wenn am schwierigsten Stück ein Strick zum Festhalten befestigt ist. An dem **Metallgeländer** biegen Sie scharf links ab und halten sich an der Gabelung mit der Sitzbank links. Nach etwa 500 m erreichen Sie eine Kreuzung. Hier machen Sie zunächst einen Abstecher zur **Oskarhöhe ❶**, dort haben Sie eine schöne Aussicht ins Brexbachtal. Die Höhe wurde nach Oskar Kroeber benannt, dem Gründungsvorsitzenden des Verschönerungsvereins Sayn von 1896.

Wieder zurück an der Kreuzung gehen Sie scharf rechts und folgen den Serpentinen hinab ins Tal. Auf dem Teerweg laufen Sie nach rechts an dem Pfadfinderplatz und dem Denkmal für den hingerichteten Fahnenflüchtigen entlang. Neben dem Brexbach laufen Sie unter dem **Bahnviadukt** hindurch und biegen dahinter nach links ab. Ein Brückchen hilft Ihnen auf die andere Seite des **Brexbachs**. Dahinter wandern Sie in Serpentinen bergauf zum Unteren Höhenweg, dem Sie für 20 m nach rechts folgen. Dann geht es schon nach links auf einem Pfad hinauf zum RP 5511-692. Auch wenn das markierte Traumpfädchen hier schon nach rechts abbiegt, sollten Sie (geradeaus) einen Abstecher von etwa 400 m in Betracht ziehen, denn dort erinnern originalgetreue Nachbauten an einen Wachturm und einen Palisadenzaun des römischen **Limes**.

Auf dem Traumpfädchen erreichen Sie nach etwa 250 m die **Emma-Höhe** ❷ mit ihrer gemauerten Schutzhütte. Er gehört zu den Aussichtspunkten, die Krupp zusammen mit neuen Wanderwegen anlegen ließ, als das Krupp'sche Erholungsheim in Sayn gebaut wurde. Der Weg führt durch das Gelände des Kletterwaldes Sayn, an der Gabelung nach rechts und vor dem Kassenhäuschen des **Kletterwaldes** auf dem breiten Weg nach rechts bergab.

☺ Kletterwald Sayn, ☏ 026 22/986 92 60, 💻 www.freiraum-erlebnis.de, wechselnde Öffnungszeiten auf der Homepage, 🍷 Eis, Getränke, Hotdogs

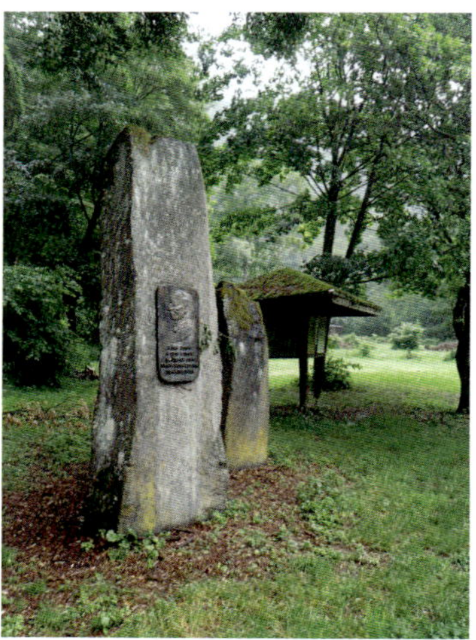

Pfadfinder Gedenkstätte

Sie überqueren die Bahnstrecke, wo ein Blick auf die Burg Sayn möglich ist. Nach etwa 50 m folgen Sie dem etwas versteckt liegenden Pfad zur **Abteikirche Sayn** ❸. Das Kloster der Prämonstratenser wurde 1202 geweiht, der Konvent wurde 1803 aufgehoben. Seither ist die ehemalige Klosterkirche die katholische Pfarrkirche.

Auf einer Steinbrücke überqueren Sie den Brexbach und folgen an der Gabelung dem linken Weg, er führt parallel zum Bach und am Ende des Parkplatzes über eine weitere Brexbachbrücke. Laufen Sie neben dem Mühlenbach am Spielplatz entlang, hinter dem Sportplatz nach rechts und vor dem Brexbach nach links zu **Hein's Mühle**. Ursprünglich war sie eine Ölmühle, später eine Tabakmühle und zuletzt eine Kornmühle.

⌘ Mühlen-Museum Hein's Mühle, Hellenpfad 132, 56170 Bendorf-Sayn, 💻 heins-muehle.de, Ostern bis Allerheiligen So, Fei 14:00 bis 17:00

Am Museum überqueren Sie den **Brexbach** und laufen genau auf das Burgcafé zu.

☕ Burgcafé Kleudgen, Brexstraße 33, 56170 Bendorf-Sayn ☏ 026 22/23 15, Di bis Fr 10:00 bis 18:00, Sa 7:00 bis 17:00, So, Fei 11:00 bis 18:00

Folgen Sie der Brexstraße nach links bis zum **Schloss Sayn**. Als die Grafen von Sayn noch oben in der Burg Sayn residierten, stand hier ein Burgmannenhof aus dem 14. Jh. Das spätmittelalterliche Burghaus wurde um das Jahr 1757 zu einem Barockschloss ausgebaut. Fürst Ludwig zu Sayn-Wittgenstein ließ es Mitte des 19. Jh. im neugotischen Stil umgestalten.

Sie kreuzen die Schlossstraße (L306) und betreten den Schlosspark. Hier können Sie nach rechts auf direktem Weg am Garten der Schmetterlinge zurück zum Startpunkt gehen. Viel schöner ist es aber, sich zunächst nach links zu wenden, an der Weggabelung auf den Schlossparkweiher zuzugehen und diesen an seiner engsten Stelle zu überqueren. Dahinter folgen Sie dem Weg neben dem Saynbach nach rechts zu der Kreuzung, an der es nach rechts zum Garten der Schmetterlinge geht und nach links über den Saynbach zurück zum Parkplatz an der B413.

Garten der Schmetterlinge Schloss Sayn, Im Kurfürstlichen Schlosspark, 56170 Bendorf-Sayn,

♦ ☏ 026 22/154 78, www.sayn.de, März bis Sep 9:00 bis 18:00, Okt 10:00 bis 17:00, 1. Nov bis 1. Advent 10: 00 bis 16:00

✕ Sayner Scheune, Koblenz-Olper-Straße 164, 56170 Bendorf-Sayn, ☏ 026 22/906 20 18, www.sayner-scheune.de, Di bis So ab 11:30

Hein's Mühle

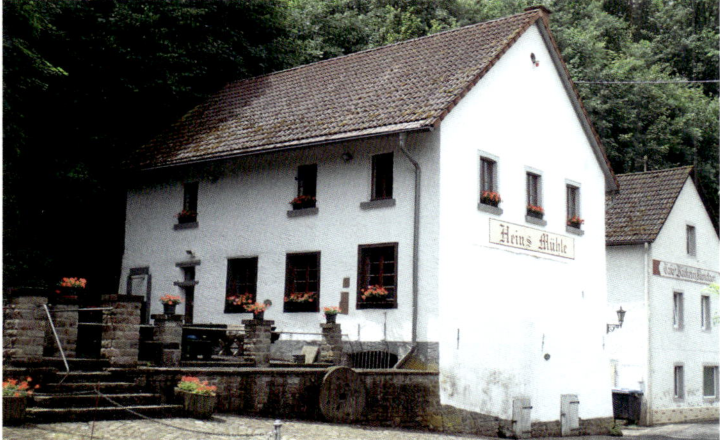

Naturpark Rhein-Westerwald

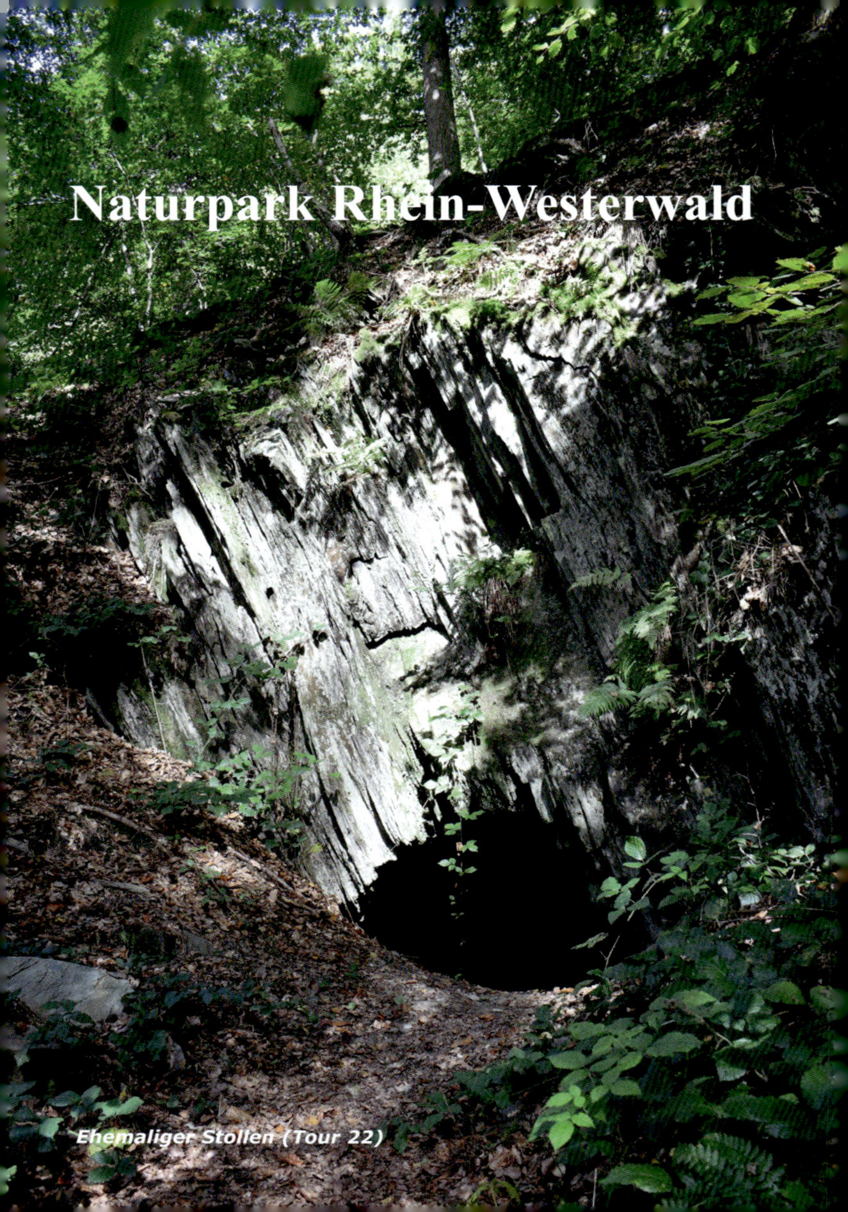

Ehemaliger Stollen (Tour 22)

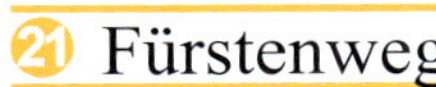

Fürstenweg

Tour für trittsichere Fernblickfans

Auf den Höhen des Naturparks Rhein-Westerwald folgen Sie den Spuren der Grafen und Fürsten zu Wied. Von Monrepos geht es durch Wald und Wiesen hinab zur historischen Laubachsmühle und durch das Wiedtal zur Burg Altwied. Der letzte Wegabschnitt verläuft auf dem Rheinsteig, besonders schön sind der Pfad im Aubachtal und die Aussichten kurz vor dem Ziel.

Start/Ziel: Wanderparkplatz Monrepos, GPS N 50°28.812' E 007°26.587'

10,7 km

4 Std.

323 m/323 m

72-314 m

stilisierter weißer Fluss auf rotem Grund mit der Aufschrift „Rheinsteig Rundtour"

Pfade, Waldwege und Wirtschaftswege – eher schattig

Einkehrmöglichkeiten am Start/Ziel, in der Laubachsmühle (km 4,5) und in Altwied (km 6,3)

kaum Sitzbänke, drei Rastplätze (km 4,3, km 4,8 und km 10,5), vier Schutzhütten (km 0,2, km 1, km 5,9 und km 8,7)

Die Strecke lässt sich für ungeübte Kinder abkürzen, für den Abschnitt im Wiedtal ist Trittsicherheit nötig. Falls sich Ihre Kinder überhaupt von dem lebensgroßen Mammut am Museum losreißen lassen ...

Der Weg ist durch die schmalen Pfade nicht buggytauglich. ☺ Ich schlage als Alternative einen entspannten Spaziergang im Wiedtal von Altwied zur Laubachsmühle vor.

Bitte Wasser mitnehmen. Neben der Straße sollten Sie den Hund besser anleinen.

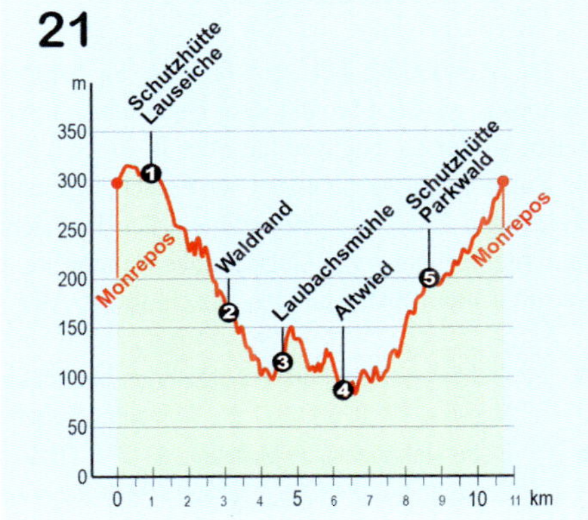

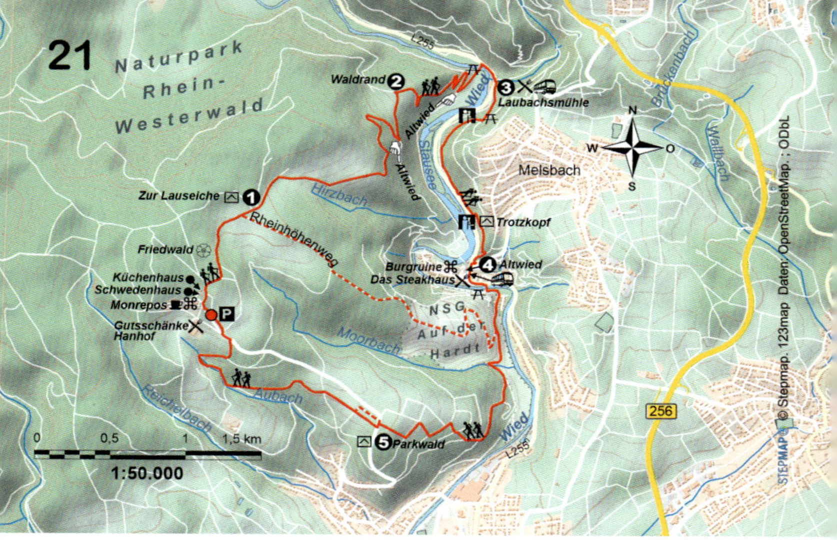

P Wanderparkplatz Monrepos, Wanderparkplatz Laubachsmühle (km 4,5) und an der Burgruine Altwied (km 6,3)

Bushaltestelle „Laubachsmühle“ (km 4,5) oder „Altwied Burg“ (km 6,3), Bus 130 von/nach Neuwied und Neustadt/Wied, Mo bis Fr stündlich, Sa, So alle 2 Std.

Den in vielen älteren Publikationen noch beschriebenen Wunschbaum suchen Sie zwischen Parkplatz und Monrepos vergeblich, er wurde gefällt. Nur einige Sträucher mit Wunschstoffbändern erinnern an ihn.

Die Wanderung auf dem Fürstenweg beginnen Sie auf dem Parkplatz von Monrepos. (Sollten Sie mit dem Linienbus anreisen, können Sie an den Bushaltestellen an der Laubachsmühle oder in Altwied starten). Ein kleiner Pfad führt auf die Zufahrt zum Archäologischen Forschungszentrum und Museum Monrepos im ehemaligen Palais der Prinzessinen. An der nächsten Kreuzung merken Sie sich den Weg nach links zur Gutsschänke Hanhof und den Weg geradeaus zum Museum mit seinem Bistro für den Abschluss der Wanderung.

⌘ Archäologisches Forschungszentrum und Museum Monrepos, Monrepos 2, 56567 Neuwied, ☏ 026 31/977 20, monrepos.rgzm.de, Mi bis So 10:00 bis 17:00

Bistro MonAppétit, im Museum, 01 51/74 24 24 27, Mi bis Sa 14:00 bis 17:00, So 10:00 bis 18:00 (So Frühstück nach Reservierung möglich)

✕ Gutsschänke Hanhof, Monrepos 15, 56567 Neuwied, ☏ 026 31/873 92 05, 💻 gut-monrepos.de, Fr, Sa 15:00 bis 22:00, So 11:00 bis 22:00, ein Blick in die Speisekarte: Steilsprung (Schweinenackensteak), Kürmusik (Schokocreme) und Päärdsäppel (Bohnenfrikadellen)

Meine Bergruhe

Graf Alexander von Wied-Neuwied wollte wohl Ruhe und Abstand von seinen Regierungsgeschäften im Residenzschloss in Neuwied, als er ab 1757 oberhalb der Hanhöfe einen Sommersitz für seine Familie in Auftrag gab. Ein lang gestrecktes Schloss mit 31 Fensterachsen und einige Nebengebäude wie Gästehaus, Forsthaus und Küchenhaus entstanden. Er nannte seine Sommerresidenz Montrepos (= Bergruhe), ließ aber bald das t weg, weil ihm die Übersetzung von Monrepos (= Meine Ruhe) besser gefiel. Sein Nachfahre Friedrich Wilhelm Fürst zu Wied konnte die Unterhaltskosten nicht mehr tragen. Als er keinen Käufer fand, ließ er es 1969 mit staatlicher Genehmigung von der Freiwilligen Feuerwehr in Brand setzten und niederlegen. Erhalten blieben das rote Schwedenhaus (früher Gästehaus), das aus Backsteinen gemauerte Küchenhaus und der Palais der Prinzessinnen von 1909.

Nehmen Sie den dritten Weg an dieser Kreuzung, er führt nach rechts, leicht bergauf, am Schwedenhaus und am Küchenhaus entlang zu einem mächtigen **Mammutbaum**. Er ist als Naturdenkmal geschützt und gehört zu einer ganzen Gruppe alter Baumriesen aus aller Welt, die hier kurz nach dem Bau des Schlosses im Schlosspark gepflanzt wurden. An der Gabelung folgen Sie dem rechten Weg. In diesem Bereich stand das später abgerissene Schloss. An der Gabelung mit der riesigen **Buche** biegen Sie links ab und folgen nach etwa 100 m dem Forstweg geradeaus. Linker Hand erstreckt sich der FriedWald Neuwied-Monrepos bis tief in den Wald. Der Weg führt aus dem Wald heraus und Sie kommen an eine **Kastanienallee**.

↳ Hier führt der Rheinhöhenweg nach rechts und macht eine Abkürzung auf 7,2 km Streckenlänge möglich. Doch das wäre schade, denn Sie verpassen die schönen Pfade im Wiedtal, die Mühle und die Burgruine.

Gehen Sie deshalb lieber an der Allee vorbei auf den Waldrand zu. Dort finden Sie am RP 5510-523 die Schutzhütte **Zur Lauseiche ❶**, sie ist ideal für eine erste Rast. An der nächsten Gabelung nehmen Sie den rechten Weg, hier ist das

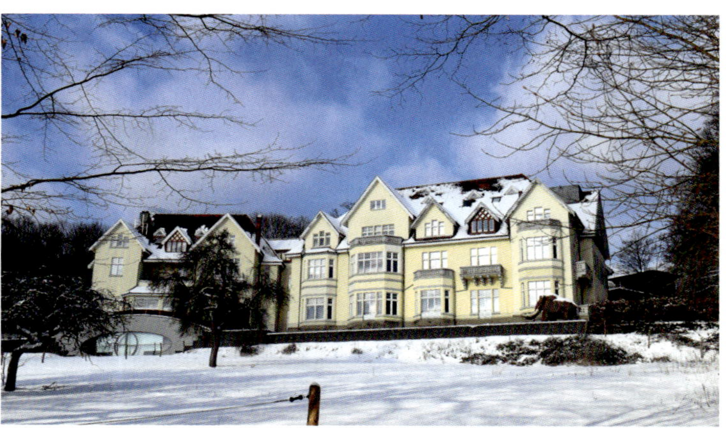

Monrepos im Winter

nächste Zwischenziel schon ausgeschildert: die Laubachsmühle. Sie wandern am Waldrand bergab und können weite Aussichten ins Wiedtal genießen. Verpassen Sie dabei bitte nicht die Stelle, an der die Markierung nach rechts weist. Im Sommer laufen Sie hier durch blühende **Magerwiesen**, auf denen sich die Schmetterlinge tummeln. Vor dem nächsten Waldrand schwenkt der Weg nach links und Sie laufen neben einer Reihe von Kastanienbäumen zum nächsten Waldstück. Am Waldrand geht es kurz nach rechts, dann nach links. Auf der rechten Wegseite fällt der Hang tief ins Wiedtal ab, der Waldweg führt sanft bergab und durch eine Haarnadelkurve. An der nächsten Kurve können Sie rechts nach Altwied abkürzen. Der Fürstenweg führt hier nach links hinab zu einer Freifläche um **den** schon lange unbewohnten Wirtschaftshofs Meinhof. Am Waldrand ❷ folgen Sie dem Weg nach rechts, er führt in weiteren engen Kurven durch den Wald hinab zu einem Forstweg. Folgen Sie diesem nach rechts bis kurz vor den Waldrand.

Sind alle Mitwanderinnen und Mitwanderer trittsicher? Sonst folgen Sie lieber dem Weg geradeaus am Wiedufer nach Altwied.

Alle Trittsicheren biegen scharf links ab und kommen zu einem idyllischen **Rastplatz** direkt am Ufer der Wied. Laufen Sie rechts auf dem Holzsteg zur überdachten Wiedbrücke und folgen Sie dahinter dem Fußweg zwischen der L255 und der Wied. Nach etwa 150 m erreichen Sie die **Laubachsmühle ❸**. Ursprünglich war sie eine Pulvermühle und wurde in der zweiten Hälfte des 19. Jh. zur Kornmühle umgebaut. Heute ist sie ein beliebtes **Ausflugslokal**, das Mühlrad aus dem Jahr 1980 erinnert weiter an ihre Geschichte.

Laubachsmühle, Laubachsmühle 1, 56567 Neuwied, 026 31/555 31, www.laubachsmuehle.de, Mi bis Fr 16:00 bis 21:00, Sa 11:00 bis 21:00, So, Fei 11:00 bis 20:00

Auf der gegenüberliegenden Straßenseite gehen Sie nach rechts, an der Bushaltestelle vorbei und folgen dem Pfad neben dem Geländer bergauf. Hinter dem Picknicktisch folgen Sie dem rechten Weg und halten sich auch an der nächsten Gabelung rechts. Dort haben Sie schöne Aussichten ins Wiedtal mit der Laubachsmühle. Die Wied fließt bis zur Staustufe unterhalb der Burg Altwied so langsam durch ihr breites Bett, dass sie in diesem Bereich **Altwieder Stausee** genannt wird.

Ganz in der Nähe der L255 kommen Sie an eine Gabelung. Folgen Sie dem linken Pfad bergauf, an Regentagen ist dafür Trittsicherheit erforderlich. Sollten die Knie weich werden, können Sie in der **Schutzhütte Trotzkopf** neue Kraft schöpfen und die Aussicht auf die Wiedschleife genießen, die sich um das Dorf und die Burg Altwied windet. An der Einmündung von links wandern Sie

Läuft - das Mühlrad der Laubachsmühle

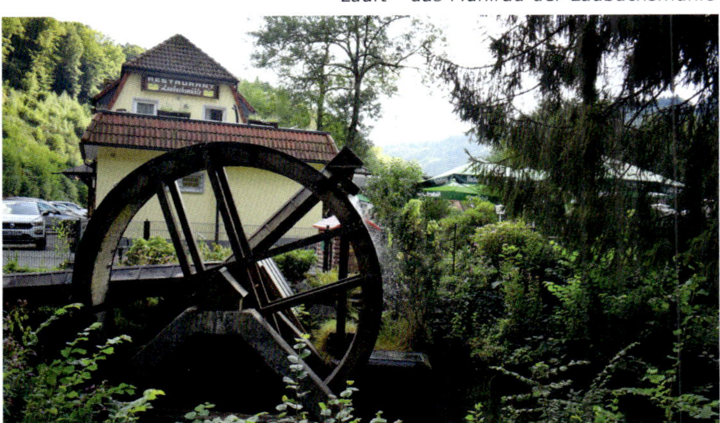

geradeaus weiter bis zu einer T-Kreuzung in einer Senke. Dort biegen Sie rechts ab und können am **Gedenkstein** für den Turnvater Kappel das malerische Wiedtal aus einem weiteren Blickwinkel betrachten. Über Steine und Wurzeln führt der Pfad hinab zur K107, der Sie bis zu ihrem Ende folgen.

Hier an der Staustufe gehen Sie neben der L255 nach links nach Altwied ❹ mit der Ruine der **Burg Altwied**. Sie wurde bereits 1129 erstmals urkundlich erwähnt und wurde nie umkämpft oder von Feinden zerstört. Das übernahm der Zahn der Zeit. Als sie langsam verfiel, verlegten die Grafen von Wied ihren Sitz an den Rhein nach Neuwied. Vermutlich diente sie auch als Steinbruch für Monrepos.

Folgen Sie in **Altwied** 🚌 dem Gehweg neben der L255 am Steakhaus vorbei bis zu der Steinbrücke.

✕ Das Steakhaus, Im Wiedtal 62, 56567 Neuwied, ☏ 026 31/95 75 95, 💻 www.das-steakhaus-altwied.de, Mi bis Sa 17:00 bis 22:00, So 12:00 bis 22:00

Die ursprüngliche Brücke von 1648, die der Straße Am Brückenstein ihren Namen gab, wurde im Zweiten Weltkrieg gesprengt. Sie gehen über die wiederaufgebaute Brücke von 1949 und kommen an einen Rastplatz mit fünf Bänken. Biegen Sie links ab und folgen Sie den Wegweisern des Wiedwegs. Hinter den letzten Wohnhäusern wird der Teerbelag von Schotter abgelöst. Am Tor zum alten Streuobstwiesenprojekt folgen Sie dem linken Weg (von rechts kommt die Abkürzung auf dem Rheinhöhenweg den Berg hinab) durch den schattigen Mischwald zum **Moorbach**. Nach etwa 200 m kommen Sie an den Waldrand, hier trennen sich die Fernwanderwege. Der Wiedweg bleibt im Tal und Sie folgen den Markierungen des Rheinsteigs nach rechts. Er führt durch das Fauna-Flora-Habitat-Gebiet **Felsentäler der Wied** bergauf. Nehmen Sie bitte an den nächsten beiden Gabelungen jeweils den rechten Weg.

Zwischen Streuobstwiesen geht es stetig bergauf zu einer Wegkreuzung, an der Sie links abbiegen und den schönen Blick ins Tal genießen können. Verpassen Sie dabei aber nicht die Markierung, die schon nach etwa 10 m nach rechts weist. Das Bergauflaufen wird durch immer neue Aussichten belohnt, nun können Sie auch Neuwied und das Rheintal sehen. Sie kommen zu einer T-Kreuzung, an der Sie nach links gehen, bis Sie nach ungefähr 150 m einen kleinen Pfad entdecken, der Sie nach rechts weiter den Berg hinaufbringt. An der nächsten Kreuzung folgen Sie dem Grasweg nach links bis zum Waldrand. Ein weiter Blick ins Neuwieder Becken tut sich vor Ihnen auf. Sie folgen den Rheinsteigmarkierungen nach rechts am **Parkwald** entlang zu einer Schutzhütte ❺.

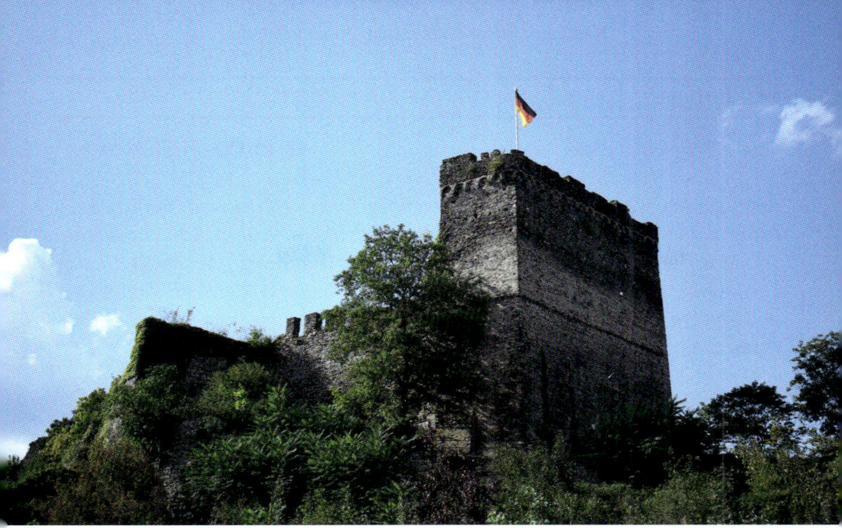

Burgruine Altwied

Sie gehen hinab zur K110, die Sie um ein paar Meter nach links versetzt kreuzen. Sie wandern einen guten Kilometer weiter geradeaus, anfangs können Sie noch weitere Blicke ins Rheintal genießen, dann geht es in den schönen Buchenwald oberhalb des Aubachs. An der Einmündung des Wegs, der links aus dem Aubachtal kommt, gehen Sie leicht rechts weiter und kommen nach etwa 20 m an eine Stelle, an der sich der blau markierte Rheinsteig nach links verabschiedet. Sie folgen den roten Markierungen des Fürstenwegs Richtung Monrepos. Der Weg verläuft neben dem **Aubach** und der Untergrund ist manchmal etwas sumpfig, aber zwei Stege bewahren Sie vor nassen Füßen. Kaum vorstellbar, dass sich hier einmal ein Skigebiet mit Abfahrtshang, Sprungschanze und Skihütte befand. Durch den Klimawandel mangelte es immer öfter an Schnee, deshalb wurden alle Anlagen des Wintersportgebiets zurückgebaut. Wo bis 2019 die Skihütte stand, führt der Fürstenweg nach rechts, zum ehemaligen **Wintersportparkplatz** und zu einer Weggabelung. Wandern Sie hier nach links bergauf zur Monreposstraße, der Sie nach links folgen.

Hier schließt sich der Kreis. An der Kreuzung können Sie über den Parkplatz direkt zurück zum Auto, halb rechts zum Museum oder geradeaus zum **Hanhof** mit seiner ✕ Gutsschänke gehen. Er wurde bereits im 15. Jh. urkundlich erwähnt und war lange der Wirtschafts- und Pferdehof des Sommerschlosses.

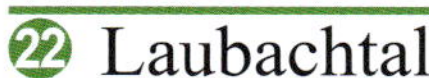

22 Laubachtal

Tour für Fledermausfans

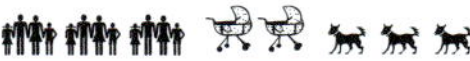

Rund um Rengsdorf wurden drei Zwergenwege angelegt, das sind leicht zu laufende und gut markierte Wege für Familien. Dieser Zwergenweg 2 ist der längste von ihnen und ist durch zwei Rallyes besonders kurzweilig. Wer danach noch Lauflust hat, hängt den Zwergenweg 1 „Wasserspaß und Wildgehege“ (rot, 4 km, ebenfalls mit Rallye) oder den Zwergenweg 3 „Apfelweg am Kräutergarten“ (grün, 2 km) dran.

Start/Ziel: Parkplatz Waldfestplatz Rengsdorf, GPS N 50°30.292’ E 007°29.094’
4,4 km
1 Std. 30 Min.
97 m/97 m
234-330 m
blaue Zwergenmütze
Pfade und Waldwege – eher schattig
Einkehr am Tennisplatz (km 4,2)
zwei Rastplätze (km 1,5 und km 4,4), eine Schutzhütte (km 1,4/km 3,3)
WC öffentliches WC am Start/Ziel
Auch für ungeübte und jüngere Kinder ist die Strecke geeignet, sie kann um die Hälfte gekürzt werden. Am Start/Ziel befindet sich ein großer Spielplatz.
Der Weg ist weitgehend buggytauglich. Nur an der Brücke kann es mit dem Buggy etwas kniffelig werden.
Handtuch mitnehmen, der Laubach ist sehr verlockend zum Baden.
großer Parkplatz am Waldfestplatz Rengsdorf, Beyerstraße/Auf der Luft
Bushaltestelle „Andreestraße Rengsdorf“, Bus 117, 120, 143, 160 von/nach Altenkirchen/Neuwied, Mo bis Sa etwa stündlich
Im Tourenplaner Rheinland-Pfalz (www.tourenplaner-rheinland-pfalz.de) finden Sie für den Zwergenweg 2 Rallyes zum Download oder Ausdruck. Die Rallye für Kinder von 8-10 Jahren ist allein lösbar, die 5- bis 7-Jährigen benötigen etwas Hilfe.

Vom **Parkplatz Waldfestplatz** wandern Sie auf dem Schotterweg an der Schranke vorbei in den Wald. Sie folgen dabei der blauen Zwergenmütze als Markierung. An der Waldwegkreuzung mit den fünf Wegen gehen Sie halb rechts zu einer T-Kreuzung vor der B256, dort laufen Sie nach rechts und bergauf. Der

Weg schwenkt nach links und führt auf einer Wanderbrücke über die B256. Dahinter geht es nach links, der Waldweg verläuft parallel zur Bundesstraße. Nach knapp 200 m nehmen Sie an der Gabelung den rechten Weg hinab zur **Pfaffenbuche**. Das Seil an dem Baum gehört zur Zwergenrallye: Die Kinder sollen den Umfang des Stammes bestimmen. Das ist ganz einfach, wenn man weiß, dass die Knoten im Seil jeweils 50 cm auseinanderliegen.

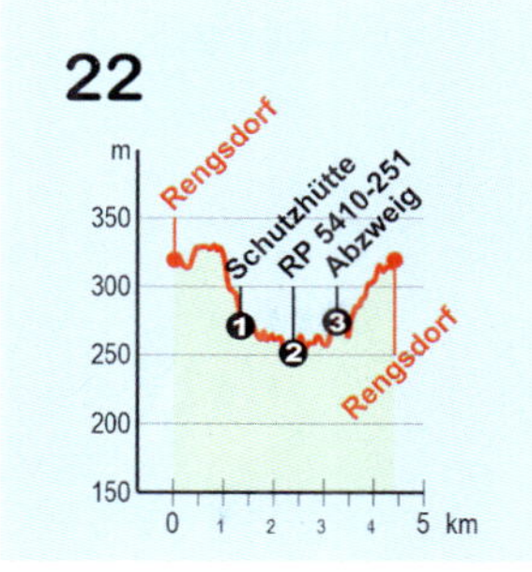

Dahinter geht es weiter zu einer T-Kreuzung. Hier wandern Sie rechts auf dem Pfad hinab zur **Schutzhütte Laubachswinkel** ❶. Dort halten Sie sich geradeaus und nehmen nach etwa 20 m an der Gabelung den linken Pfad. Er führt durch eine Auenwiese zum **Laubach**, der auf einer Brücke überquert wird. Dahinter verlockt ein Picknicktisch zu einer kurzen Rast, bevor es bergauf zu einer Wegkreuzung geht. Dort biegen Sie links ab und wandern auf einem breiten Waldweg neben der Auenwiese durch das Laubachtal. Am Zapfenweitwurfpunkt für die Zwergenrallye gehen Sie geradeaus und überqueren am RP 5410-251 ❷ den Laubach ein zweites Mal. Unmittelbar hinter dem Bach geht es nach links und Sie wandern dem Laubach entgegen leicht bergauf. Rechts entdecken Sie im Felsen die **Fledermaushöhlen**, die dem Weg seinen Namen gaben. Die ehemaligen Schieferstollen sind heute das Winterquartier für das Große Mausohr, die Bartfledermaus, die Wasserfledermaus und die Zwergfledermaus. Der Abbau des Schiefers erfolgte in mühsamer Handarbeit mit einfachen Werkzeugen wie Pickel, Keil und Hammer. Es muss ewig gedauert haben, den Stollen 175 m in den Fels zu treiben. Am

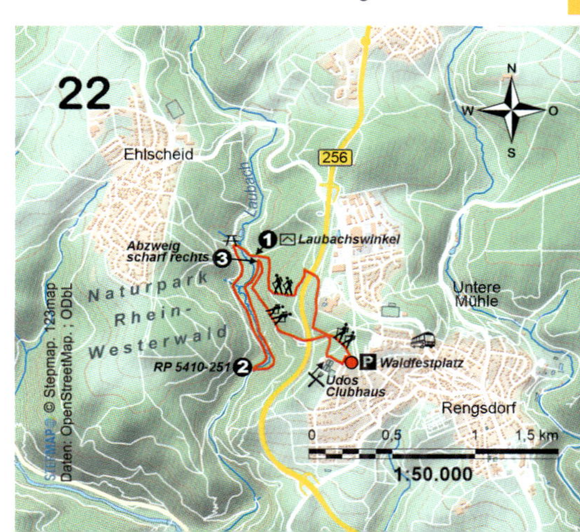

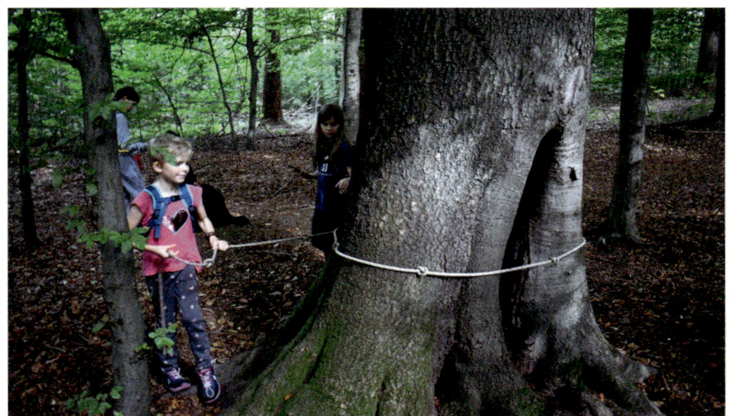

Der Baum wird vermessen

Ende des Zweiten Weltkrieges boten die Stollen den Bewohnerinnen und Bewohnern von Rengsdorf und Melsbach Schutz vor den Bombenangriffen.

Der Weg führt zurück in die Nähe der Schutzhütte Laubachswinkel. Wenn sie schon in Sicht ist, folgen Sie dem Weg scharf rechts bergauf ❸. Eine Brücke bringt Sie sicher über die B256. Hinter der **Grillhütte** wandern Sie nach rechts. Der weiche Waldweg führt leicht bergab. Nach etwa 50 m gehen Sie geradeaus auf dem Waldpfad zur Holzfigur „Der Uhu“ und biegen dort am Tennisclubhaus links ab.

Udos Clubhaus im Tennisclub Rengsdorf, Auf der Luft 8, 56579 Rengsdorf, ☏ 026 34/89 83, 01 51/68 62 68 32, Mo, Mi, Do 16:00 bis 0:00, Fr, Sa 16:00 bis 3:00, So 10:30 bis 22:00

Auf dem Teerweg neben dem Tennisplatz kommen Sie am Infoschild zu der Landwehr namens **Römergraben** vorbei. Darauf wird erklärt, dass der etwa 700 m lange Römergraben ein Wall war, der vermutlich erst fünf Jahrhunderte nach den Römern in der Frankenzeit als Teil einer größeren Wehranlage angelegt wurde. Doch dieses Schild werden die mitwandernden Kinder nicht mehr wahrnehmen: Sie haben längst den großen **Spielplatz** auf der rechten Seite entdeckt, auf der jeder verbleibende Bewegungsdrang ausgetobt werden kann, bevor es zurück zum Startpunkt geht.

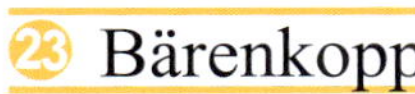

23 Bärenkopp

Tour für Genießerinnen und Genießer

Auf dieser aussichtsreichen Tour wandern Sie bergab (!), um ein Gipfelkreuz zu erreichen. Das ist nicht die einzige Überraschung, die Sie bei der Wanderung rund um Waldbreitbach erleben werden. Eine so gute Infrastruktur ist im Westerwald nur selten anzutreffen, es gibt unterwegs sehr viel mehr empfehlenswerte Einkehrmöglichkeiten, als der Magen an einem einzigen Wandertag erlaubt.

Start/Ziel: Waldbreitbach, Marktstraße/Neuwieder Straße, GPS N 50°32.971' E 007°24.987'

11,9 km

4 Std.

366 m/366 m

107-328 m

dunkelgrünes WT auf weiß-hellgrünem Grund mit der Aufschrift „WällerTour"

Pfade, Waldwege und Wirtschaftswege – anfangs eher sonnig, später schattig

Einkehrmöglichkeiten am Start/Ziel, im Kloster (km 1,9) und in Verscheid (km 6,1)

Sitzbänke an allen Aussichtspunkten und vielen anderen Stellen, ein Rastplatz (km 5,6), zwei Schutzhütten (km 1,4 und km 10,5)

Einkaufsmöglichkeiten in Waldbreitbach

Eine recht lange Wanderung, die für geübte, trittsichere Kinder sehr abwechslungsreich ist.

Der Weg ist wegen seiner vielen Stufen und steilen Pfade nicht buggytauglich. ☺ Am Parkplatz Marktstraße beginnt der 3 km lange **Kleine Wäller „Wied-Runde"**, der mit nur 13 Höhenmetern besser geeignet ist.

Einige Passagen am Straßenrand und in den Ortschaften erfordern die Leine.

kostenfreier Parkplatz in der Marktstraße, weitere Parkplätze im Ort und am Kloster

Bushaltestelle „Waldbreitbach Mitte", Bus 310 von/nach Neuwied, Mo bis Fr stündlich, Sa 6-mal, So 5-mal

☺ Waldbreitbach ist auch im Winter sehr schön. In der Kirche Maria Himmelfahrt wird eine Krippe aus Naturwurzeln, Moos und Topfpflanzen gestaltet, durch den Ort führt ein Krippenweg, auf der Wied treiben eine schwimmende Krippe und ein schwimmender Adventskranz. (Das in vielen Publikationen gelobte Internationale Krippen- und Bibelmuseum ist nach dem Tod des Inhabers geschlossen. Eine Wiedereröffnung ist ungewiss.)

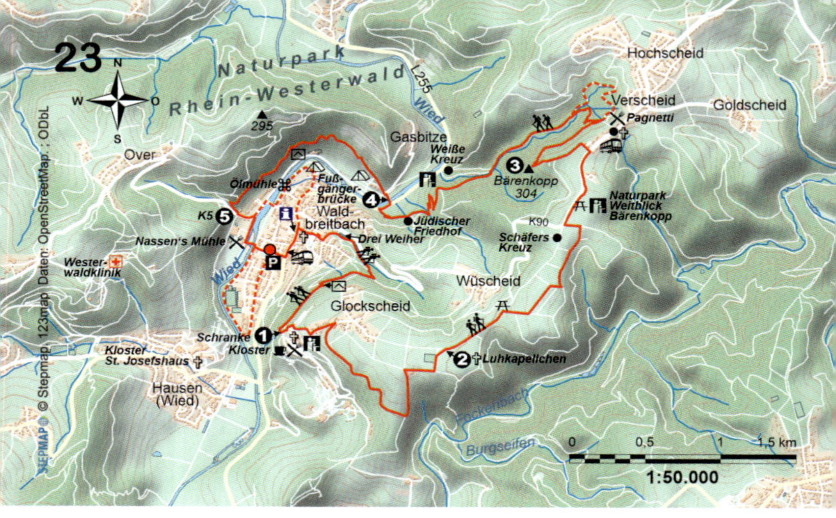

Sie starten auf dem **Marktplatz** an den Infotafeln für den Wäller „Bärenkopp" und den Kleinen Wäller „Wied-Runde". Sie biegen aus der Marktstraße nach links in die Neuwieder Straße ein und passieren die Bushaltestelle. Auf der Neuwieder Straße finden Sie Konditorei, Bank, Apotheke und Tourist-Information für die letzten Vorbereitungen der Tour, bevor es richtig losgeht: Sie biegen rechts in die Straße An der Kirchtreppe ein. Sie ahnen es schon: Sie müssen diese Treppe hinaufsteigen, um zur **Kirche Maria Himmelfahrt** zu kommen. Eine weitere Treppe bringt Sie zur Straße An der Commende und Sie folgen den Wegweisern des Klosterwegs durch das Gelände der Commende und gehen neben den Garagen weitere Treppen hinauf. Am Treppenkopf biegen Sie links in die Mutter-Rosa-Straße ein und kommen am Waldrand zu den **Drei Weihern**. Sie wurden bereits im 13. Jh. von den Herren des Deutschordens angelegt, um in der fleischlosen Fastenzeit in der Commende selbst gezüchteten Fisch essen zu können.

Sie wandern am ersten Teich auf dem Grasweg nach rechts und folgen hinter dem letzten Teich dem Wiedweg halb rechts. Nach etwa 300 m biegen Sie scharf rechts ab, der Weg ist auch als Klosterrunde und Wiedweg gekennzeichnet. An der Pfadkreuzung gehen Sie geradeaus weiter, nehmen an der Gabelung den linken Weg und folgen ihm an der Schutzhütte durch eine Rechtskurve. Gehen Sie weiter bergauf und folgen Sie dem zweiten Pfad nach links. Er führt einige Stufen hinauf zu einer Schranke ❶ am **Mutterhaus der Waldbreitbacher Franziskanerinnen**. Die Mutterhauskirche, an deren pittoresken Türmchen Sie in einigen Minuten vorbeiwandern werden, ist auch innen sehr sehenswert und deshalb einen Abstecher (geradeaus) wert.

✞ Margaretha Flesch, die verwaiste Tochter eines Ölmüllers, schaffte es, auf dem Kapellenberg das erste Marienhaus zu bauen und gründete 1863 den Waldbreitbacher Orden der Franziskanerinnen von der allerseligsten Jungfrau Maria von den Engeln. Ihre Nachfolgerin gab 1886 die Mutterhauskirche mit den neogotischen Türmen in Auftrag. Auf dem Gelände befinden sich außerdem ein Tagungshaus, das Café-Restaurant Klosterbergterrassen (Sa, So 11:30 bis 18:00) und ein Kloster- und Buchladen.

Der Bärenkopp-Weg führt an der Schranke nach links und am Tagungszentrum entlang. Am Ende der Klostermauer biegen Sie nach rechts ab und laufen auf dem Wirtschaftsweg bis zu einer T-Kreuzung. Hier oben haben Sie großartige Aussichten auf die Mutterhauskirche und das Wiedtal. Sie laufen links nach **Glockscheid** hinein und biegen nach etwa 200 m scharf rechts in die Straße Auf'm Bötzchen ein. Am Ende der Bebauung wird sie zu einem Wirtschaftsweg, führt in den Wald und wieder aus ihm heraus.

An einer T-Kreuzung am Waldrand trennen sich die WällerTouren, Sie folgen bitte den Markierungen der Bärenkopp-Tour nach links Richtung Luhkapellchen. Am Waldrand geht es zu einer Feldscheune, dort biegen Sie nach rechts ab. Nach knapp 200 m entdecken Sie eine Bodenmarkierung, der Sie nach links zu einer Baumgruppe folgen. Davor führt ein Weg nach rechts zum **Luhkapellchen** ❷. So heißt die kleine Kapelle, die der heiligen Apollonia von Alexandria geweiht ist, der im 3. Jh. alle Zähne ausgeschlagen wurden, damit sie dem christlichen Glauben abschwor. Bis heute wird sie bei Zahnschmerzen angerufen und ist die Schutzpatronin der Zahnärztinnen und Zahnärzte.

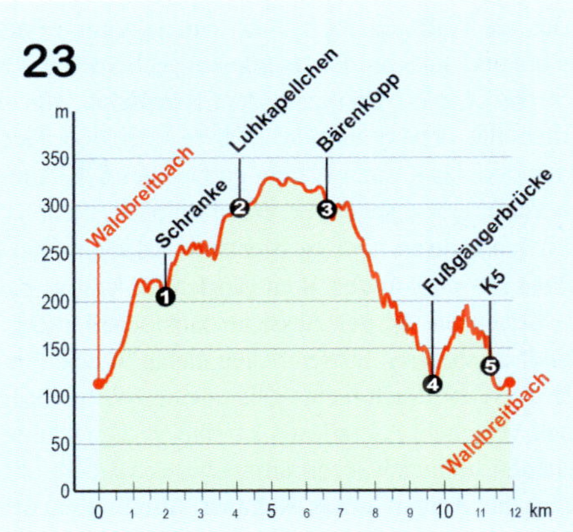

Folgen Sie dem Teerweg etwa 400 m bis zu einer Eiche mit einer Rastbank. Dort laufen Sie etwa 200 m nach rechts und folgen dem nächsten **Bodenwegweiser** nach links bis zu einer T-Kreuzung. Sie haben, ganz unspektakulär, den höchsten Punkt der Tour erreicht. Wandern Sie nach rechts und am Waldrand nach links. Wenn Sie linker Hand das Schäfers Kreuz sehen, halten Sie sich an der Gabelung an den linken Weg und laufen auf ein Sträßchen zu. Folgen Sie ihm nach links zur K90. Hier nehmen Sie den Pfad, der parallel zur Kreisstraße zu einem Rastplatz mit dem sperrigen Namen **Naturpark-Weitblick Bärenkopp** führt. Während Sie auf der Ruheliege entspannen, können Sie prächtige Ausblicke ins Wiedtal genießen. Auf dem Grasweg neben der Straße wandern Sie bis an den Ortsrand von Verscheid.

Der eigentliche Weg führt nach links, wenn Sie der Waldbreitbacher Straße noch knapp 200 m geradeaus folgen, kommen Sie zur Verscheider Kapelle und zu einem empfehlenswerten Gasthof.

Die Geschichte der **Kapelle zu den sieben Schmerzen Mariä** lässt sich bis ins 13. Jh. zurückverfolgen. Bis heute vertrauen sich leidende und trauernde Gläubige der Mater Dolorosa (Schmerzensmutter) an.

Gasthof Paganetti's Zur Erholung, Waldbreitbacher Straße 15, 53547 Breitscheid-Verscheid, 026 38/41 39, www.paganettis.de, Mi bis So 10:00 bis 23:00

Biegen Sie links in die Straße Auf'm Thümels, sie führt hinter dem letzten Haus als Waldweg nach links. Am Waldrand halten Sie sich an der Gabelung rechts und auch an dem Schuppen rechts auf das weiße Kreuz zu. Ja, es ist wirklich das „Gipfel"-Kreuz auf dem **Bärenkopf** (304 m) ❸. Er ist nicht die höchste Erhebung, obwohl er rund 200 m über dem Fluss liegt. Er hat sich also seine Bank und das Kreuz mit dem großartigen Panoramablick ins Wiedtal verdient. Im Vordergrund sehen Sie Waldbreitbach, dahinter die Westerwaldklinik und das Örtchen Hausen. Der Aussichtsfels hat nichts mit einem Bärenkopf zu tun. Sein Name kommt von den alten Worten für kahl = bar und Kuppe = kopp.

Gehen Sie an der Aussichtsbank scharf rechts und dann bergab durch den Wald, an steileren Stellen helfen einige Stufen. An der nächsten Kreuzung haben Sie die Wahl: Nach rechts gibt es eine zweite Gelegenheit für einen Abstecher nach Verscheid. Geradeaus ist eine Umgehung mit sanfterem Gefälle ausgeschildert und nach scharf links geht es auf dem offiziellen Wäller weiter. Der Pfad führt mit einigen etwas steileren Abschnitten durch ein uriges Tal hinab zum

Hochscheider Bach. Auf der anderen Talseite kommt von rechts der Umgehungsweg hinzu. Es geht etwa 600 m auf einem Forstweg leicht bergab zu einer Holzbrücke, auf der Sie nach links zurück auf die ursprüngliche Talseite kommen.

Der Pfad führt zunächst neben dem Hochscheider Bach entlang. Zwischen den Bäumen erspähen Sie auf einem Felssporn auf der nördlichen Wiedseite das Weiße Kreuz. Auf dem Berggrat halten Sie sich rechts und biegen vor dem Aussichtspunkt scharf links ab. Es geht hinab ins Tal des Wüscheider Seifens und an der Gabelung nach rechts. Links des Wegs liegt der **jüdische Friedhof**, auf dem 1940 der letzte jüdische Waldbreitbacher bestattet wurde.

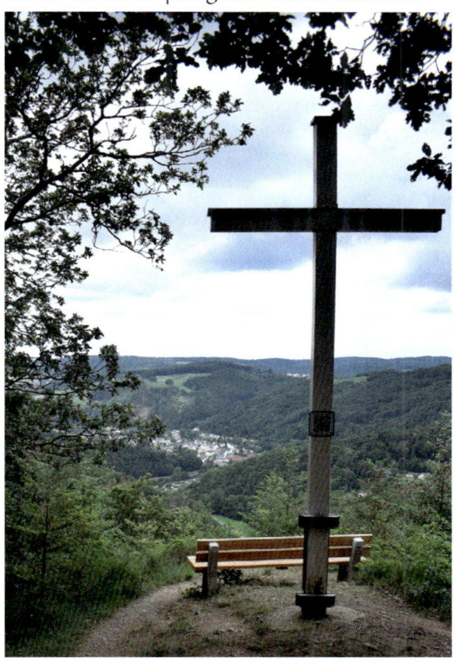

Das Kreuz auf dem Bärenkopp

Sie erreichen die L255 und folgen ihr nach rechts bis zu einer **Fußgängerbrücke ❹**, auf der Sie die Wied überqueren. Gehen Sie am Campingplatz links an der Felswand entlang und folgen Sie rechts dem Pfad bergauf. Er führt am Waldrand um den Campingplatz herum zu einer Schutzhütte mit einer ganz neuen Perspektive auf Waldbreitbach. Sie kommen an eine Weggabelung. Hier gehen Sie nach links zu einem Schotterweg, dem Sie nach links folgen, bis er an der K5 ❺ endet.

Hier können Sie den Wandergenuss um 1,5 km verlängern, indem Sie geradeaus auf dem WesterwaldSteig bleiben und auf Höhe des Klosters Sankt Josefshaus links über die Wiedbrücke zum Kleinen Wäller am Wiedufer zurückgehen.

Folgen Sie der K5 nach links bis zum Wiedufer, dort geht es rechts zur Nassen's Mühle.

✕ Nassen's Mühle, Am Mühlenberg 2, 56588 Waldbreitbach, ☏ 026 38/943 57, nassensmuehle.de, Do bis So 12:00 bis 22:00

Eine Fußbrücke bringt Sie vor dem Gasthaus ans andere Ufer, wo Sie um ein paar Meter nach rechts versetzt dem Fußweg folgen. Er führt an einem Spielplatz vorbei auf den Parkplatz an der Marktstraße zu, wo diese schöne Runde begonnen hat.

☺ Wenn Sie noch genug Zeit und Kraft haben, sollten Sie sich im Anschluss an die Wanderung Waldbreitbach genauer anschauen, es gibt einiges zu sehen:

⌘ Historische Ölmühle: In dieser Mühle wurden Raps, Leinsamen, Bucheckern, Mohn und Sonnenblumenkerne zu Öl verarbeitet, sie war von 1676 bis 1948 in Betrieb.

♦ Wiedufer 10, 56588 Waldbreitbach, www.verkehrsverein-waldbreitbach.de/oelmuehle/, Besichtigung tagsüber möglich

⌘ Uriges Kaffeehaus, Wiedufer 10, 56588 Waldbreitbach, ☏ 026 38/93 00, mit köstlichem Kuchen und einem klitzekleinen Handwerksmuseum (Schuster- und Schneiderwerkstatt) im Obergeschoss, Sa, So 13:00 bis 18:00

🍷 Wiedterrasse, Am Wiedufer, 56588 Waldbreitbach, gegenüber der Ölmühle, Snacks, Kaffee, Kuchen, Eis, Tret- und Ruderbootverleih, April bis Okt Sa, So ab 13:00

Stille Spiegelungen in Waldbreitbach

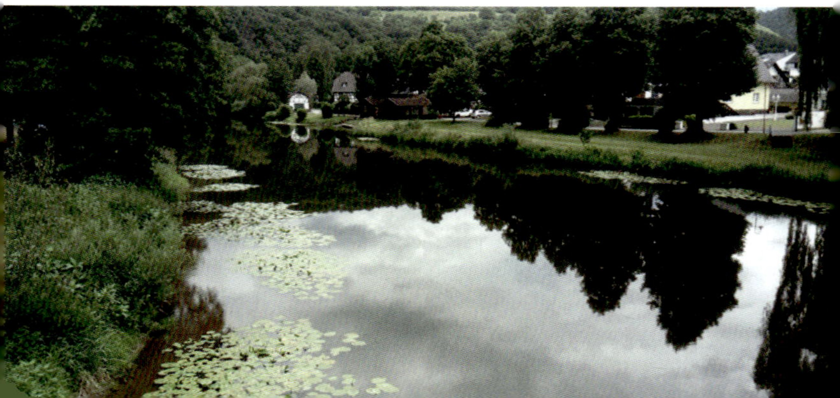

24 Die Roßbacher Wiedhöhen

Tour für Wald- und Geologiefans

Der WesterwaldSteig trifft in Roßbach auf den Wiedweg. Beide gemeinsam bilden eine reizende Erlebnisschleife mit dem klangvollen Namen „Basaltbogen". Basalt gibt es tatsächlich nach zwei Kilometern reichlich zu sehen, wenn Sie den steilen Anstieg zur Aussichtskanzel auf dem Roßbacher Häubchen geschafft haben.

Start/Ziel: Wiedhalle Roßbach, GPS N 50°34.434' E 007°24.861'

10,9 km

4 Std.

455 m/455 m

116-316 m

zum Teil WesterwaldSteig (W), Hauptwanderweg 2 (HWW2) und Wiedweg (WW), örtliche Wanderwege (B2, R1, R2)

Pfade, Waldwege und Wirtschaftswege, im Ort Gehsteige und Teerwege – eher schattig

Einkehrmöglichkeiten in Roßbach, z. B. Hotel Strand-Café (km 10,2)

Sitzbänke an allen Aussichtspunkten und vielen anderen Stellen, ein Rastplatz (km 2,6), zwei Schutzhütten (km 2,6 und km 4,3)

Für ungeübte und jüngere Kinder ist die Strecke wahrscheinlich zu lang, ältere Kinder müssen für die Aussichtskanzel trittsicher und schwindelfrei sein. Spielplätze befinden sich neben der Wiedhalle und im Wiedbogen.

Der Weg ist nicht buggytauglich.

kurze Teilstrecken neben der Landstraße, Leinenpflicht im Ort

Wanderparkplatz Wiedhalle und einige andere Parkplätze im Ort

Bushaltestelle „Roßbach, Zur Post", Bus 130 von/nach Neuwied/Neustadt (Wied), Mo bis Fr stündlich. Sa, So alle 2 Std.

Am Ufer der Wied laufen Sie nach Norden am Spielplatz vorbei zur Wiedbrücke. Biegen Sie rechts ab und folgen Sie der Brückenstraße bis zur Wiedtalstraße. Es geht nach rechts bis zur **Kirche St. Michael**, wo Sie auf der Breitscheider Straße bergauf an der Kirche entlang gehen. Bleiben Sie auf der Straße, bis sie einen Rechtsbogen macht, dort laufen Sie geradeaus auf der Straße Am Berg aus Roßbach heraus. An der Aussichtsbank biegen Sie links ab (R1, HWW2) und laufen auf dem Waldweg bergauf zu einer **Wegkreuzung** ❶. Zu diesem Punkt kehren Sie nach der Erkundungsrunde auf dem Roßbacher Häubchen wieder zurück.

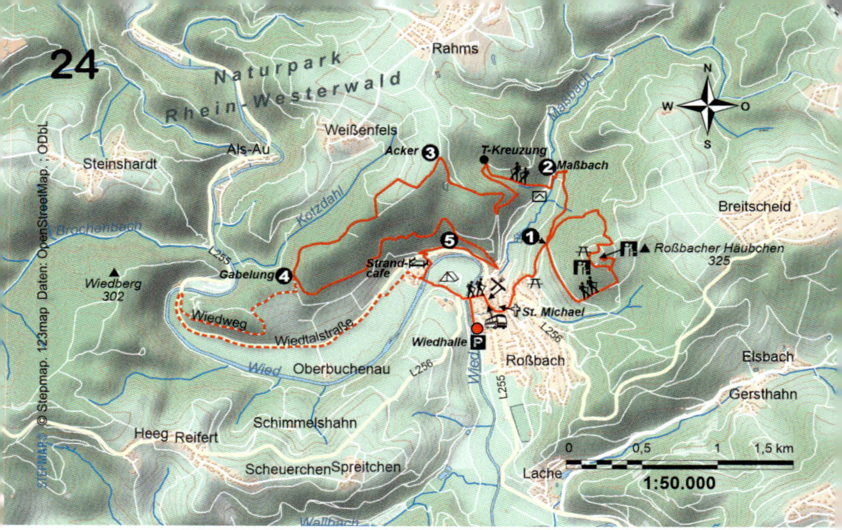

☺ Wenn Sie hier abkürzen wollen, ersparen Sie sich etwa 2,3 km Wegstrecke – verpassen aber auch das Highlight der Wanderung!

Folgen Sie dem Forstweg scharf rechts Richtung Roßbacher Häubchen. Nach gut 400 m nehmen Sie an der Gabelung den Pfad nach links, nach etwa 300 m geht es erneut nach links, nun deutlich steiler. Sie kommen zu einer Rechtskurve, hinter der sich der Weg gabelt. Links geht es auf die Abbauebene des ehemaligen Basaltbruchs, die auch auf dem Wanderprogramm steht. Doch zunächst laufen Sie

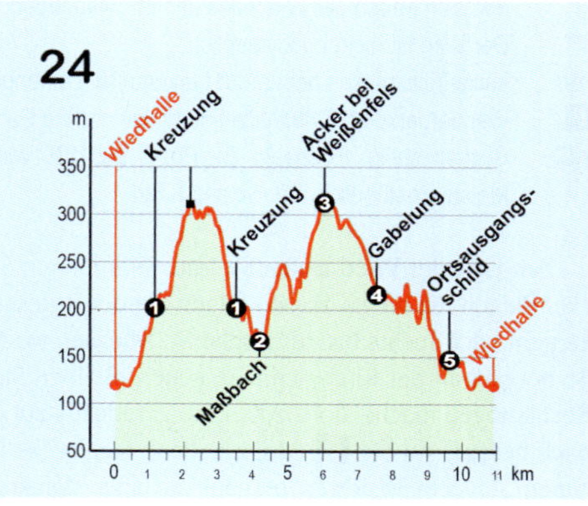

geradeaus auf dem breiteren Weg noch etwa 70 m weiter. Hier führt ein Pfad nach links (✎ B2), folgen Sie ihm über dick mit Moos bewachsene Basaltfelsen hinauf zur Aussichtskanzel auf dem **Roßbacher Häubchen** (325 m). Aus dieser Vogelperspektive können Sie sich einen guten Überblick über den Basaltbruch und die Umgebung verschaffen.

Bei dem steilen Abstieg kann es an nassen Tagen nötig sein, sich an den Sicherungsseilen festzuhalten. Gehen Sie nach rechts zurück zu der Kurve und biegen Sie dort rechts ab. Ein Pfad leitet Sie durch den Wald zu einem **Aussichtspunkt**, an dem Sie einen weiteren schönen Blick nach Roßbach und ins Wiedtal haben. Der Pfad führt auf eine **Freifläche**, die an einer mächtigen Basaltwand unterhalb der Aussichtskanzel endet. Von 1883 bis 1942 wurde hier Basalt abgebaut, sogar von der ursprünglich 350 m hohen Kuppe fehlt schon ein Stück. Ein Rastplatz, ein Schutzdach und eine Sonnenliege laden zu einer ersten Rast ein.

Wenn Sie sich an dem beeindruckenden Basaltaufschluss sattgesehen haben, folgen Sie am Picknicktisch dem Grasweg. Er führt als schmaler Pfad durch eine Schlucht zu einer T-Kreuzung. Hier gehen Sie nach rechts und laufen auf einem Waldweg hinab zu einer Kreuzung. Eine **rostige Lore** erinnert an die Bergbaugeschichte. Biegen Sie links ab, nehmen Sie an der nächsten Gabelung den rechten Weg und folgen Sie dem Wanderweg im weiten Linksbogen zurück zur Kreuzung am Wegpunkt ❶. Hier biegen Sie scharf rechts ab und laufen bergab zu einer Lichtung. Folgen Sie dem Weg, der nach links zum **Maßbach** führt. Diesen überqueren Sie nach rechts und biegen sofort wieder links ab ❷.

Sie kommen auf dem Teerweg ungefähr 30 m an eine **Schutzhütte** heran, dann biegen Sie nach rechts ab (✎ R2, W). Es geht bergauf durch den Wald zu einer T-Kreuzung, an der Sie nach links weiter gehen. Der Weg führt zu einer Kreuzung, an der Sie nach rechts bergauf wandern (✎ W). Der Waldweg endet an einem Acker ❸, hier wandern Sie etwa 200 m nach links am Waldrand entlang, dann nach rechts bis zu einer T-Kreuzung. Hier verlassen Sie den Westerwald-Steig und folgen den Markierungen des Wiedwegs nach links zurück in den Wald. Nach gut 1 km kommen Sie zu einer **Gabelung** ❹.

↳ Hier können Sie rechts weiter auf dem Wiedweg hinab zur Wied und neben der Wiedtalstraße zurück nach Roßbach wandern.

Die Erlebnisschleife hingegen führt an dieser Gabelung nach links. Sie bleiben für etwa 1,5 km auf halber Höhe im Hang, dann nehmen Sie an der nächsten Gabelung den rechten Weg. Er führt bergab bis zum Ortsrand von Roßbach und

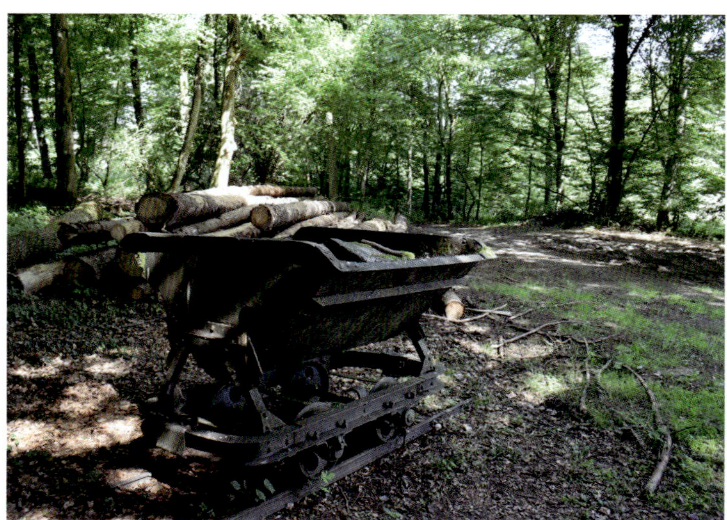

Die Lore im Wald

scharf rechts zur L255. Sie bleiben nur ganz kurz auf dem schmalen Gehweg neben der Straße, um dann am **Ortsausgangsschild ❺** von Roßbach nach rechts auf dem Weg oberhalb der L255 zu laufen. Er endet an einer Grundstückszufahrt, auf der Sie nach links bergab zurück zur L255 gehen. Dieser folgen Sie für etwa 25 m nach rechts und laufen links auf das **Hotel Strand-Café** in Niederbuchenau zu.

Hotel Strand-Café, Neustadter Straße 9, 53547 Roßbach-Niederbuchenau, ☏ 026 38/933 90, www.strand-cafe-de, Mo, Di, Mi, Fr, Sa ab 17:00, So 12:00 bis 21:00, Frühstück auf Vorbestellung

Auf der linken Gebäudeseite führt der Weg zum Wiedufer, dort nach rechts und an der Sonnenterrasse des Cafés entlang zur Stahlseilhängebrücke. Auf ihr überqueren Sie die Wied und laufen auf dem Buchenauer Weg am **Spielplatz am Booche Platz** und am Camping Wiedschleife entlang zur Brückenstraße. Auf ihr überqueren Sie die Wied ein zweites Mal und laufen direkt hinter der Wied und dem Ortseingangsschild rechts auf dem Uferweg zurück zur Wiedhalle.

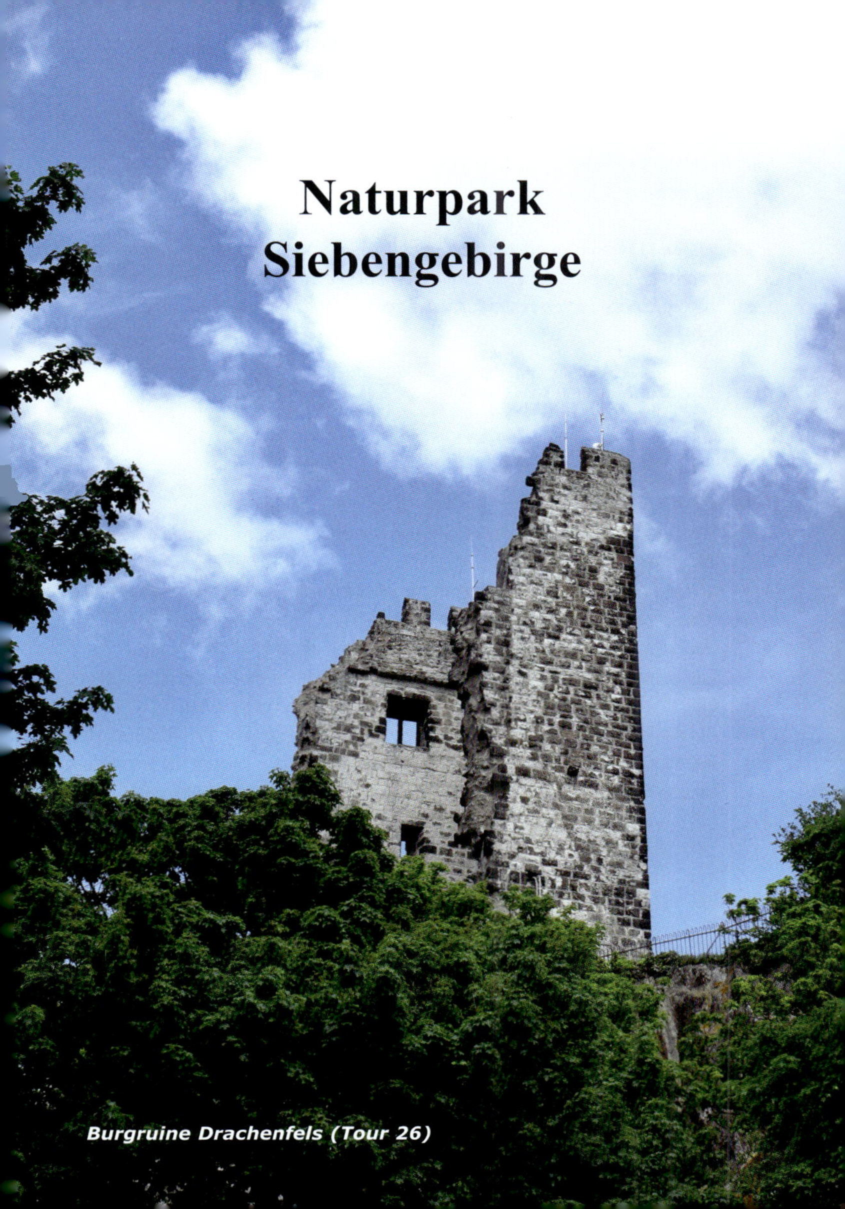

Burgruine Drachenfels (Tour 26)

25 Dreigipfeltour im Rheinwesterwald

Tour für Naturbegeisterte mit Lust auf drei Gipfelstürmchen

Breite, ebene Wanderwege ermöglichen auf dieser Tour ein zügiges Ausschreiten oder angeregte Gespräche. Die südlichsten Berge des Siebengebirges und der benachbarte Asberg bieten nach kurzen steilen Gipfelstürmchen grandiose Panoramablicke.

Start/Ziel: Wanderparkplatz Servatius, GPS N 50°38.972' E 007°17.554'

12,6 km

4 Std.

333 m/333 m

256-429 m

teils Rheinsteig (RS), Kölner Weg (K) und Rheinhöhenweg (R), einige örtliche Wanderwege (15, 16, 17, 19, G10, G11)

leichte und breite Waldwege auf der Rundstrecke, schmale, steile Pfade bei den Abstechern zu den Gipfeln – eher schattig

Rucksackverpflegung, keine Einkehrmöglichkeiten am Weg

Sitzbänke an allen Aussichtspunkten und vielen anderen Stellen, ein Rastplatz (km 6,6), fünf Schutzhütten (km 1,6, km 3,7, km 7,7, km 10,4 und km 11,5)

Auf den breiten Waldwegen könnten Ihre Kinder Sie sogar mit dem Rad begleiten, wenn es zu Fuß zu lang ist. Für die Aufstiege am Leyberg und am Asberg müssen sie absolut trittsicher und schwindelfrei sein.

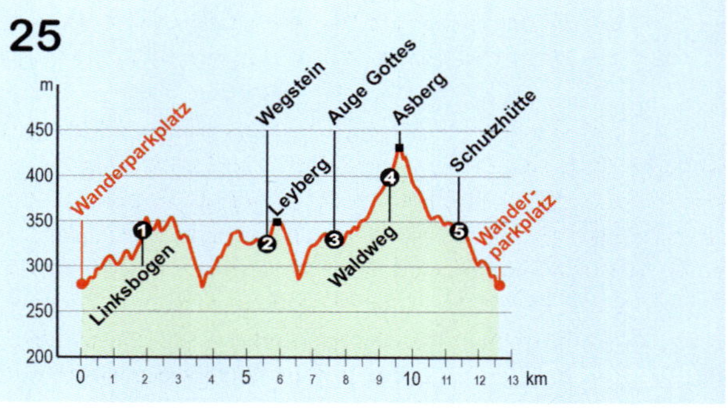

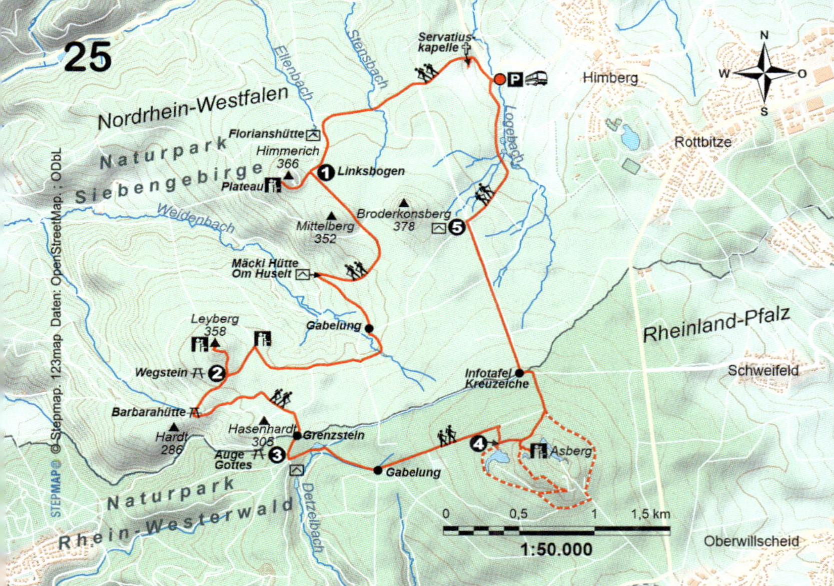

Der Weg ist fast durchgängig buggytauglich. Nur auf den letzten Metern zu den Gipfeln von Leyberg und Asberg werden die Pfade zu schmal und steil.

Bitte Wasser mitnehmen. Im Naturpark Siebengebirge herrscht Leinenpflicht.

P Wanderparkplatz Servatius

Bushaltestelle „Servatiushof", Bus 560 und SB51 von/nach Bad Honnef, Mo bis Fr alle 30 Min., Sa, So, Fei stündlich

Einheimische erzählten mir, dass der nördliche Zugang zum Gipfelkreuz auf dem Asberg für Wanderinnen und Wanderer gesperrt werden soll. Die danach weiterhin erlaubte Strecke von Süden durch den Basaltbruch ist 2,8 km länger.

Bei dieser Tour können Sie auf den ersten Kilometern den gelben Markierungen des Rheinsteigzubringerwegs folgen. Zu Beginn wandern Sie den Servatiusweg hinauf zum Servatiushof mit der ✞ **Servatiuskapelle**. Folgen Sie dem Weg weiter bergauf und gehen Sie hinter dem Kruzifix in den Wald. Am Radknotenpunkt 11 laufen Sie geradeaus (✎ 15) durch den lichten Wald, in dem die Wiederaufforstung nach den Borkenkäferjahren allmählich Wirkung zeigt. Bis zur Kreuzung Dreieichen geht es bergab und dort geradeaus über den **Stensbach** (✎ K). Wandern Sie wieder bergauf und bleiben Sie an der Gabelung links auf

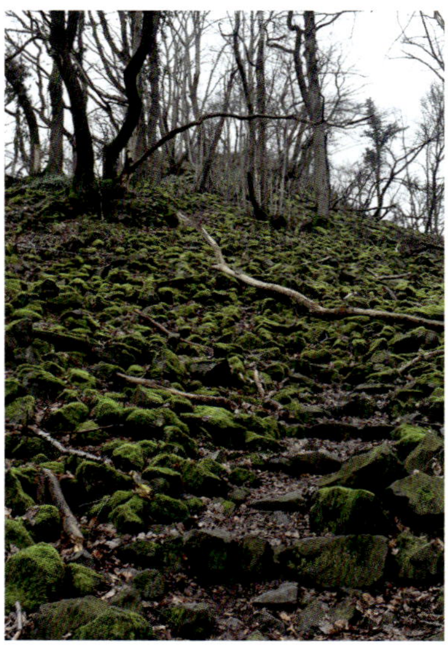

Der grün bemooste Leybergkegel

dem Teerweg, bis Sie die Floriansteiche und die **Florianshütte** erreichen. Gehen Sie hier (✎ 16, G10) und an dem folgenden Abzweig geradeaus bergauf (✎ 16, 17, G10). Der geteerte Forstweg macht einen Linksbogen ❶. Sie gehen hier zunächst geradeaus bergauf zum Himmerich, kommen aber später wieder hierhin zurück.

Der **Himmerichgipfel** (366 m) darf aus Naturschutzgründen nicht mehr betreten werden, wohl aber das Plateau des stillgelegten Latitsteinbruchs. Hier haben Sie vorzügliche Aussichten nach Westen. Wundern Sie sich nicht über die doppelt vergebene Bezeichnung des Rettungspunktes 12-056 SU. Der offizielle Rettungspunkt befindet sich unten an der Kurve. Da die meisten Notrufe aber vom Plateau kommen, wurde dort eine zweite Tafel montiert.

Das Naturfreundehaus Himmerich

Nach der Stilllegung des Steinbruchs im Jahr 1910 war es nur kurz still auf dem Himmerich. Die Naturfreunde-Ortsgruppe Köln-Deutz pachtete 1920 die alte Steinbruchbaracke und baute sie in Handarbeit ihrer Mitglieder zu einem Naturfreundehaus um. Alle Baumaterialien wurden im Rucksack auf den Berg getragen und bald standen 16 Übernachtungsplätze zur Verfügung. Nach der Fertigstellung eines zweiten Hauses war ab 1926 Platz für 115 Gäste. Doch die Freude an der preiswerten Unterkunft währte nicht lange, denn nach der nationalsozialistischen Machtübernahme 1933 wurde das Gebäude besetzt und abgerissen.

Sie wandern zurück zur Kurve und laufen nach rechts zwischen dem Mittelberg (353 m) und dem Broderkonsberg (378 m) hindurch zum RP 12-062 SU. Sie gehen geradeaus weiter (✎ 17, K) durch den früheren Mischwald. Vieles musste nach den Borkenkäferjahren abgeholzt werden. Übrig blieben stabile

Buchen, knorrige Eichen, Birken und Ilex, die sich in den entstandenen Lücken prächtig entfalten können.

Den tiefsten Punkt der Tour erreichen Sie an der **Mäcki Hütte Om Huselt**. Gehen Sie vor dem Schaaffhausenkreuz links und gleich wieder links, also auf die Rückseite der Hütte (17). Der Schotterweg führt bergauf zu einer Gabelung. Nehmen Sie den rechten Weg (17), er führt über den Weidenbach zur nächsten Gabelung, an der Sie auch nach rechts laufen (17, 19). Am Rand der Rodungsfläche erfahren Sie von einer Infotafel, dass die Wiederbewaldung in diesem Gebiet mit Eichen, Hainbuchen, Wildkirschen und Flatterulmen erfolgt. Wieder zurück im Wald gehen Sie am RP 12-089 SU geradeaus, bis Sie eine Kreuzung erreichen. Auf der rechten Seite haben Sie freie Sicht auf den **Dreiergipfel** Himmerich – Mittelberg – Broderkonsberg, bevor Sie nach links abbiegen (17, 19) und den nächsten Gipfel ins Auge fassen. An dem Wegstein mit der Sitzbank ❷ folgen Sie dem Waldweg nach rechts, er wird steiler und felsiger, bevor er auf dem kegelförmigen Gipfel des Leybergs endet. (Den nicht buggytauglichen Weg können Sie umgehen, indem Sie ohne Aufstieg geradeaus weiter gehen.) Gleich zwei Aussichtspunkte ermöglichen großartige Panoramasichten ins Rheintal und ins Siebengebirge. Unterhalb des Gipfels wurde Olivinbasalt abgebaut.

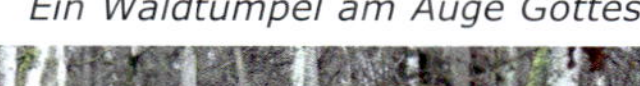

Ein Waldtümpel am Auge Gottes

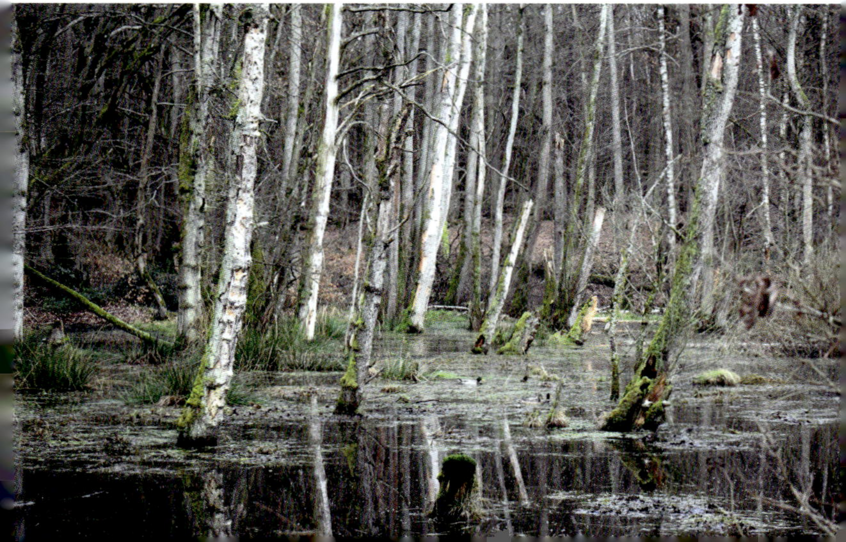

Nach dem Abstieg durch den Ilexwald gehen Sie an der Bank (❷) nach rechts (✎ 17, 19, G11) bergab bis zu einer Lichtung mit der **Infotafel Barbarahütte**. Eine entsprechende Hütte gibt es nicht mehr, wohl aber einen einladenden Picknicktisch. Hier treffen Sie auf den Rheinsteig, dem Sie nach links bergauf folgen (✎ 19, R). An der Gabelung nehmen Sie den rechten Weg. Wenn Sie nach etwa 200 m genau hinschauen, entdecken Sie hinter einem Graben (alte Landwehr) einen unscheinbaren Grenzstein. Er markiert die Grenze zwischen Nordrhein-Westfalen und Rheinland-Pfalz, hier wird der Naturpark Siebengebirge zum Naturpark Rhein-Westerwald. Etwas auffälliger ist das **Auge Gottes** ❸ an der nächsten Kreuzung. Die Tische und Bänke am Bildstock werden durch eine 60 m entfernte Hütte ergänzt. Wie der 1870 gebaute Bildstock zu diesem besonderen Namen kam, ist schnell erklärt: Damit sollten Holzdiebe und Wilderer abgeschreckt werden. Ob sie sich die Mahnung zu Herzen nahmen, ist nicht überliefert.

Biegen Sie am Auge Gottes links ab und laufen Sie an dem idyllischen **Waldtümpel** mit Enten vorbei. Ich hatte hier sogar das Glück, zwei Reiher zu sehen. Gehen Sie dahinter geradeaus zu einer Gabelung und dort rechts Richtung Kalenborn/Kretzhaus. Der Forstweg führt neben dem **Detzelbach** bergauf zu einer Gabelung. Nehmen Sie den linken Weg, er führt aus dem Wald heraus. Auf der linken Seite haben einzelne Laubbäume die Fichtenrodungen überlebt, dazwischen wachsen schon wieder junge Fichten heran.

Einen knappen Kilometer laufen Sie geradeaus und passieren ein **Wildfuttersilo** und den RP 5309-621. An der Lichtung dahinter gehen Sie nach rechts (mit Buggy geradeaus bis zum Wasserbehälter). Der Weg führt bergauf und schwenkt nach rechts. Hier führt ein Waldweg nach links ❹, auf seiner rechten Wegseite liegen dick bemooste Basaltbrocken.

Es ist wohl geplant, diesen Weg für Wanderinnen und Wanderer zu sperren. Sollte das bei Ihrem Eintreffen so sein, laufen Sie geradeaus an dem See entlang, der sich in einer der Abbauvertiefungen gebildet hat, und nähern Sie sich dem Gipfel aus dem Süden durch den Ilexwald an, indem Sie an der Gabelung hinter dem Hochsitz links gehen, an der nächsten Kreuzung scharf links abbiegen und nach etwa 300 m rechts dem Gratweg zum Gipfel folgen. Zurück geht es bis zu der Gabelung auf dem gleichen Weg, dort links und nach etwa 500 m erneut nach links. Dabei nehmen Sie bitte den hinteren der beiden Wege, die nach links führen. Nach etwa 80 m gehen Sie an der Gabelung auf dem rechten Weg weiter und erreichen nach knapp 800 m den Wasserbehälter.

Bis dahin folgen Sie dem Waldweg für etwa 150 m leicht bergauf, dann suchen Sie sich auf der rechten Seite den Pfad, der hinauf zum Grat führt. Diesem folgen Sie nach links und stehen ziemlich unerwartet vor einem **Gipfelkreuz** mit Gipfelbuch und Rastbank in 418,5 m Höhe. Das ist nicht der wahre Gipfel des **Asbergs**. Dieser war 441 m hoch, befand sich etwas weiter westlich und wurde während der Zeit des Basaltbergbaus abgetragen.

Bei dem fantastischen Panoramablick dürfen Sie keinen falschen Schritt machen, hier geht es steil und ungesichert bergab.

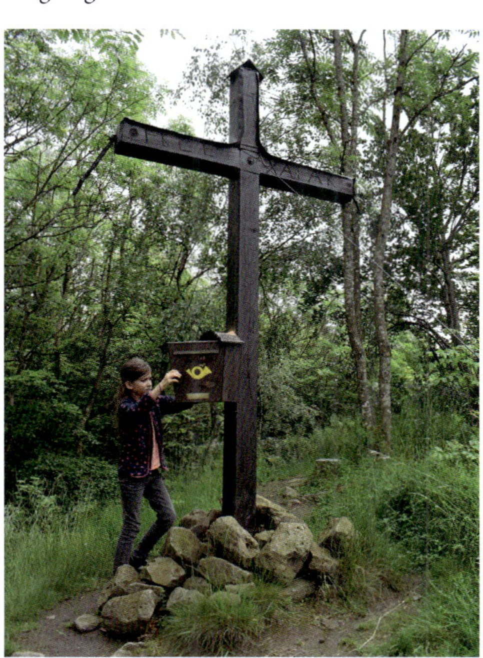

Auf dem neuen Gipfel des Asbergs

Gehen Sie auf dem Grat zurück und wieder nach rechts zu dem Waldweg. Ihm folgen Sie nach rechts, bis er in der Nähe eines **Wasserbehälters** endet. Dort wandern Sie auf dem Schotterweg halb links bergab aus dem Wald heraus und kommen zu einer T-Kreuzung am nächsten Waldrand, dort geht es nach links zur **Infotafel Kreuzeiche**, an der Sie zwei Rettungspunkte (5309-622 und 12-081 SU) entdecken. Daran erkennen Sie, dass Sie wieder an der Landesgrenze sind. Nur etwa 60 m nach links können Sie in der Walther-Lauffs-Hütte rasten.

Folgen Sie dem Forstweg an der Infotafel nach rechts (✎ K). Sie wandern 1,1 km leicht bergab durch Buchenmischwald. An einer kleinen Schutzhütte ❺ folgen Sie dem nach rechts führenden Weg neben dem **Logebach** und einigen Teichen bergab zum Startpunkt.

26 Über sieben Berge zum Drachenfels

Tour für alle, die der Rheinromantik verfallen sind

Vom malerischen Fachwerkort Rhöndorf führt diese Tour zu einigen Höhepunkten des Siebengebirges. Bei Ihrer Wanderung um das Rhöndorfer Tal besuchen Sie weltberühmte und vollkommen unbekannte Siebengebirgsgipfel. Genau genommen sind es auf dem Weg zum Drachenfels sogar mehr als sieben Erhebungen, deren Gipfel Sie besteigen oder nur knapp verfehlen (aus Umweltschutzgründen, nicht aus Bequemlichkeit).

Start/Ziel: Rhöndorf Ziepchensplatz, GPS N 50°39.577' E 007°12.770'

15,1 km

5 Std.

623 m/623 m

65-455 m

zum Teil Rheinsteig (RS), Bergischer Weg, Beethovenwanderweg, Rheinhöhenweg (R), Kölner Weg (K) und örtliche Wanderwege (5, R5)

Pfade und Waldwege – eher schattig

Einkehrmöglichkeiten am Start/Ziel und unterwegs im Löwenburger Hof (km 6,5), im Milchhäuschen (km 10,9) und auf dem Drachenfels (km 12,6)

Sitzbänke an allen Aussichtspunkten und einigen weiteren Stellen. Witterungsschutz im Pavillon am Ziepchensplatz (Start/Ziel), unter dem Dach der Bergstation der Drachenfelsbahn (km 12,6) und in Schutzhütten (km 1,6, km 3,1, km 7,5, km 8,9, km 9,7, km 10,4 und km 14,3)

Für die meisten Kinder ist die Strecke sicherlich zu lang. Ausdauernde kleine Wanderinnen und Wanderer werden die Burgruinen mögen. Vorsicht bei den steilen Abhängen der Aussichtspunkte!

Der Weg ist nicht buggytauglich, er führt über schmale Pfade und viele Stufen.

Bitte Wasser mitnehmen. Im Naturpark Siebengebirge herrscht Anleinpflicht.

Parkplatz Ziepchensplatz (Navi: Drachenfelsstraße, Ecke Löwenburgstraße), weitere Parkplätze im Ort

Bf. Rhöndorf, RB27, RE8

Rhöndorf, Straßenbahn 66 von Siegburg/Bad Honnef

Bushaltestelle „Rhöndorf", Bus EV von/nach Troisdorf/Bad Hönningen, von/nach Koblenz, alle 30 Min.

Eine Wegalternative führt zum Schloss Drachenburg (16,5 km, ↑↓ 684 m).

Die Tour beginnt am Ziepchensplatz in Rhöndorf, einem malerischen kleinen Parkplatz mit Drachenfelspanorama. Sie folgen der Löwenburgstraße, dabei laufen Sie an bezaubernden Fachwerkhäusern entlang, viele von ihnen waren früher Winzerhöfe oder Künstlerhäuser. Neben dem Fonsbach geht es aus dem Ort heraus, von links kommen der Bergische Weg und der Rheinsteig hinzu. Sie gehen geradeaus bis zum **Waldfriedhof**, auf dem Bundeskanzler Adenauer seine letzte Ruhe fand.

Am Ende des Waldfriedhofs biegen Sie scharf rechts ab und folgen dem Pfeil „Löwenburg 4,4 km" bergauf. An dem Aussichtspunkt folgen Sie hinter der Bank dem rechten, steileren Weg. Es wird etwas flacher und Sie folgen dem Weg geradeaus zur **Eulenhardt-Hütte**. Das dumpfe Grundbrummen des Auto-, Bahn- und Schiffsverkehrs im Rheintal ist hier zwar noch zu hören, doch es wird überdeckt vom Gesang der Vögel und vom Hämmern der Spechte.

An der Kreuzung neben der Hütte gehen Sie geradeaus weiter bergauf. Der **Naturwald** fordert einige Klettereien über umgestürzte Bäume. Der Pfad schwenkt nach links und endet an einem breiteren Weg, folgen Sie ihm für 20 m nach links und biegen Sie an dem Wegstein rechts ab.

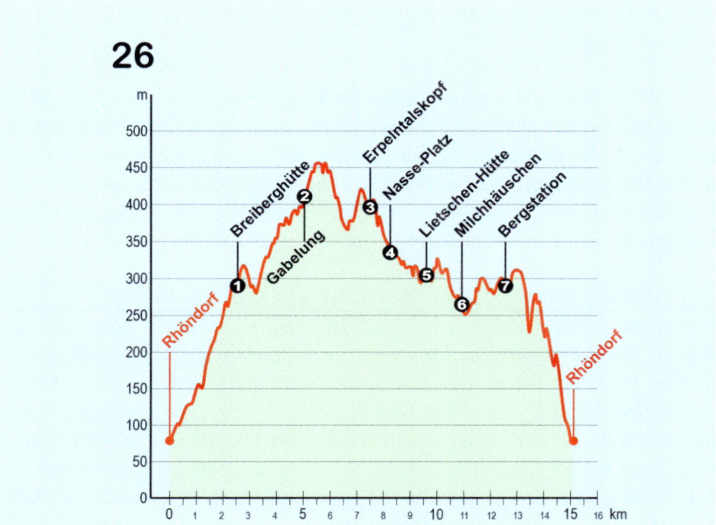

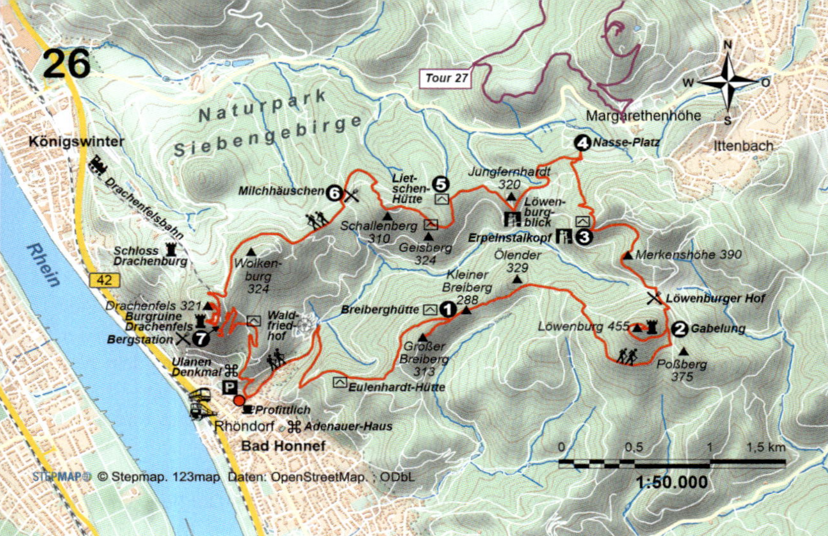

So verlockend es auf alten Karten erscheint: Der direkte Weg über den Großen Breiberg ist gesperrt. Sie erreichen den Gipfel in einigen Minuten auf anderem Wege.

Der Pfad führt nördlich am **Großen Breiberg** vorbei zur Breiberghütte ❶, in der Sie sich in das Gipfelbuch eintragen können. Der neben der Hütte beginnende Pfad auf dem Grat bringt Sie zum Großen Breiberg (313 m), von dessen Gipfel Sie einen schönen Rundumblick haben. Sein Name hat nichts mit dem Nahrungsmittel zu tun. Er hieß früher Brieberich, dieses mittelhochdeutsche Wort bedeutet so viel wie „breiter Berg".

Im Siebengebirge gibt es mehr als sieben Berge

Der Große Breiberg eignet sich perfekt für einen gedanklichen Abstecher zum Namen „Siebengebirge", das keineswegs aus 7, sondern aus mehr als 40 Gipfeln besteht. Es wird diskutiert, dass es (1) etwas mit dem ripuarischen Wort „Siefen" = „feuchtes Bachtal" zu tun hat, oder (2) dies Erdbrocken sind, die sieben Riesen bei der Arbeit mit ihren Spaten hinterließen, oder (3) vielleicht steht die 7 auch einfach nur für eine Gesamtheit, wie bei Siebensachen, oder (4) in vielen Kulturen hat die magische Zahl 7 eben eine Sonderstellung, z. B. Wochentage, kath. Sakramente, 7. Himmel oder Siebenmeilenstiefel. Besonders einleuchtend ist die

Erklärung, dass (5) von unterschiedlichen Standpunkten am Rheinufer zwar ganz verschiedene Erhebungen zu sehen sind, es aber immer etwa sieben Berge sind. Der berühmteste Berg des Siebengebirges, der Drachenfels, gehört übrigens nicht zu den sieben höchsten Erhebungen, denn Großer Oelberg, Löwenburg, Lohrberg, Nonnenstromberg, Petersberg, Wolkenburg und Große Rosenau sind höher!

Sie haben eine Aussicht zu den nördlichen Nachbarbergen, während Sie am **Kleinen Breiberg** (288 m) **vorbei** leicht bergab laufen. Kurz darauf geht es wieder bergauf und vorbei am Ölender (329 m), nicht bis zur Kuppe, sondern etwas südlich davon. Rechts voraus ist die Ruine der Löwenburg schon zu sehen.

Hinter der Erinnerungstafel für Joh. Hochstätter aus Beuel laufen Sie geradeaus bergauf. An der nächsten Gabelung ist das Weitergehen nur nach links erlaubt. An dem Wegstein halten Sie sich links. An der nächsten Gabelung mit Wegstein biegen Sie rechts ab und folgen dem örtlichen Wanderweg 13 im weiten Bogen südlich um die Löwenburg herum. Etwa 10 m vor der größeren Wegkreuzung folgen Sie dem nach links führenden Weg, er führt zu einer **Gabelung ❷**, zu der Sie später wieder zurückkehren.

Die Löwenburg mit Blick auf den Niederwesterwald

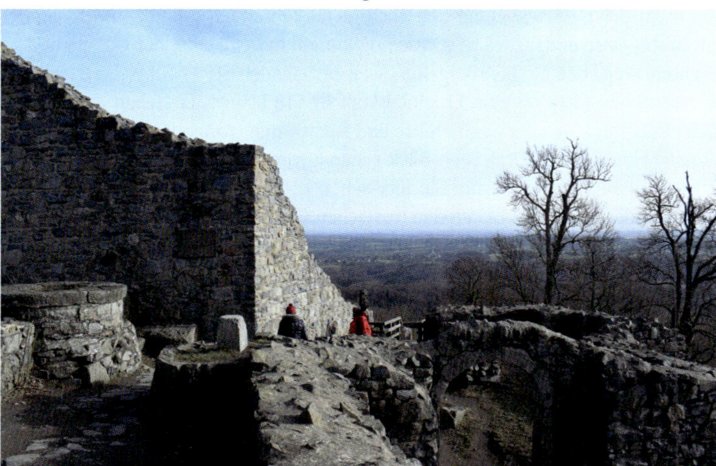

Nun geht es zügig bergauf zu einer Gabelung, an der Sie rechts zur Löwenburg wandern. Zuerst erreichen Sie die Vorburg mit großartigen Aussichten nach Osten, dann geht es die Holztreppe hinauf zur Hauptburg mit dem Gipfelstein des Bergs **Löwenburg** (455 m) und fantastischen Panoramablicken ins Rheintal.

Die Grafen von Sayn bauten die Löwenburg als Grenzfeste, um ihr Territorium gegen das Machtstreben der Kölner Kurfürsten zu verteidigen, die Burgen auf dem Drachenfels und der Wolkenburg gebaut hatten.

Wenn Sie die Burganlage verlassen, dürfen Sie nicht dem verlockenden Weg nach rechts folgen. Er soll nach den Vorstellungen der Umweltschützer zügig zuwachsen. Stattdessen gehen Sie zum Wegpunkt ❷ zurück und folgen dort dem linken Weg zu einem Forstweg. Hier biegen Sie links ab und erreichen den **Löwenburger Hof**, ein beliebtes Ausflugslokal mit schmackhaften einfachen Gerichten und heißen Waffeln.

Löwenburger Hof, Löwenburger Straße 30, 53639 Königswinter, ☏ 022 23/244 46, loewenburger-hof.de, Mo, Di, Mi, Fr, Sa 11:00 bis 18:00, So 10:00 bis 18:00, im Winter nur bis zur Dämmerung, Do Ruhetag

Dahinter biegen Sie an der Wandertafel nach links ab und nehmen nach etwa 40 m an der Dreiergabelung den nach rechts führenden Weg (✎ K, R) an der Streuobstwiese entlang. Kurz vor dem Waldrand folgen Sie an der Gabelung dem rechten Weg, der als Lohrberg-Rundweg bezeichnet ist. Er führt unterhalb der Merkenshöhe (390 m) zum **Erpelntalskopf** ❸ (383 m). Hier stehen Sie womöglich etwas ratlos vor der Schutzhütte und suchen den Horizont ab, weil dieser Aussichtspunkt auch **Drei-Seen-Blick** genannt wird. Sie können die Suche abbrechen, es gibt keine Seen, die Sie hier sehen können. Stattdessen zeigt sich der Rhein an drei Stellen zwischen den westlichen Gipfeln des Siebengebirges, sodass er tatsächlich fast wie drei Seen wirkt.

Sie gehen wieder zurück zum Weg, folgen ihm nach links und nehmen an der Gabelung den Pfad nach links. Er führt in Serpentinen bergab, an der Rastbank geradeaus und ermöglicht einen ersten Ausblick auf den Oelberg, bevor er an der Wegkreuzung am **Nasse-Platz** ❹ endet. Ein Denkmal erinnert hier an Berthold von Nasse, den Oberpräsidenten der Rheinprovinz, ihm lag der Naturschutz im Siebengebirge sehr am Herzen.

Der Trachytbruch gegenüber darf nicht mehr betreten werden.

Hier biegen Sie scharf links ab und laufen auf der **Drachenfelsstraße** weiter. Auf dem breiten Waldweg kann es an sonnigen Tagen sehr lebhaft zugehen, alle, die zu Fuß oder mit dem Rad unterwegs sind, nutzen ihn als direkten Weg zum Drachenfels. Schöner sind die kleinen Pfade südlich davon, sie bieten immer wieder neue Ausblicke. Deshalb gehen Sie zwar hinter der Waldwiese noch geradeaus, verlassen den Weg aber 600 m hinter dem Nasse-Platz nach halb links. Der stille Pfad bringt Sie zum Löwenburgblick am Südhang der **Jungfernhardt** (320 m) und wieder zurück zur Drachenfelsstraße. Folgen Sie ihr nach links bis zur Lietschen-Hütte ❺, dort führt der nächste Pfad nach links über zahlreiche Wurzeln zum Aussichtspunkt an der Walter-Guilleaume-Hütte auf dem **Geisberg** (324 m). Dahinter geht es kurz bergab, bald aber schon wieder bergauf zum Schallenberg (310 m), wo hinter dem RP 06-137 SU ein Aussichtstempel steht, der an sonnigen Tagen etwas Schatten spendet, aber bei Wind und Wetter keinen Schutz bietet. Erneut führt der Pfad zurück zur Drachenfelsstraße, der Sie nach links zum **Milchhäuschen** ❻ folgen.

Milchhäuschen, Eisiger Feld 1, 53639 Königswinter, ☏ 022 23/906 10 42, milchhaeuschen.com, Do, Fr 11:00 bis 16:00, Sa, So 10:00 bis 17:00

An der Wandertafel biegen Sie nach links ab (✎ 5).

Wenn Sie das Schloss Drachenburg nicht kennen, sollten Sie geradeaus den Markierungen des Rheinsteigs folgen, er führt am Schloss vorbei zum Drachenfels. Wir treffen uns auf dem Drachenfelsplateau wieder.

Das verspielte Märchenschloss wurde erst 1882 gebaut. Die stilvoll möblierten Räume, der gepflegte Landschaftspark und die Ausstellung zur Geschichte des Naturschutzes locken viele Touristen an.

♦ Schloss Drachenburg, Drachenfelsstraße 118, 53639 Königswinter, ☏ 022 23/90 19 70, www.schloss-drachenburg.de, April bis Okt tägl. 11:00 bis 18:00, Nov bis März 12:00 bis 17:00

Der direkte Weg zum Drachenfels führt auf dem Wanderweg 5 bis zum Ende des Milchhäuschenzauns. Dort biegen Sie rechts ab (✎ K) und laufen an dem Wegstein geradeaus weiter. Rechter Hand kommen der Rhein und das Schloss Drachenburg in Sicht, während Sie unterhalb der **Wolkenburg** (324 m) geradeaus auf den Drachenfels zugehen. Sie passieren den Steinbruch Drachenfels, gehen in der Straßenkurve geradeaus an der Wandertafel vorbei und folgen an dem

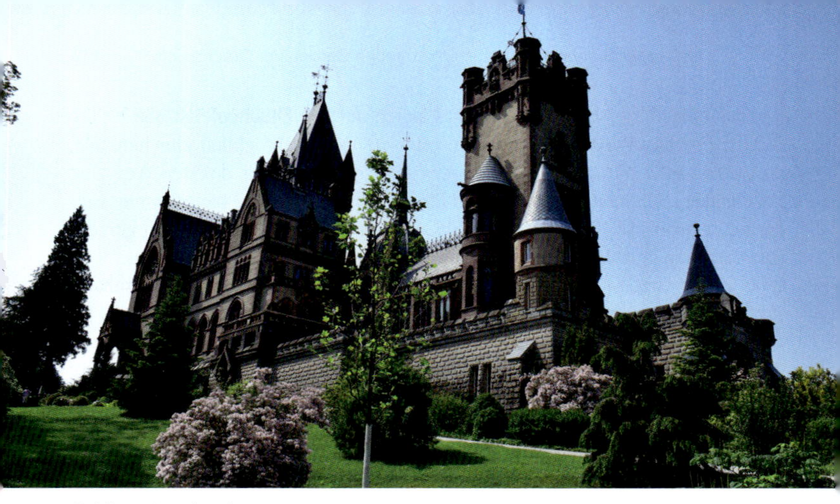

Schloss Drachenburg

Wegstein dem Teerweg (✎ 5, R5) über die Brücke und links hinauf zur Bergstation der **Drachenfelsbahn ❼**. Diese Zahnradbahn verbindet den Drachenfels mit dem Schloss Drachenburg und dem Ort Königswinter.

✕🍷 Drachenfels Gaststätten, Auf dem Drachenfels 1, 53639 Königswinter, ☎ 022 23/29 69 90, 🍷 Kiosk mit Getränken, Eis und kleinen Gerichten 🚪 täglich 10:00 bis 17:00, ✕ Restaurant im Glaskubus täglich 11:00 bis 18:00, bei schlechtem Wetter verkürzte Öffnungszeiten

Sie gehen an dem 🍷 Kiosk vorbei und merken sich schon einmal den Treppenabgang auf der linken Seite. Doch zuerst genießen Sie den Rheinblick und steigen den Pfad hinauf zur **Burgruine Drachenfels**.

♜ Die Geschichte der Burg Drachenfels reicht bis in das Jahr 1138 zurück. Der Kölner Dom wurde mit Drachenfels-Trachyt gebaut, das machte den damaligen Burggrafen Godart zu einem reichen Mann. Doch der Trachyt war Fluch und Segen zugleich: Schon der Dreißigjährige Krieg hinterließ starke Beschädigungen, im 18. Jh. wuchsen die Steinbrüche immer näher an die Kuppe heran und unterhöhlten sie. Einige Burgteile stürzten in die Tiefe und der Rest wäre sicherlich von den Steinbrechern abgetragen worden, die 1827 die Burg und den Berg kauften. Nur eine schnelle Kabinettsorder des Preußenkönigs Friedrich Wilhelm III. verhinderte die vollständige Zerstörung.

Nach der Besichtigung kehren Sie zu dem Treppenabgang zurück und folgen den Markierungen des Rheinsteigs, Bergischen Wegs und Beethovenwanderwegs die Stufen hinab. Hinter einem Felsen geht es links eine Treppe hinab. Doch vorher sollten Sie sich nicht die traumhafte Aussicht auf die komplette Wanderrunde entgehen lassen, die sich an den beiden **Aussichtspunkten** ergibt, die Sie auf dem nach rechts führenden Pfad erreichen. Steigen Sie die Treppe hinab und nehmen Sie an der Gabelung hinter der Aussichtsbank den rechten Weg. Er führt in Serpentinen bergab.

Nach der zweiten Rechtskurve müssen Sie an der Gabelung den rechten Weg nehmen. Er führt hinab zur **Dr.-Horster-Hütte**.

Biegen Sie rechts ab und gehen Sie bis zu einer Gabelung, an der Sie sich erneut rechts halten. Sie kreuzen einen Teerweg und wandern hinab zum **Ulanendenkmal**, das an die im Ersten Weltkrieg gefallenen Soldaten des Ulanen-Regiments erinnert. Als Ulanen wurden die Lanzenreiter bezeichnet, die bis 1927 mit ihren über 3 m langen Stahlrohrlanzen Teil der Reichswehr waren. Steigen Sie am Denkmal die Stufen hinab zu dem Teerweg oberhalb des **Weinbergs**. Hier gehen Sie nach links und folgen nach etwa 20 m dem Pfad nach rechts Richtung Rhöndorf. Er führt bergab zu einer Gabelung, hier gehen Sie nach links zur Löwenburgstraße und nach rechts zurück zu Startpunkt.

Der **Ziepchensplatz** wäre übrigens um ein Haar die Talstation einer Seilbahn geworden. Der Bäckermeister Peter Profittlich wollte nämlich Anfang der 1950er Jahre nicht tatenlos dabei zusehen, dass alle Touristinnen und Touristen im Nachbarort Königswinter einkehrten und mit der Zahnradbahn zum Drachenfels hinauffuhren. Deshalb plante er eine Seilbahn von Rhöndorf zum Drachenfels, die den Tourismus im verschlafenen Rhöndorf ankurbeln sollte. Doch Bundeskanzler Adenauer wollte keinen Rummel in seinem Dorf und lieferte sich einen viele Jahre währenden Seilbahnstreit mit dem Bäcker.

Zurück in Rhöndorf sind eine Einkehr am Ziepchensplatz und ein Besuch im Bundeskanzler-Adenauer-Haus sehr zu empfehlen.

Café Profittlich, Drachenfelsstraße 21, 53604 Bad Honnef-Rhöndorf, ☏ 022 24/27 96, cafe-profittlich.de, Di bis Fr 7:00 bis 18:00, Sa 6:00 bis 18:00, So 8:00 bis 18:00, Fei 11:00 bis 18:30. ☺ So Frühstücksbuffet. Die Herrentorte wird noch immer nach dem Rezept gebacken, das Queen Elisabeth II. bei ihrem Staatsbesuch 1965 vorzüglich mundete.

27 Die beiden Oelberge

Tour für Panoramasüchtige

Gipfelglück schon für die Kleinsten: Der Große Oelberg ist der höchste Gipfel im Siebengebirge, aber sogar für Vorschulkinder problemlos zu „bezwingen". Das heißt keinesfalls, dass diese Tour für Erwachsene fade ist. Oben auf dem Gipfelplateau wartet 360-Grad-Panorama über das gesamte Siebengebirge auf Sie und beim Abstieg kommen Sie an einen Aussichtspunkt, an dem Sie rheinabwärts sogar den Kölner Dom sehen können.

Start/Ziel: Margarethenhöhe, GPS N 50°40.598' E 007°14.933'

6 km

2 Std.

192 m/192 m

286-460 m

Es gibt keine einheitliche Wegmarkierung, die roten Pfeile markieren die für Wanderer erlaubten Wege und Pfade.

Waldwege und Pfade – eher schattig

Einkehrmöglichkeiten im Margarethenkreuz am Start/Ziel (aktuell wird umgebaut, die neuen Öffnungszeiten stehen noch nicht fest) und im Berggasthaus auf dem Oelberg (km 1,5)

Sitzbänke an allen Aussichtspunkten und an zahlreichen anderen Stellen, drei Schutzhütten (km 0,9, km 2,6 und km 5,2)

Eine Runde für Kinder, die Freude an Fernblicken haben. Sie können den Rhein, einige Nachbargipfel, Bonn und sogar den Kölner Dom erspähen.

Ein Extratipp meiner Tochter Nele: Machen Sie ein Mikroabenteuer daraus und starten Sie am Ende einer klaren Nacht noch im Dunklen (am besten im Winter, dann müssen Sie nicht so früh aufstehen). Der Weg bis zum Gipfel lässt sich stolperfrei laufen, sobald sich die Augen an die Dunkelheit gewöhnt haben. Oben packen Sie die Thermoskanne mit Kakao und Porridge aus und warten auf den Sonnenaufgang!

Der Weg ist auf den pfadigen Streckenabschnitten nicht buggytauglich. Beim Aufstieg zum Großen Oelberg nehmen Sie die Zufahrt statt der Stufen, für den Pfad am Wasserfall gibt es eine Ausweichstrecke auf einem breiteren Schotterweg, nur die Strecke vom Großen zum Kleinen Oelberg könnte etwas holprig werden.

Bitte Wasser mitnehmen. Im Naturpark Siebengebirge herrscht Anleinpflicht.

P Wanderparkplätze auf der Margarethenhöhe am Beginn des Lahrrings und Oelbergringwegs, ✋ gebührenpflichtig und trotzdem an sonnigen Tagen schon am Vormittag belegt, Kleingeld nötig (Kartenzahlung ist störanfällig): 3 Std. € 3, ganzer Tag € 5

🚌 Bushaltestelle „Königswinter Margarethenhöhe", Bus 521 und 561 von/nach Königswinter, Mo bis Fr alle 30 Min., Sa, So stündlich

Sie starten an der Kreuzung Margarethenhöhe und laufen auf dem Oelbergringweg zur **Wandertafel** an der Zufahrt des Wanderparkplatzes und dort nach rechts zu einer Gabelung, an der die Wegmarkierungen des Rheinhöhenwegs nach links weisen. Auf diesem Waldweg laufen Sie in einem Bogen um den Wanderparkplatz herum.

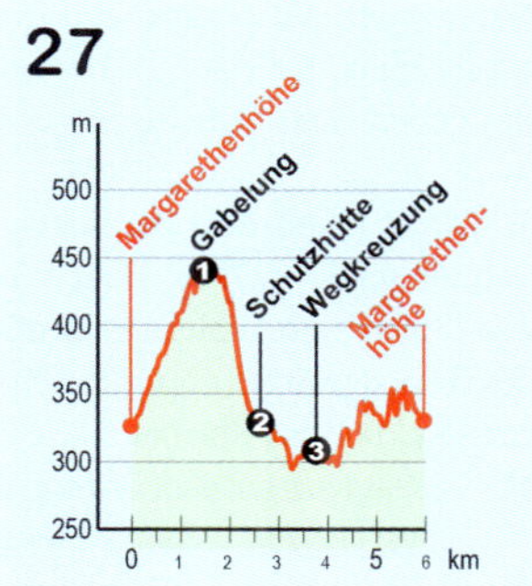

✋ Die Aufstiege in direkter Falllinie verlocken zu Abkürzungen, dürfen aber laut Wegeplan nicht mehr benutzt werden.

Sie laufen also in weiten Bögen bergauf und bleiben stets auf dem breiten Zufahrtsweg. Eine der Sitzbänke am Wegesrand erlaubt eine schöne Aussicht, dahinter bleiben Sie an der Gabelung auf dem linken Weg. An der **Schutzhütte** führt der Weg nach links unter der nackten Felswand eines alten Trachytbruchs weiter. Im weiten Rechtsbogen geht es zu einem dunklen, fensterlosen Gebäude. Schöner ist es auf dem **Humbroich-Platz** gegenüber. Zwei Gedenksteine erinnern an den Bonner Justizrat Humbroich und den Geologen Dr. h. c. Bernhard Stütz, zwei der wichtigsten Männer bei der Rettung des Siebengebirges.

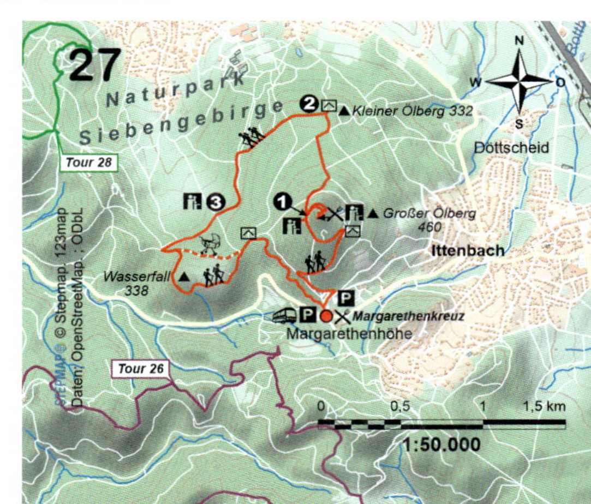

Die Gier nach Stein

Die Schönheit des Siebengebirges ist eng verknüpft mit der Geschichte seiner Steinbrüche. Schon die Römer verschifften Drachenfels-Trachyt nach Bonn, Köln und Xanten. Danach wurden überall kleinere Steinbrüche angelegt, in denen die vulkanischen Gesteine Basalt, Trachyt und Latit abgebaut wurden. Als im 19. Jahrhundert auch noch große Mengen an Basalt für den Straßenbau und die Anlage von Eisenbahnstrecken benötigt wurde, ging man zu weit. Ganze Berge drohten zu verschwinden. Die Bevölkerung war zunehmend besorgt und unterstützte Justizrat Humbroich, der den Verein zur Rettung des Siebengebirges gegründet hatte. Durch Zusammenschluss mit anderen Vereinen entstand 1870 der Verein zur Verschönerung des Siebengebirges (VVS). Damals gab es keinen staatlichen Naturschutz. Also sammelte der Verein Geld, um Steinbrüche zu kaufen und anschließend stillzulegen. Bis heute setzt sich der VVS engagiert für die Rettung des gebeutelten Siebengebirges ein.

Direkt hinter dem Aussichtspunkt kommen Sie an eine Gabelung ❶, die Sie sich für später merken. Halten Sie sich rechts und steigen Sie über den Weg mit den Stufen zum Gipfel des **Großen Oelbergs** (460,7 m) auf. Vom höchsten Berg des Siebengebirges haben Sie eine großartige Rundumaussicht über die Nachbargipfel und ins Rheintal.

Gasthaus auf dem Oelberg, Oelbergringweg 100, 53639 Königswinter, ☏ 022 23/219 19, www.gasthaus-oelberg.de, Mi bis Sa 10:00 bis 18:00, So, Fei 10:00 bis 17:00, im Sommer bei schönem Wetter oft bis zum Sonnenuntergang

Gehen Sie auf der Gasthauszufahrt zurück zur Gabelung ❶, hier biegen Sie scharf rechts ab und gehen bis zu einer Kreuzung. Folgen Sie dem Pfad nach halb rechts durch den Buchenhochwald zu einer T-Kreuzung. Biegen Sie links ab und wandern Sie bergab zur nächsten T-Kreuzung. Dieses Mal biegen Sie rechts ab, verlassen den Weg aber schon nach etwa 100 m an einer Gabelung und folgen dem Pfad nach links. Rechts im Wald können Sie den Gipfel des **Kleinen Oelbergs** (331,7 m) sehen, der allerdings nicht betreten werden darf.

Der Pfad trifft an einer **Schutzhütte** ❷ auf einen Schotterweg, dem Sie nach links folgen. Bis zum nächsten Wegstein geht es leicht bergauf, dort gehen Sie geradeaus weiter und leicht bergab bis zum nächsten RP (06-092 SU). Biegen Sie hinter dem Reitweg nach links ab und laufen Sie aus dem Wald heraus. Am Ende der **Streuobstwiese** haben Sie an der Wegkreuzung ❸ (RP 06-105 SU) einen einmaligen Ausblick ins Rheintal bis nach Köln. Der Kölner Dom und

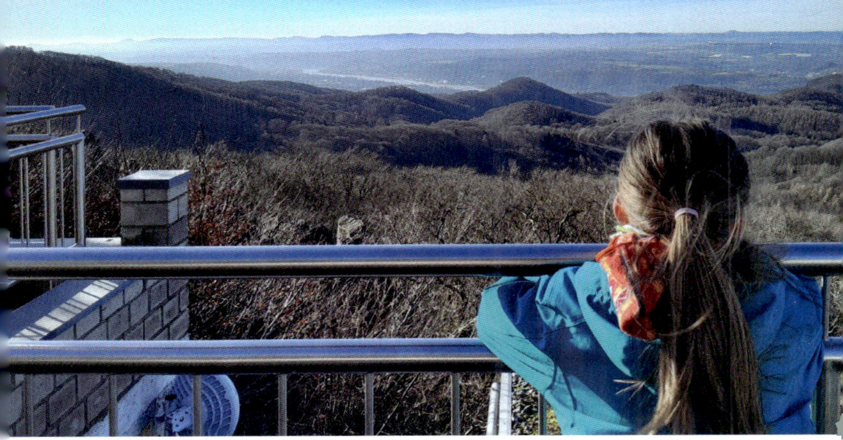

Spitzenaussicht auf das südliche Siebengebirge

der Colonius sind gut zu erkennen, obwohl sie 35 km entfernt stehen. Laufen Sie geradeaus bis zur nächsten Kreuzung, hier biegen Sie links ab und folgen dem Rheinhöhenweg nach Osten. Nach etwa 100 m folgen Sie dem Pfad nach rechts, er führt um den Wasserfall herum. (Der Weg ist ziemlich holprig, nehmen Sie besser das Kind aus dem Wagen oder bleiben Sie auf dem breiteren Weg geradeaus.)

Ein spritziges Wasserschauspiel gibt es hier nicht (trotz der Wasserfallsymbole in manchen Karten). Es handelt sich nur um einen recht unbekannten Siebengebirgsgipfel namens **Wasserfall** (338,6 m).

Es ist ein bezaubernder Pfad, der durch den Mischwald an einem alten **Wegkreuz** entlangführt, sogar im Winter. Immer wieder bringen große Ilex-Büsche frisches Grün in die Landschaft. Eine stille Rastbank kommt ganz ohne Aussicht aus, dafür lässt es sich auf ihr in die Mittagssonne blinzeln. Sind Sie schon morgens unterwegs, können Sie an manchen Tagen auf der Lichtung sogar Rehe beim Frühstück beobachten. Der Pfad schenkt Ihnen einen letzten Ausblick auf den Großen Oelberg, dann trifft er auf den breiteren Weg, von dem er abgezweigt war. Sie gehen geradeaus zur letzten **Schutzhütte** dieser Wanderung und folgen an den nächsten beiden Gabelungen jeweils dem rechten Weg. Er führt zurück zur Wandertafel am Oelbergringweg und damit zum Startpunkt.

() Margarethenkreuz, Königswinterer Straße 430, 53639 Königswinter, 022 23/222 21, margarethenkreuz.de, aktuell wird umgebaut, die neuen Öffnungszeiten stehen noch nicht fest.

28 Kloster Heisterbach und seine Hausberge

Tour für alle, die Geologie und alte Bauwerke mögen

Diese kleine Runde entführt Sie tief in die Geschichte des Siebengebirges. Sie starten am ehemaligen Kloster Heisterbach, wo die Ruine des Chors an die prächtige Klosterkirche erinnert. Die von Steinbrüchen versehrten Berge erinnern an die Zeiten, in denen Profit wichtiger als Naturschutz war. Im Schloss auf dem Petersberg ging in Zeiten der Bonner Republik die Politprominenz ein und aus. Dazu gibt es Natur satt auf breiten Waldwegen und schmalen Naturpfaden.

- Start/Ziel: Kloster Heisterbach, GPS N 50°41.788' E 007°12.741'
- 8,2 km
- 3 Std.
- 300 m/300 m
- 142-335 m
- Teils gibt es Markierungen des Rheinsteigs (RS), Rheinhöhenwegs (R), Beethovenwanderwegs, Hauptwanderwegs I (I) und örtlicher Wanderwege (1, 2, 3, 6, G2, G3, R1, R2). Die roten Pfeile markieren die für Wanderinnen und Wanderer erlaubten Wege und Pfade.

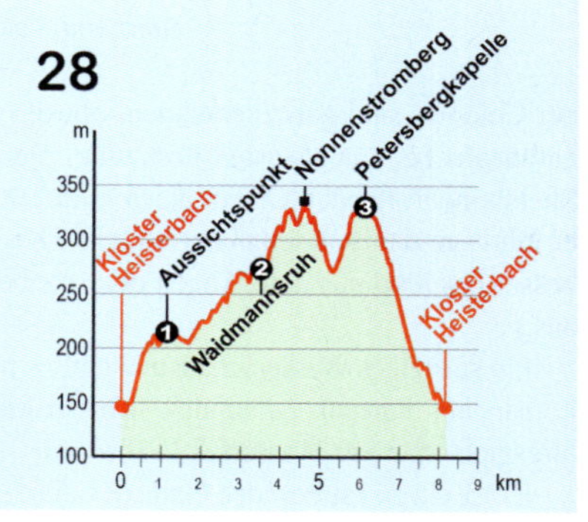

- Waldwege und Pfade – eher schattig
- Einkehrmöglichkeiten am Start/Ziel, im Einkehrhaus Waidmannsruh (km 3,5) und auf dem Petersberg (km 6,4)
- Sitzbänke an allen Aussichtspunkten und an zahlreichen anderen Stellen; ein Picknicktisch (km 1,1), eine Schutzhütte (km 5,2)
- Mit über 8 km und 280 Höhenmetern ist diese Tour nichts für Wandereinsteiger. Für Kinder, die Freude an Geologie und urigen Naturpfaden haben, ist es eine schöne Runde. Dann aber besser nicht am Montag, wenn alle Einkehrmöglichkeiten Ruhetag haben.
- Der Weg ist auf den pfadigen Streckenabschnitten nicht buggytauglich. Meist gibt es eine Ausweichstrecke auf einem breiteren Schotterweg.

Bitte Wasser mitnehmen. Im Naturpark Siebengebirge herrscht Anleinpflicht.

Wanderparkplatz am Kloster Heisterbach, Wanderparkplätze Weilberg und Stenzelberg an der L268, weiterer Parkplatz auf dem Petersberg

Bushaltestelle „Heisterbach“, Bus 520 von/nach Niederdollendorf/Oberpleis, Mo bis Fr alle 20 Min., Sa 3-mal, So 2-mal

Dieser Rundweg verläuft zum Teil auf dem Beethovenwanderweg, einem gut markierten, 15 km langen Rundwanderweg, der von Heisterbach über Stenzelberg, Rosenau, Geisberg und Drachenfels nach Königswinter führt, zurück zum Kloster geht es über den Petersberg.

Der Rundweg beginnt an den beiden hübsch gestalteten **Bushaltestellen** vor dem Klostertor. Überqueren Sie die Heisterbacher Straße und folgen Sie dem Weg mit den zahlreichen Wegmarkierungen (1, 2, 3, R1, R2, G2, Rheinsteigzubringerweg, R, I) über einen kleinen Bach und durch eine Linkskurve zu einer Weggabelung. Hier folgen Sie dem breiten Waldweg nach rechts bergauf. Auch im Winter ist es in diesem Wegabschnitt ungewöhnlich grün: Efeu und andere Klettergehölze umranken viele Baumstämme, dazwischen wächst übermannshoher Ilex. Gehen Sie am RP 06-058 SU etwa 150 m geradeaus weiter, bis Sie zum **Infostein „Steinbrechwerk“** kommen. Biegen Sie scharf links ab, wenn Sie sich den ehemaligen Basaltsteinbruch Weilberg vom unteren Aussichtspunkt ansehen wollen.

Der in manchen Karten noch eingezeichnete Verbindungspfad zwischen den beiden Stichwegen ist gesperrt.

Wieder zurück auf dem Hauptweg kommen Sie schon nach etwa 60 m an den nächsten Stichweg zum Steinbruch. Spätestens hier sollten Sie sich die Chance nicht entgehen lassen, einen Blick auf die hohen Basaltsäulen zu werfen. Sie wandern bergauf zum oberen **Aussichtspunkt ❶**, wo es auch Rastbänke und einen Picknicktisch für eine kleine Pause gibt.

Der Basaltsteinbruch im Weilberg (242,1 m) ist eins der bekanntesten Naturdenkmäler im Naturpark Siebengebirge. Hier wurde noch bis zum Zweiten Weltkrieg Basalt abgebaut. Eine alte Lore zwischen den Plattformen erinnert an die Weilbergbahn, mit der das abgebaute Gestein zur Heisterbacher Talbahn gebracht wurde. Ein **Gedenkstein** informiert darüber, dass 1971 genau hier dem Naturpark Siebengebirge das Europadiplom des Ministerausschusses des Europarates verliehen wurde.

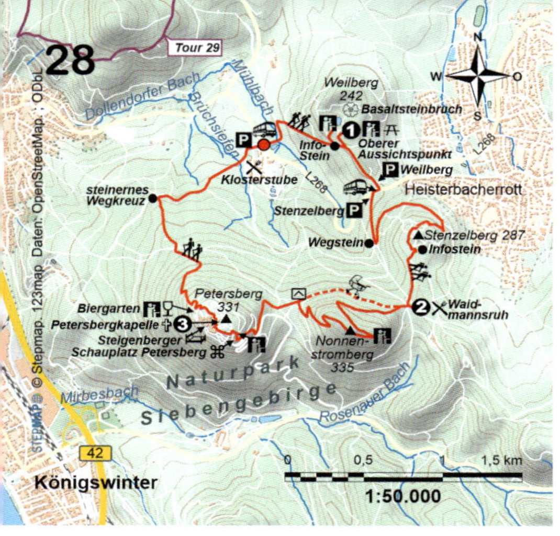

Ein weiterer Gedenkstein erinnert an **Professor Hugo Laspeyres**, der 40 Jahre lang akribisch an seinem Lebenswerk „Das Siebengebirge am Rhein" gearbeitet hatte, bevor es 1901 veröffentlich wurde. Es ist bis heute das Standardwerk über die Mineralogie und Geologie des Siebengebirges.

Sie gehen zurück zur Kreuzung und dort geradeaus (von der oberen Plattform kommend) auf dem Weg hinab zum **Wanderparkplatz Weilberg**. An der Bushaltestelle „Verschönerungsweg" (Bus 520) überqueren Sie die Dollendorfer Straße und laufen vorbei am **Wanderparkplatz Stenzelberg** auf dem Mantelweg bergauf und biegen an dem Wegstein Richtung Stenzelberg (RP 06-077 SU) nach links ab. Der Weg führt halb um den Stenzelberg herum, an manchen Stellen ist Heisterbacherrott zwischen den Bäumen zu sehen. Nach ungefähr 600 m folgen Sie an der Wegkreuzung (RP 06-074 SU) dem nach rechts führenden Weg (✎ 1, 3, R2, G3) bergauf. Nach gut 50 m nehmen Sie den Naturweg scharf rechts, er ist Teil des Stenzelberg-Rundwegs. Ganz unerwartet finden Sie sich in einer bizarren Felslandschaft wieder.

Wege zur Wildnis

Sind Ihnen im Siebengebirge die quadratischen Schilder mit den weißen Linien auf hellgrünem Grund aufgefallen? Was auf den ersten Blick wie eine stilisierte Harfe wirkt, soll in Wirklichkeit die stillgelegten Steinbrüche symbolisieren. Fünf Wege führen auf insgesamt 35 km zu 65 „Fenstern zur Wildnis". Die jeweiligen QR-Codes leiten Sie zu Informationen für Erwachsene und kleinen Beobachtungsaufgaben für Kinder. Die Wege sind mit Buchstaben versehen. D: Margarethenhöhe – Drachenfels (11,4 km), L: Margarethenhöhe – Löwenburg (6,7 km), N: Parkplatz Stenzelberg – Nonnenstromberg (5 km), P: Bittwege am Petersberg (4,6 km) und T: Rommersdorf – Tretschbachtal (7 km)

💻 vv-siebengebirge.de/wildniswege-im-siebengebirge/

Sie laufen neben dem Holzbalkenzaun zu einer Gabelung, dort geht es nach links weiter um den **Stenzelberg** (287 m) herum. Er entstand, als aufsteigendes Latit-Magma in der Deckschicht aus Tuff stecken blieb. Der weichere Tuff verwitterte im Laufe der Zeit und legte das härtere Latit frei, das vom 11. Jh. bis 1931 abgebaut wurde. Zurück blieb eine einzigartige Felsenlandschaft, wie ein Urlaub im Süden! Der traumhaft schöne Pfad endet am Infostein „Stenzelberg". Hier biegen Sie rechts ab und folgen den Wegweisern Richtung Einkehrhaus. Sie kommen an eine Kreuzung mit sechs Wegen ❷.

✕ Einkehrhaus Waidmannsruh, Rosenau 13, 53639 Königswinter, ☏ 022 23/245 20, Mo, Di Ruhetag, Mi bis Fr 11:00 bis 18:00, Sa, So 10:00 bis 18:00

Folgen Sie hier dem zweiten der beiden nach rechts führenden Wege Richtung Petersberg (6, R2, G2). Schon nach 50 m verlassen Sie ihn (bleiben Sie mit einem Buggy auf diesem Weg) und folgen dem Pfad nach links. Er ist als Rheinhöhenweg gekennzeichnet und bringt Sie mit einigen Richtungswechseln zunächst zu einem Aussichtspunkt, dann auf den Gipfel des **Nonnenstrombergs** (335 m) und schließlich wieder zurück auf den breiten Waldweg. Sie folgen diesem nach links, halten sich an der Schutzhütte geradeaus und laufen an der **Mondscheinwiese** entlang. Nach etwa 150 m gehen Sie an einer Einmündung geradeaus bis zu einem Funkturm mit Aussicht.

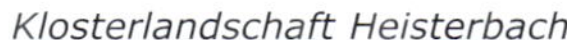
Klosterlandschaft Heisterbach

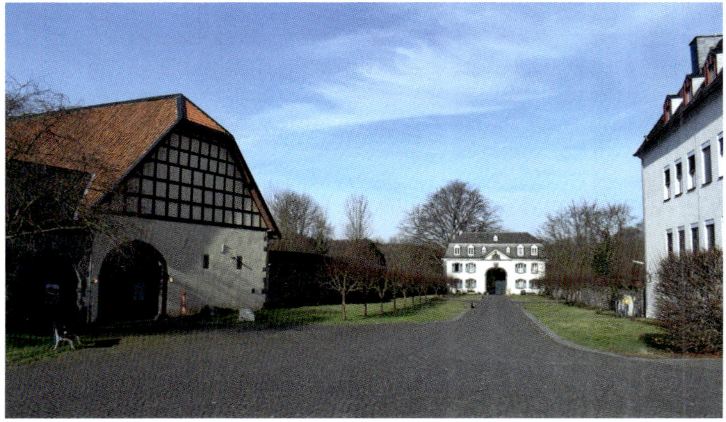

Sie können einfach geradeaus auf dem Rheinsteig bleiben, er führt nördlich um die Gipfelbebauung des Petersbergs (335,9 m) herum. An einem klaren Tag empfehle ich aber, hier links den grünen Markierungen des **Beethovenwanderwegs** zu folgen. Auf ihm kommen Sie zur Hotelzufahrt eines der berühmtesten Hotels Deutschlands, denn es war ab den 1950er-Jahren das **Gästehaus der Bundesrepublik Deutschland**. Hier übernachteten gewählte und gekrönte Staatsoberhäupter, kurz nach der Jahrtausendwende fanden hier die Afghanistan-Konferenzen statt.

⌘ Schauplatz Petersberg, Petersberg, 53639 Königswinter, ☏ 022 23/90 19 70, www.schauplatz-petersberg.de, April bis Okt tägl. 11:00 bis 17:00, Nov bis März Di bis So 12:00 bis 16:00

Überqueren Sie die Hotelzufahrt, gehen Sie geradeaus weiter und an der Gabelung rechts. Sie erreichen die Hotelauffahrt und folgen ihr für 20 m nach links, bestaunen den prächtigen Hotelbau und gehen rechts zur **Petersbergkapelle ❸**.

✞ Die Kapelle auf dem Petersberg wurde 1764 als Wallfahrtskirche eingeweiht, denn seit Jahrhunderten kamen Wallfahrerinnen und Wallfahrer auf den Bittwegen aus Königswinter, Oberdollendorf, Niederdollendorf, Ittenbach und vom Kloster Heisterbach. Der äußerlich schlichte Saalbau verblüfft innen mit drei Barockaltären, Ölgemälden, Reliefs und weiteren prachtvollen Gestaltungselementen

Steigenberger Icon Grandhotel Spa, Petersberg, 53639 Königswinter, ☏ 022 23/740, mit einigen feinen Restaurants, dem Charles Bistro & Café (täglich 12:00 bis 18:00) und dem Biergarten Petersberg (April bis Okt, bei trockenem Wetter, Mi bis Fr 15:00 bis 20:00, Sa, So, Fei 12:00 bis 20:00)

Sie kreuzen die Hotelzufahrt ein zweites Mal und folgen den Wegweisern des Beethovenwanderwegs zum nordwestlichen Teil des Hotelgeländes, wo sich der gemütliche Biergarten Petersberg mit einem großartigen Rheinpanorama für eine Rast anbietet. Biegen Sie rechts ab und folgen Sie dem Weg in den Wald zu einer Gabelung. Dort nehmen Sie den linken Weg, er führt bergab zum Fritz-Rösing-Platz, an dem Sie geradeaus weiter gehen. Der Weg führt weiter bergab, immer Richtung Heisterbach. Das Klopfen der Spechte und das Gezwitscher anderer Vögel begleitet Sie weiter. An dem steinernen Wegkreuz von 1724 (RP 06-070 SU) biegen Sie rechts ab, gehen an der nächsten Gabelung nach links

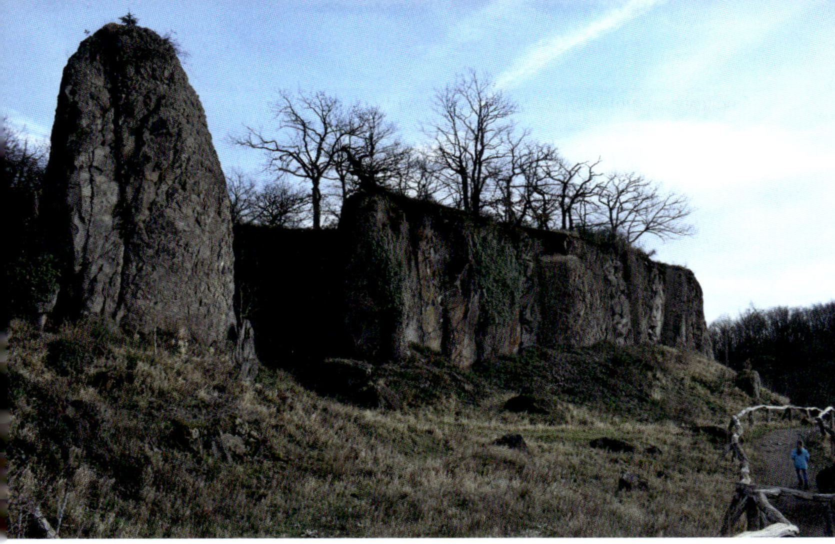

Was vom Stenzelberg noch übrig ist

und an der Lichtung geradeaus. Auf dem Infostein können Sie nachlesen, dass es diese *alte Rodung* schon gab, als die ersten Mönche nach Heisterbach kamen.

Es geht nach rechts an der Klostermauer entlang zum Startpunkt. Zum Abschluss sollten Sie nicht versäumen, durch die **Klosterlandschaft Heisterbach** zur Chorruine zu schlendern.

✞ Zwölf Zisterziensermönche aus der Abtei Himmerod wurden 1189 ins Siebengebirge geschickt, um ein Tochterkloster zu gründen. Zunächst zogen sie in das verlassene Augustinerkloster auf dem Petersberg, im Jahr 1192 gründeten sie im Tal unterhalb des Petersbergs das Kloster Heisterbach. Nach der Säkularisation wurde die Bausubstanz als Steinbruch für die Festung Ehrenbreitstein und den Nordkanal verwendet. Von der prächtigen Klosterkirche aus dem Jahr 1237 blieb nur der Chor erhalten.

🚪 tagsüber frei zugänglich

✕ Klosterstube Heisterbach, Heisterbacher Straße, 53639 Königswinter, ☏ 022 23/70 21 75, 🚪 April bis Okt Di bis So 10:00 bis 18:00, Nov bis März Di bis So 10:00 bis 17:00

㉙ Oberkasseler Aussichten

Tour für alle, die Fernblicke lieben

Auf dem Rheinsteig wandern Sie von einem Aussichtspunkt zum nächsten, Sie schauen weit ins Rheintal, nach Bonn, in die Eifel und zum Drachenfels. Anfangs geht es lebhaft zu, umso ruhiger ist es auf dem Rundweg um die Dollendorfer Hardt. Zurück geht es über den höchsten Punkt von Bonn und die nördlichste Erhebung des Naturparks Siebengebirge.

- Start/Ziel: Wanderparkplatz Dornheckensee, GPS N 50°43.707' E 007°9.963'
- 13,3 km
- 4 Std.
- 268 m/268 m
- 95-206 m
- anfangs Rheinsteig (RS), später Rheinhöhenweg (R) und örtliche Wanderwege (2, 5, G1)
- Waldwege, Forstwege, Wirtschaftswege und Pfade – eher schattig
- Rucksackverpflegung, keine Einkehrmöglichkeiten am Weg
- zahlreiche Sitzbänke, sechs Rastplätze (km 0,5, km 1 km 1,2, km 1,4, km 2,5 und km 6,8), vier Schutzhütten (km 4,7, km 6,2, km 8 und km 12,3)
- Für viele Kinder ist die Strecke zu lang, ältere Kinder müssen Geduld mitbringen, wenn die Erwachsenen an allen Aussichtspunkten stehen bleiben.

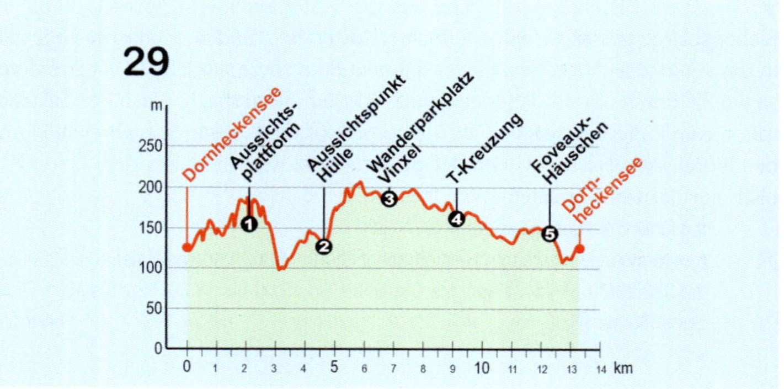

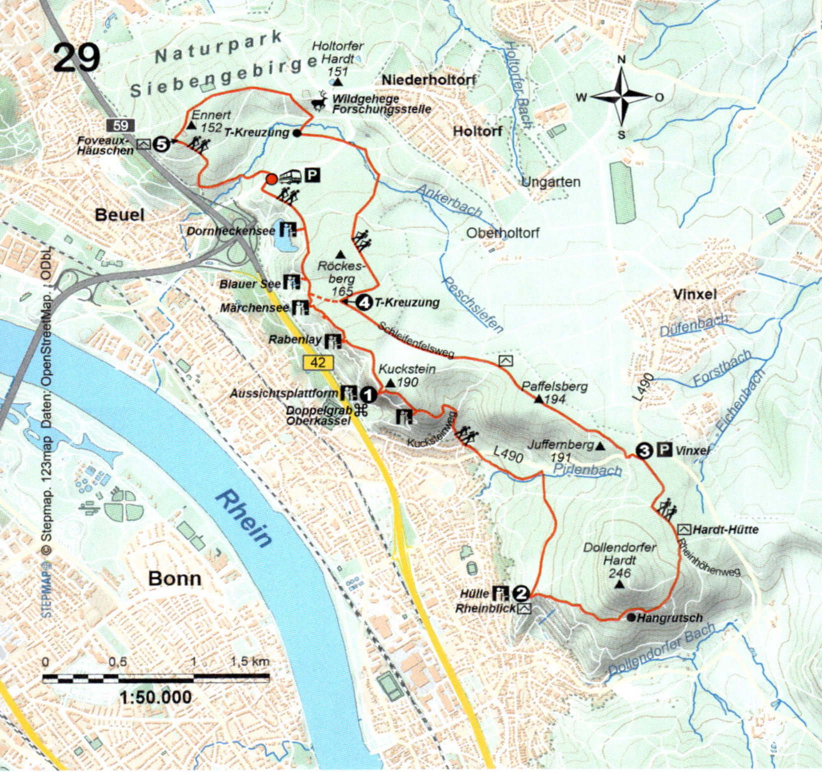

Der Weg ist an trockenen Tagen mit Buggys befahrbar. Der Pfad am Ortsrand von Oberkassel ist recht schmal, das könnte mit Zwillingsbuggy eng werden. Für den Pfad (Wurzeln!) hinter dem Weinberg brauchen Sie Kraft.

Bitte Wasser mitnehmen. Es besteht Leinenpflicht im Naturpark Siebengebirge.

P Wanderparkplätze Dornheckensee, Vinxel und Ennert

Bushaltestelle „Oberkasseler Straße", Bus 636 von/nach Ramersdorf/Hangelar, Mo bis Fr alle 30 Min., Sa, So, Fei stündlich

Halten Sie sich an die offiziellen Wege mit dem roten Dreieck. Die Trampelpfade sind gesperrt und unfallträchtig.

Etwas kürzer ist der 9 km lange Naturerlebnispfad Ennert, er beginnt auch auf diesem Wanderparkplatz.

Vom Startpunkt folgen Sie den Wegweisern des Rheinsteigs und des Rheinhöhenwegs Richtung Königswinter. Der breite Waldweg führt in einem Linksbogen bergauf. Gehen Sie an dem Siebengebirgs-Wanderstein geradeaus (RS, R), dann rechts zum Aussichtspunkt **Dornheckensee**. Auf dem Hauptweg laufen Sie weiter bis zum nächsten Aussichtspunkt. Der **Blaue See** liegt genau darunter, ist aber selbst nicht zu sehen. Gehen Sie an der nächsten Kreuzung (RP 2182-2 BN) geradeaus, nur 50 m weiter befindet sich ein Aussichtspunkt oberhalb des **Märchensees**. Unter dem nächsten Aussichtspunkt befindet sich zwar kein See, dafür kommen Sie in den Genuss weiter Eifelblicke.

Mit dem Buggy bis zum Skywalk

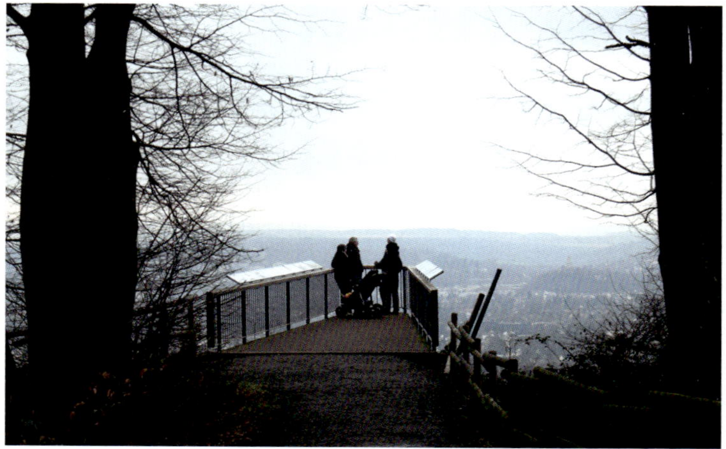

Auch die Rabenlay bietet einen schönen Ausblick, wird aber übertroffen von der **Aussichtsplattform Oberkassel** am Kuckstein ❶. Sie wird manchmal ganz dramatisch „Skywalk Rabenlay" genannt, es ist aber eine ziemlich bodenständige Konstruktion. An den Geländern informieren zahlreiche Infotafeln über die Geschichte der Steinbrüche, in der Felswand brütende Falken und Eulen und das berühmte **Doppelgrab von Oberkassel**. Im Steinbruchgelände markiert ein roter Ballon die Stelle, an der 1914 die Knochen eines Mannes, einer Frau und eines Hundes gefunden wurden, die vor 14.000 Jahren gemeinsam bestattet wurden. Der Hund gilt damit als weltweit erstes Haustier.

An der nächsten Gabelung (RP 2083-1 BN) halten Sie sich rechts und vielleicht fallen Ihnen die Bäume mit den zahlreichen niedrigen Verästelungen auf. Das ist durchgewachsener ehemaliger Niederwald und Sie werden schon bald auf einer Tafel über die **Niederwaldwirtschaft** informiert, bei der die Stockausschläge auf abgeholzten Baumstümpfen immer wieder als Brennholz geschlagen wurden. Sie kommen an eine T-Kreuzung, hier wollen Sie vielleicht rechts den Aussichtspunkt besuchen. Die Tour geht links weiter und führt bergab durch einen alten Wald mit viel Totholz und fleißig hämmernden Spechten. An der nächsten T-Kreuzung gehen Sie nach rechts (RS, G1) den Kucksteinweg hinab, Sie verlassen ihn am Ortsrand von **Oberkassel** hinter dem ersten Haus nach links. Der Pfad endet an einer Hauszufahrt, auf ihr gehen Sie nach rechts zur Berghovener Straße, der Sie nach links zur L490 folgen. Überqueren Sie die Landstraße und wandern Sie auf dem Waldweg immer geradeaus, bis er auf einen Teerweg trifft. Dort geht es rechts über den Pirlenbach und bergauf zu einer Kreuzung. Laufen Sie weiter geradeaus, der Weg wird flacher und führt aus dem Wald heraus zum **Aussichtspunkt Hülle ❷**. Über den Weinberg hinweg schauen Sie auf ein bezauberndes Siebengebirgspanorama, mit dem Petersberg und dem Drachenfels als Hintergrund für Oberdollendorf.

☺ An Regentagen finden Sie in der nahen Hütte Rheinblick Schutz.

Sie laufen etwa 150 m nach links und verlassen den Rheinsteig an einem Wegstein mit Sitzbank nach links (✎ 2). Sie folgen dem von Wurzeln durchzogenen Pfad den Westhang der Dollendorfer Hardt hinauf. Der Pfad endet an einem breiten Waldweg. Erstaunlich, wie hoch hier überall der Ilex wächst. Hier geht es nach links bergauf zum **Hardt-Rundweg**, dem Sie nach rechts folgen. Sie kommen an eine Gabelung, an der Sie aus dem Bauch heraus geradeaus auf dem breiten Weg bleiben würden. Dort gab es aber einen Hangrutsch, den Sie auf dem linken Pfad umgehen. Am RP 06-047 SU trifft er wieder auf den alten Hardt-Rundweg, dem Sie halb links zum RP 06-041 SU folgen. Dort geht es geradeaus bergab zu einer Kreuzung, an der Sie wieder auf den Rheinhöhenweg treffen. Laufen Sie nach links (✎ R, 5) zur **Hardt-Hütte** (RP 06-036 SU). An der nächsten Wegkreuzung (RP 06-025 SU) biegen Sie rechts ab und laufen auf dem Schotterweg zum **Wanderparkplatz Vinxel ❸** (RP 06-019 SU). Gehen Sie an der Parkplatzeinfahrt auf dem Fußweg nach links, nach 40 m können Sie die L490 überqueren und laufen auf breiten Wegen neben dem Reitweg weiter. Rechts können Sie zwischen den Bäumen immer wieder einen kleinen Blick auf Vinxel erhaschen.

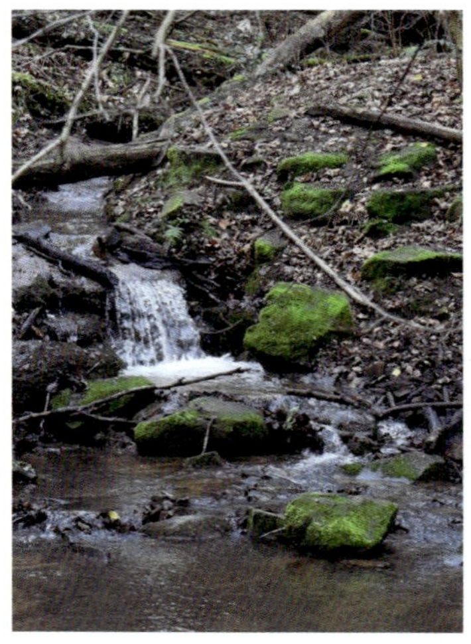

Munterer Ankerbach

Ohne den Basaltfindling auf der rechten Wegseite würden Sie vermutlich achtlos am höchsten Punkt im Bonner Stadtgebiet vorbeilaufen, 194 m ist der **Paffelsberg** hoch. An der nächsten Hütte (RP 2083-2 BN) wandern Sie geradeaus auf dem Schleifenfelsweg weiter und verlassen den Wald. Laufen Sie geradeaus auf dem Teerweg Richtung Niederholtorf, über die Felder hinweg können Sie **Oberholtorf** sehen. Es geht zurück in den Wald und bergab zu einer T-Kreuzung ❹. Hier wäre nach links ein kurzer ↬ Rückweg zum Blauen See möglich.

Sie biegen rechts ab und laufen leicht bergauf zum RP 2183-3 BN. Dort gehen Sie nach links, bis Sie zu einer Kreuzung kommen. Dort gehen Sie geradeaus bis zum **Ankerbach**, dahinter nach links. Hinter seinem Anstau laufen Sie bis zu einer Gabelung, nehmen den linken Weg und erreichen die Oberkasseler Straße. Auf der anderen Straßenseite laufen Sie geradeaus weiter und an der T-Kreuzung nach rechts hinab ins Ankerbachtal. Es geht bergauf zu einer Kreuzung, an der Sie halb links bergauf gehen. An der nächsten Kreuzung kommen Sie an einen **Wildzaun**. Dahinter grasen Tiere der Forschungsstelle für Jagdkunde und Wildschadenverhütung. Sie biegen links ab. Es geht kurz bergauf, dann bergab und an der Kreuzung geradeaus. Sie passieren den **Waldsportplatz** und nehmen dahinter den ersten Weg nach links. Im Wald links verbirgt sich der Ennert (152 m), nach ihm wurde der Höhenzug zwischen Ennert und Juffernberg benannt. Er grenzt das Bergland des Unteren Mittelrheingebiets von der flachen Kölner Bucht ab.

Sie laufen auf das **Foveaux-Häuschen** ❺ zu. Der Kölner Tabakfabrikant Heinrich Josef Foveaux erbaute dieses Aussichtshäuschen um 1820. Hier lässt sich bei einer letzten Rast ein schöner Ausblick zum Drachenfels genießen. Hier treffen Sie auf den Rheinsteig, dem Sie auf der Vorderseite des Häuschens nach links folgen. An der Kreuzung gehen Sie bergab bis zur Autobahn, dort links (✎ RS, R) und an der Gabelung rechts. Ein letztes Mal überqueren Sie den **Ankerbach** und wandern bergauf zur 🚌 Bushaltestelle an der Oberkasseler Straße.